Autoren:
Algebra: Hans Bergmann, Uwe Bergmann
Geometrie: Horst Steibl

9 783129 270295

Bibliographische Information Der Deutschen Bibliothek
Die Deutsche Bibliothek verzeichnet diese Publikation in der Deutschen Nationalbibliographie; detaillierte bibliographische Daten sind im Internet über http://dnb.ddb.de abrufbar

Auflage 4. 3. 2. 1. | 2007 2006 2005 2004
Die letzten Zahlen bezeichnen jeweils die Auflage und das Jahr des Druckes.

Internetadresse: http://www.klett-verlag.de
Zeichnungen: Andreas Florian, Lübeck
Umschlaggestaltung: Klett Marketing Design, Stuttgart
Umschlagfoto: Thomas Weccard, Ludwigsburg
Innenlayout: beluga design, Stuttgart
Satz: SMP Oehler, Remseck
Druck: Druckerei Wirtz, Speyer
Printed in Germany.
ISBN 3-12-927029-9

Hans Bergmann / Uwe Bergmann / Horst Steibl

Training Mathematik

8. Schuljahr

Termumformungen
Lineare Funktionen und Gleichungen
Dreiecke
Flächeninhalte

Ernst Klett Verlag
Stuttgart Düsseldorf Leipzig

Inhalt

Vorwort

Gehörst Du zu den Schülerinnen und Schülern, die „null Bock“ auf Mathe haben? Du wirst es dann nicht glauben wollen, dass Mathe auch Spaß machen kann.

Spaß stellt sich ein, wenn man Erfolg hat. Erfolg kann man in Mathe jedoch nur haben, wenn man die mathematischen Zusammenhänge erfasst. Einsicht in diese Zusammenhänge zu erlangen, ist gar nicht schwierig. Dieses Trainingsbuch will dir helfen, solche Einsichten zu gewinnen. Dazu gehört allerdings die Bereitschaft, etwas Arbeit zu investieren.

Hier einige Tipps, wie du mit dem Buch arbeiten solltest:

- Lies die einzelnen Aufgaben bzw. Aufgabenteile gründlich durch – schwierige Aufgaben sind mit einem Sternchen gekennzeichnet – und notiere die Lösungen, falls der Platz vorhanden ist, im Buch. Zusätzlich kannst du dir ein Heft anlegen.
- Schreibe bei umfangreicheren Aufgaben den Lösungsweg **vollständig** auf, denn nur so kannst du bei der Kontrolle mit dem Lösungsteil deine Rechen- oder Denkfehler aufspüren.
- Wenn deine zeichnerische Lösung nur geringfügig von derjenigen im Lösungsteil abweicht, so kannst du sie zunächst als richtig akzeptieren. Bedenke, dass aber kleine Abweichungen beim Messen bei den Berechnungen der Flächen natürlich auch Unterschiede ergeben. Auf jeden Fall muss die Größenordnung stimmen.
  Nimm dir vor, die nächste Zeichnung noch sorgfältiger, d. h. eventuell auch langsamer zu konstruieren. Spitze deinen Bleistift; vielleicht brauchst du auch ein neues Geodreieck.
  Tipp: Benutze zum Zeichnen möglichst einen DIN-A4-Block, es sind z.T. große Figuren zu zeichnen.
- Befrage nur dann den Lösungsteil, wenn du aus eigener Kraft wirklich nicht weiterkommst. Geh dabei nicht jeder Schwierigkeit durch Nachschlagen aus dem Weg. Du bringst dich sonst um den Lernerfolg.
- Arbeite nicht länger als eine Stunde.
- Überfliege bei jedem Neubeginn die Teile, die du schon bearbeitet hast.
- Lass die Intervalle zwischen deinen Arbeiten nicht länger als zwei bis drei Tage umfassen.

- Am Ende eines Kapitels findest du eine Zusammenfassung mit den wichtigsten Begriffen und Beziehungen. Hier kannst du immer wieder nachschlagen, falls du etwas vergessen hast.
- Die wichtigsten Grundaufgaben eines Kapitels solltest du sicher beherrschen. Der Test dient dazu – überprüfe dich also!

Du wirst sehen, auch du schaffst den Aufschwung mit "Training Mathematik". Viel Spaß!

1 Terme und Termumformungen

Terme

Was sind Terme?

Rechenausdrücke wie 18; $3(4+2)$; x^2-5; $\frac{2a-3b}{c}$ heißen **Terme**. Sie bestehen entweder nur aus Zahlen oder aus Zahlen **und** Variablen.

Terme, die nur aus Zahlen bestehen, lassen sich in Zahlen überführen.

$3(4+2) \rightarrow 3 \cdot 6 \rightarrow 18$

Die Gleichungskette, die sich hier ergibt, heißt **Termumformung**.

$3(4+2) = 3 \cdot 6 = 18$

Die Terme $3(4+2)$ und 18 sind **gleichwertig**. Termumformungen dienen dem Ziel, die Rechenausdrücke zu vereinfachen.

Terme mit Variablen gehen durch Ersetzen (Belegen) der Variablen mit Zahlen aus einer vorher bestimmten Menge – hier meist $\mathbb{Q}$ – in Zahlen über.
Kommt in einem Term eine Variable mehrfach vor, z. B. $a(2a-3b)$, so muss sie jeweils durch die gleiche Zahl ersetzt werden.

Beispiel

x	$3 \cdot (x+1)$	$3 \cdot x + 3$	$3 \cdot x + 1$
1	$3 \cdot (1+1) = 6$	$3 \cdot 1 + 3 = 6$	$3 \cdot 1 + 1 = 4$
−2	$3 \cdot (-2+1) = -3$	$3 \cdot (-2) + 3 = -3$	$3 \cdot (-2) + 1 = -5$
0	$3 \cdot (0+1) = 3$	$3 \cdot 0 + 3 = 3$	$3 \cdot 0 + 1 = 1$

Die Terme $3 \cdot (x+1)$ und $3 \cdot x + 3$ ergeben bei gleichen Ersetzungen jeweils die gleiche Zahl. Sie sind also gleichwertig (äquivalent).

$3 \cdot (x+1) = 3 \cdot x + 3$

1.

Forme diese Terme um:

a) $4(8-5)$ b) $4+5\cdot 7$ c) $18+3(4-1)$

d) $\frac{28}{4}$ e) $\frac{4+5}{3}$ f) $\frac{4\cdot 5}{2}$

2.

a) Führe hier Termersetzungen durch:

x	$5\cdot(3x-1)$	$15\cdot x-5$	$15\cdot x-1$
1			
−2			
0			
$\frac{1}{3}$			

b) Welche Terme ergeben bei gleichen Ersetzungen jeweils die gleiche Zahl, sind also gleichwertig (äquivalent)?

3.

a) Fülle auch diese Tabelle aus:

a	b	$a\cdot(a+b)$	$a^2+a\cdot b$	a^2+b
2	2	$2(2+2)=8$	$2\cdot 2+2\cdot 2=8$	$2\cdot 2+2=6$
3	−1			
0	1			

b) Welche Terme sind hier gleichwertig?

4.*

a) Ergänze diese Tabelle:

x	y	$2x\cdot(3x+2y)$	$6\cdot x+2x\cdot 2y$	$4x\cdot y+6\cdot x$
1	−2			
0	$\frac{1}{2}$			
−2	0			

b) Welche Terme sind äquivalent?

Summen und Produkte von Termen

Mit diesen Gesetzen kannst du Termumformungen durchführen:

Kommutativgesetz

$a + b = b + a$ $\qquad$ $a \cdot b = b \cdot a$

Assoziativgesetz

$a + (b + c) = (a + b) + c = a + b + c$ $\qquad$ $a \cdot (b \cdot c) = (a \cdot b) \cdot c = a \cdot b \cdot c$

Distributivgesetz

$a \cdot (b + c) = a \cdot b + a \cdot c$ $\qquad$ für alle a, b, $c \in \mathbb{Q}$

Tipps zum Rechnen mit Termen:

Malpunkte lässt man weg, wenn keine Missverständnisse möglich sind.

$3 \cdot x + 4 \cdot y = 3x + 4y$ $\qquad$ $3 \cdot 7 + 2 \cdot a = 3 \cdot 7 + 2a$

$4 \cdot (a + b) = 4(a + b)$ $\qquad$ $2 \cdot a \cdot b = 2ab$

Terme werden übersichtlicher, wenn man die Teilterme nach dem Alphabet ordnet und die mit gleichen Variablen zusammenfasst:

$3a - 4b + 5a - c + b = 3a + 5a - 4b + b - c = 8a - 3b - c$

$4x + 5 - 3x + 2 = 5 + 2 + 4x - 3x = 7 + x$

Beispiele

1. $3a + 7b + 2a = 3a + (7b + 2a)$ → Assoziativgesetz
   $= 3a + (2a + 7b)$ → Kommutativgesetz
   $= (3a + 2a) + 7b$ → Assoziativgesetz
   $= 5a + 7b$

2. $3a \cdot 4b = 3 \cdot (a \cdot 4) \cdot b$ → Assoziativgesetz
   $= 3 \cdot (4 \cdot a) \cdot b$ → Kommutativgesetz
   $= 12 \cdot a \cdot b$ → Assoziativgesetz
   $= 12ab$

1.

Vereinfache diese Ausdrücke:

a) $4 \cdot x - 5 \cdot y = 4x - 5y$ $\qquad$ $7 \cdot a - 3 \cdot b =$ ____________

b) $7 \cdot y - 3 \cdot 4 =$ ____________ $\qquad$ $2 \cdot 5 - 3 \cdot x =$ ____________

c) $a \cdot b \cdot c =$ ____________ $\qquad$ $3 \cdot x \cdot y =$ ____________

d) $2 \cdot (x - y) =$ ____________ $\qquad$ $(m + n) \cdot 4 =$ ____________

e) $(x - 1) \cdot 3 =$ ____________ $\qquad$ $5 \cdot (y - 3) =$ ____________

f) $2 \cdot x \cdot y =$ ____________ $\qquad$ $8 \cdot a \cdot b =$ ____________

2.*

Notiere hier jeweils, welches Gesetz bei der Termumformung angewendet wurde:

a) $3a + 5b + 6a = 3a + (5b + 6a)$ ____________

$= 3a + (6a + 5b)$ ____________

$= (3a + 6a) + 5b$ ____________

$= 9a + 5b$

b) $2a \cdot 3b + 4a \cdot 5b = 2 \cdot (a \cdot 3) \cdot b + 4 \cdot (a \cdot 5) \cdot b$ ____________

$= 2 \cdot (3 \cdot a) \cdot b + 4 \cdot (5 \cdot a) \cdot b$ ____________

$= 6 \cdot a \cdot b + 20 \cdot a \cdot b$ ____________

$= 26ab$

3.

Ordne und fasse zusammen. Rechne im Heft.

a) $3x + 4y - 2x + y$ $\qquad$ b) $7 + 8y - 3x + 5 + x$

c) $3b + 2a - 7b + 4a$ $\qquad$ d) $3a - 4b + 2a - 5b$

e) $3x + 4a - 5x - 2b$ $\qquad$ f) $7y + 2 - 5y + 3$

4.

Vereinfache die Terme:

a) $3x \cdot 5y$ $\qquad$ b) $4a \cdot \frac{1}{2}b$ $\qquad$ c) $\frac{1}{4}x \cdot 8y$

d) $2a \cdot 3b + 5a \cdot 7b$ $\qquad$ e) $9x \cdot \frac{1}{3}y + 4x \cdot 5y$

Rechnen mit Klammern

So löst du Klammern auf:

In vielen Rechenausdrücken kommen Klammern vor. Zum Vereinfachen dieser Terme musst du meist die Klammern auflösen. Beim Klammernauflösen ist Folgendes zu beachten:

+ vor der Klammer:
Klammern werden weggelassen, ohne dass die Vorzeichen innerhalb der ursprünglichen Klammern verändert werden.

$$\begin{aligned} 4a + (2b - 3a) + (3b + a) &= 4a + 2b - 3a + 3b + a \\ &= 2a + 5b \end{aligned}$$

– vor der Klammer:
Jedes Vorzeichen innerhalb der ursprünglichen Klammer muss beim Auflösen der Klammer geändert werden:
+ in – und – in +

$$\begin{aligned} 2a + (3a - 5b) - (4a - 3b) &= 2a + 3a - 5b \mathbf{-} 4a \mathbf{+} 3b \\ &= a - 2b \end{aligned}$$

Kein Vorzeichen vor der Klammer:
Kein Vorzeichen vor der Klammer bedeutet ein Pluszeichen.

$$\begin{aligned} (3a - 4b) - (2a - b) &= 3a - 4b - 2a + b \\ &= a - 3b \end{aligned}$$

Klammern in Klammern:
Kommen in einem Term außer runden Klammern (...) auch eckige [...] oder geschweifte {...} Klammern vor, so löst man erst die inneren Klammern auf und dann die äußeren.

$$\begin{aligned} &4a - \{7a + b - [3a - 2b - (4a + b) - a] + 5b\} \\ &= 4a - \{7a + b - [3a - 2b - 4a - b - a] + 5b\} \\ &= 4a - \{7a + b - 3a + 2b + 4a + b + a + 5b\} \\ &= 4a - 7a - b + 3a - 2b - 4a - b - a - 5b \\ &= -5a - 9b \end{aligned}$$

1.

Löse hier die Klammern auf. Rechne im Heft.

a) $4x - (3x + 2y) + (2x - y)$

b) $7a - (3b + 2a) + (a - b)$

c) $y - (2x + 5y - 3x)$

d) $(4x - 2y) + (3x - y)$

e) $(x - y + z) - (2x - 3y + z)$

f) $(3a - b) + 4a - (2a + 3b)$

2.

Löse zuerst die Klammern auf und berechne den Term:

a) $17x - (3x + y) + y$

b) $14a - (2a + 13b) - (15b - a)$

c) $240 + (20 - 15p) - (3p + 120)$

d) $11u - (13v - 7u) + (8u - v)$

e) $6{,}31 - (4{,}21 + 5{,}4m) + (8{,}8m - 1)$

f) $2x + [4y - (2x - 5y)]$

g) $16 - [10c - (19c + 15)] - [15d + (-17d + 9c) + 25]$

h) $7a - [3b - (4a + b) + a]$

i) $5x - \{3y - [6y + (2x - y)]\}$

k) $45m - [9m - (13n + 5m) + 4n] - [17m - (3m - 7n) + 8m]$

l) $8{,}2a + \{3{,}1b + [4{,}6 - (7{,}6a - 5{,}8b)] - [2{,}7b - (8{,}9 + 0{,}6a)]\}$

3.*

Sind diese Klammern richtig aufgelöst? Berichtige die Fehler im Heft.

a) $3x - (2y - 4x) = 3x - 2y - 4x = -x - 2y$

b) $(3a + 2b) - (4a + 5b) = 3a + 2b - 4a - 5b = -a - 3b$

c) $4u - [6v + (u - v)] = 4u - [6v + u - v] = 3u - 5v$

d) $28x - (4x + 26y) - (30y - 2x) = 28x - 4x - 26y - 30y - 2x = 22x - 56y$

e) $10m - \{6n - [12n + (4m - 2n)]\}$
$= 10m - \{6n - [12n + 4m - 2n]\}$
$= 10m - \{6n - 12n - 4m + 2n\}$
$= 10m - 6n + 12n + 4m - 2n = 14m + 4n$

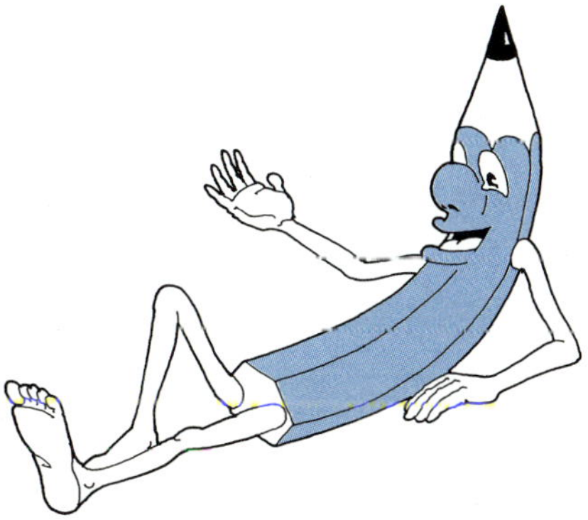

Vereinfachen von Produkten

So entstehen Produkte und Potenzen:

Additionen **gleicher Summanden** lassen sich kürzer als **Produkte** schreiben:

$$\underbrace{4 + 4 + 4}_{\text{3-mal}} = 3 \cdot 4$$

$$\underbrace{ab + ab + ab + ab}_{\text{4-mal}} = 4 \cdot ab = 4ab$$

Überflüssige Malpunkte werden weggelassen.

Multiplikationen **gleicher Faktoren** schreibt man als **Potenzen**:

$$\underbrace{4 \cdot 4 \cdot 4}_{\text{3-mal}} = 4^3 \qquad \underbrace{a \cdot a \cdot a \cdot a}_{\text{4-mal}} = a^4$$

$$\underbrace{ab \cdot ab \cdot ab \cdot ab}_{\text{4-mal}} = (ab)^4 = a^4b^4$$

Beispiel Ein Produkt wird mit einer Zahl multipliziert, indem man einen Faktor des Produkts mit dieser Zahl malnimmt.

$5a \cdot 0{,}3b = 5 \cdot 0{,}3 \cdot ab = 1{,}5ab$

$4xy \cdot 3x = 4 \cdot 3 \cdot xyx = 12xyx = 12x^2y$

Tipp Beim Addieren von Produkten musst du aufpassen, weil sich nur solche Summanden zusammenfassen lassen, die die **gleichen Variablen** in der **gleichen Potenz** enthalten:

$3a^2b + 2a^2b = (3 + 2)a^2b = 5a^2b$

$3ab^2 + 2a^2b$ lässt sich dagegen nicht zusammenfassen.

1.

a) Schreibe jeweils als Produkt:

$3x + 3x + 3x + 3x =$ ______ $\qquad xy + xy =$ ______

$4ab + 4ab + 4ab =$ ______ $\qquad 0{,}2a + 0{,}2a + 0{,}2a =$ ______

b) Verwandle diese Produkte zurück in Summen.

$3xy =$ ______ $\qquad 4a =$ ______

$4 \cdot 2 =$ ______ $\qquad 5ab =$ ______

2.

a) Schreibe als Potenzen:

$2a \cdot 2a \cdot 2a =$ ______ $\qquad \frac{1}{2}x \cdot \frac{1}{2}x \cdot \frac{1}{2}x =$ ______

$3ab \cdot 3ab \cdot 3ab =$ ______ $\qquad 5xy \cdot 5xy =$ ______

b) Löse diese Potenzen in Produkte auf:

$x^4 =$ ______ $\qquad 3^5 =$ ______ $\qquad \left(\frac{1}{2}\right)^2 =$ ______

$(ab)^3 =$ ______ $\qquad x^2y^2 =$ ______ $\qquad (2xy)^3 =$ ______

3.

Vereinfache hier so weit wie möglich:

a) $6x \cdot 7y$ b) $3a \cdot \frac{1}{2}b \cdot c$ c) $0{,}3xy \cdot 0{,}4z$

d) $4x \cdot 5y \cdot 3z$ e) $2a \cdot 3b \cdot 4c$ f) $\frac{1}{2}x \cdot 2yz$

g) $3a \cdot 4b \cdot 2a$ h) $\frac{1}{2}xy \cdot 4yz$ i) $2x \cdot 0{,}3y \cdot 0{,}5y$

4.*

a) Fasse zusammen:

$3xy - 2xy + 4xy \qquad 2xz^2 - \frac{1}{2}xz^2 + xz^2$

$ab^2 - 3ab^2 - 5ab^2 \qquad 4{,}2x^2z - 0{,}2x^2z + x^2z$

b) Hier müssen zunächst die Produkte vereinfacht werden.

$4a \cdot 3b^2 + 4a \cdot 5b - 2a \cdot \frac{1}{2}b \qquad 3x - 2x \cdot 0{,}2y - 1{,}2x \cdot 2y$

$\frac{1}{2}x \cdot 3y \cdot 2z + x \cdot 4y \cdot \frac{1}{4}z \qquad 2a \cdot b + 3a^2 \cdot 2b + 4a \cdot 5b$

$3x \cdot 5y \cdot 2x - 4x^2 \cdot 3y + 3x \cdot y \qquad a \cdot 2b \cdot 3a - \frac{1}{2}a^2 \cdot 4b + 2ab$

Anwendungen des Distributivgesetzes

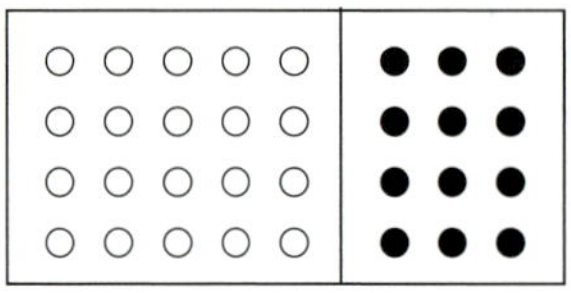

Auf dieser Palette liegen weiße und schwarze Kugeln, insgesamt sind es

$4 \cdot (5 + 3)$.

Von den weißen Kugeln gibt es $4 \cdot 5$ und von den schwarzen Kugeln $4 \cdot 3$.

So arbeitest du mit dem Distributivgesetz:

$a \cdot (c + d) = a \cdot c + a \cdot d$

$a \cdot (c + d) = (c + d) \cdot a$

Für den Ausdruck $(a + b) : n,\ n \neq 0$

lässt sich auch schreiben $(a + b) \cdot \frac{1}{n} = a \cdot \frac{1}{n} + b \cdot \frac{1}{n} = a : n + b : n$

Also gilt: $(a + b) : n = a : n + b : n,\ n \neq 0$

Das Ausmultiplizieren von Klammern ist das Anwenden des Distributivgesetzes:

$$(a + b) \cdot (c + d) = a \cdot (c + d) + b \cdot (c + d)$$
$$= ac + ad + bc + bd$$

Also gilt: $(a + b) \cdot (c + d) = a \cdot c + a \cdot d + b \cdot c + b \cdot d$

Jeder Summand der ersten Klammer wird mit jedem Summanden der zweiten Klammer multipliziert.

Beispiele

1. $(4x + 8y) \cdot 2z = 8xz + 16yz$
2. $(9a - 6b) : 3 = 3a - 2b$
3. $(3a - 2b) \cdot (2a - 4c) = 3a \cdot 2a + 3a \cdot (-4c) + (-2b) \cdot 2a + (-2b) \cdot (-4c)$
   $= 6a^2 - 12ac - 4ab + 8bc$

Beachte

Denke bei den folgenden Aufgaben an die Vorzeichenregeln:

+ mal + − mal −	ergibt **+**	+ mal − − mal +	ergibt **−**

Gedächtnishilfe:
gleiche Vorzeichen miteinander multipliziert ergibt +, ungleiche dagegen −.

1.

Berechne:

a) $(3a - 5b) \cdot 2a$ b) $(4xy - 2x^2y) : 2$ c) $4x(3 - 2y)$

d) $2x\left(5y - \frac{1}{2}x\right)$ e) $\frac{1}{2} \cdot (6y - x)$ f) $(12x + 3y) : 3$

2.

Löse diese Aufgaben:

a) $(3x + y)(2x - 3z)$ b) $(4x + 2a)(3y + b)$ c) $\left(\frac{1}{2}x - 5\right)(2y - 3)$

d) $\left(3x - \frac{1}{4}\right)(2x + 4)$ e) $(3a - 2b)(4c + 2d)$ f) $(3 - a)(2 + b)$

3.

Rechne die Klammern aus, ordne und fasse zusammen:

a) $3a(2a + 3b) + 2b(3a - b) - 4a(a + 5b) + 6b(3a + 4b)$
b) $5s(6s - 3t) - 2s(5s + 4t) + 7t(3t - s) - s(8s + 7t)$
c) $4i(5k - 4i) + 3k(5i + 2k) - 2k(3i - 2k) - 4i(6i + 3k)$
d) $7x(3x - 2y + 4z) - 3y(5z - 2x - y) + 2z(9y - 3x - 4z)$
e) $2u(4v + 6w - 7u) + 4v(3u - 7v + 6w) - 5w(2u + 5v - 8w)$
f) $81(31 + 7m + 2n) - 7m(41 - 2m + 3n) - 5n(7m - 31 - 6n)$
g) $7(6a - 5b + 3c - 4d) + 6(5a + 4b - 7c + 3d) - 8(9b - 8a + 3c - 5d)$
h) $3(8x + 7y - 2z) - 5(3y - 4x + 2z) + 7(8z - 6x - 5y) - 6(3x + 7y - 4z)$
i) $(3a - 2b)(2a + b) + (5a + b)(4a - 2b)$
k) $(x - y)(2x + 3y) - (3x - y)(2x + 2y)$
l) $(3m + 2n)(2m - n) + (5m + n)(2m + n)$
m) $(a - b)(2a - 3b) - (4a + 5b)(a + b)$

Binomische Formeln – Faktorisieren

Die binomischen Formeln musst du können:

I. $(a + b)^2 = a^2 + 2ab + b^2$
II. $(a - b)^2 = a^2 - 2ab + b^2$
III. $(a + b)(a - b) = a^2 - b^2$

Diese drei Spezialfälle der Multiplikation heißen **binomische Formeln**.

Beispiele

1. $(3x - 2y)^2 = (3x)^2 - 2 \cdot 3x \cdot 2y + (2y)^2 \rightarrow a = 3x;\; b = 2y$

$\uparrow \quad \uparrow \quad \uparrow \quad \uparrow \quad \uparrow$

$(a - b)^2 = a^2 - 2 \cdot a \cdot b + b^2$

also: $(3x - 2y)^2 = 9x^2 - 12xy + 4y^2$

2. $(4x + 3y) \cdot (4x - 3y) = (4x)^2 - (3y)^2 \rightarrow a = 4x;\; b = 3y$

$\uparrow \quad \uparrow \quad \uparrow \quad \uparrow \quad \uparrow \quad \uparrow$

$(a + b) \cdot (a - b) = a^2 - b^2$

also: $(4x + 3y) \cdot (4x - 3y) = 16x^2 - 9y^2$

So verwandelst du Terme durch Faktorisieren in ein Produkt:

Einfaches Ausklammern:

$2x^2 - 4x = 2x(x - 2)$

Mehrfaches Ausklammern:

$2ab - 2ac + 3db - 3dc = 2a(b - c) + 3d(b - c)$

$\downarrow \quad \downarrow$

$= (2a + 3d)(b - c)$

Anwenden einer binomischen Formel:

$9x^2 - 12xy + 4y^2 = (3x)^2 - 2 \cdot (3x) \cdot (2y) + (2y)^2 = (3x - 2y)^2$

$25x^2 + 10x + 1 = (5x)^2 + 2 \cdot (5x) \cdot (1) + (1)^2 = (5x + 1)^2$

1.

a) Multipliziere die Klammern aus:

$(a + b) \cdot (a + b) =$ ____________________

$(a - b) \cdot (a - b) =$ ____________________

$(a - b) \cdot (a + b) =$ ____________________

b) Wie heißen die entstandenen Ausdrücke?

2.

Berechne:

$(2a + 4b)^2$	$(4y - 5z)^2$	$(a - 1)^2$
$\left(\frac{1}{2}x + 1\right)^2$	$(4u - 3v)^2$	$\left(4x - \frac{1}{2}\right)^2$
$(3a + b)(3a - b)$	$(2x - 1)(2x + 1)$	$(6a - 3b)(6a + 3b)$

3.*

Kontrolliere, ob diese Ausdrücke richtig faktorisiert wurden. Löse dazu die Klammern wieder auf.

a) Welche Aufgaben sind richtig? ____________________

b) Korrigiere die falschen.

① $8a^2 - 16a = 8a(a - 2)$

② $4xa - 4xb - ya + yb = (4x - y)(a - b)$

③ $x^2 - 2x + 4 = (x - 2)^2$

④ $4a^2 - 20ab + 25b^2 = (2a - 5b)^2$

⑤ $6ax - 3ay + 2bx + by = (3a - b)(2x - y)$

4.

Faktorisiere diese Ausdrücke. Kontrolliere jeweils deine Rechnung, indem du die Klammer wieder auflöst, also „rückwärts" rechnest.

a) $4ab - 2a$

b) $7x^2 - x$

c) $\frac{1}{2}y + xy$

d) $3xy + 12x + 2y + 8$

e) $2ax - 2ay + 3dx + 3xy$

f) $2ax - 3bx + 2ay - 3by$

g) $4x^2 + 20xy + 25y^2$

h) $\frac{1}{4}a^2 - 4ab + 16b^2$

Merke Bei manchen Aufgaben musst du besonders auf das Vorzeichen achten.
Beispiel:
$4ax - 6bx - 6ay + 9by$

Ungünstiges Umformen:
$4ax - 6bx - 6ay + 9by = 2x(2a - 3b) + 3y(-2a + 3b)$

↖ ↗
Diese Klammern lassen sich so nicht weiter ausklammern, weil sie verschieden sind.

Günstiges Umformen:
$4ax - 6bx - 6ay + 9by = 2x(2a - 3b) - 3y(2a - 3b)$

↖ ↗
Es entstehen zwei gleiche Klammern.
$= (2x - 3y)(2a - 3b)$

5.*

Achte bei den folgenden Aufgaben auf geschicktes Vorgehen.

a) $4ax - 5ay - 4bx + 5by$
b) $12ac + 8bc - 9ad - 6bd$
c) $15xy - 60y - 18x + 72$
d) $12a^2 - 21a - 8ab + 14b$
e) $10x + 6x^2 - 5y - 3xy$

6.*

Faktorisiere:

a) $xy^2 + \frac{1}{5}x^2y$
b) $bx + xy + 4ax - 4ay$
c) $9x^2 + 2xy + \frac{1}{9}y^2$
d) $\frac{1}{16}a^2 - 4ab + 64b^2$
e) $2ax - 3ay + 2bx - 3by$
f) $2a^2 - 2a + 6ab - 6b$
g) $5x^2 + 3x - 10xy - 6y$
h) $4ax - 4ay + 4by - 4bx$

7.

Hier sollst du noch einmal die binomischen Formeln anwenden:

a) $\left(\frac{1}{3}x - 2y\right)^2$
b) $(8u + 8v)^2$
c) $\left(5a - \frac{1}{5}b\right)\left(5a + \frac{1}{5}b\right)$
d) $(12x + 6y)^2$
e) $\left(16x - \frac{1}{4}z\right)^2$
f) $(y + 1)(y - 1)$

8.

Hier sollst du, wenn möglich, die Potenzschreibweise anwenden. Schreibe die Aufgaben kürzer:

$x + x + x$ = ________ $x \cdot x \cdot x$ = ________

$ab + ab + ab + ab$ = ________ $(ab) \cdot (ab) \cdot (ab) \cdot (ab)$ = ________

$(-2) + (-2) + (-2)$ = ________ $(-2) \cdot (-2) \cdot (-2)$ = ________

$(x-1) + (x-1) + (x-1)$ = ________ $(x-1) \cdot (x-1) \cdot (x-1)$ = ________

9.

Berechne diese Potenzen.

Beispiel: $(-2x)^3 = (-2x) \cdot (-2x) \cdot (-2x) = 8x^3$

a) $(3x)^4$ b) $\left(\frac{1}{2}ab\right)^3$ c) $(-0{,}5xy)^2$

d) $(-xy)^2$ e) $(-2ab)^3$ f) $(4abc)^2$

10.*

Natürlich lassen sich auch Klammerausdrücke potenzieren.

Beispiel: Anwendung einer binomischen Formel

$$(x-1)^3 = \underbrace{(x-1) \cdot (x-1)} \cdot (x-1)$$
$$= (x^2 - 2x + 1) \cdot (x-1)$$
$$= x^3 - x^2 - 2x^2 + 2x + x - 1$$
$$= x^3 - 3x^2 + 3x - 1$$

Rechne ebenso:

a) $(a-1)^3$ b) $(2x-3)^4$ c) $(x+y)^3$

d) $(2a-b)^4$ e) $\left(x - \frac{1}{2}\right)^3$ f) $(2x+3y)^3$

11.

Kontrolliere diese Rechnungen und korrigiere die falschen:

a) $(x-2)^3 = x^3 - 6x^2 + 8x - 8$

b) $(a+2b)^3 = a^3 + 6a^2b + 12ab^2 + 8b^3$

c) $(2a-1)^4 = 16a^4 + 32a^3 - 24a^2 - 8a + 1$

Vermischte Aufgaben zu Termumformungen

Achte auf die Reihenfolge beim Rechnen:

Musst du komplizierter gebaute Termen vereinfachen, kommt es auf die **Reihenfolge** der Rechenschritte an:

zuerst **Potenzieren** bzw. **Multiplizieren**,
dann **Addieren** und **Subtrahieren**.

Beispiele

1. $4a - 2(a-1)^2$
$= 4a - 2(a^2 - 2a + 1)$ | potenziert (binomische Formel)
$= 4a - 2a^2 + 4a - 2$ | multipliziert
$= -2a^2 + 8a - 2$ | addiert
$4a - 2(a-1)^2 = -2a^2 + 8a - 2$

2. $(3a - 4b) \cdot (a - 2b) - 5a^2$
$= 3a^2 - 6ab - 4ab + 8b^2 - 5a^2$ | multipliziert
$= -2a^2 - 10ab + 8b^2$ | addiert bzw. subtrahiert
$(3a - 4b) \cdot (a - 2b) - 5a^2 = -2a^2 - 10ab + 8b^2$

3. $(x - 2y)^3$
$= (x - 2y) \cdot (x - 2y) \cdot (x - 2y)$ | zerlegt in ein Produkt
$= (x^2 - 4xy + 4y^2)(x - 2y)$ | binomische Formel
$= x^3 - 4x^2y + 4xy^2 - 2x^2y + 8xy^2 - 8y^3$ | multipliziert
$= x^3 - 6x^2y + 12xy^2 - 8y^3$ | addiert bzw. subtrahiert
$(x - 2y)^3 = x^3 - 6x^2y + 12xy^2 - 8y^3$

1.

Vereinfache:

a) $5x - 3(2 - x)^2$

b) $\frac{1}{4}(16x + 32)^2 - x^2 - 5$

c) $8b - 4(b - 1)^2$

d) $7(x + 5)^2 - 3x^2$

2.

Vereinfache auch diese Terme:

a) $5a(3b - 2a) + 4b(2a - b)$

b) $7x(2y + x) - 2y(3x - 2y)$

c) $2b(3a - b) - a(3b + a)$

d) $3y(4x - y) - 5x(y + 3x)$

3.

Vereinfache:

a) $(a - b)(3a - 2b) - 3a^2$

b) $(x - 3y)(y - x) + 2y^2$

c) $2x^2 + (x + y)(3x - y)$

d) $5y^2 - (y - 2x)(x - y)$

4.*

Potenziere die Klammern:

a) $(2x - y)^3$

b) $(x + 3y)^4$

c) $(x - 2y)^4$

d) $(4x + y)^3$

5.*

Berechne:

a) $(x - 1)(x + y)^2$

b) $(b + 2)(2a - b)^2$

c) $(a + 3b)^2 \cdot (b - 1)$

d) $(y - x)(x - y)^2$

e) $(2 - x)(2 + x)^2$

f) $(y + 3)^2(4 - y)$

Bruchterme

Was sind Bruchterme?

Wenn bei Termen im Nenner Variablen auftreten, spricht man von **Bruchtermen**.

$\frac{5}{x-1}$; $\frac{3x}{x+a}$; $\frac{2x+a}{a}$ sind Bruchterme.

Die **Definitionsmenge D** eines Bruchterms umfasst alle **zulässigen** Ersetzungen der Variablen aus der Grundmenge G. **Nicht zulässig** ist jede Ersetzung, die auf eine Division durch 0 führt. Solche Ersetzungen müssen ausgeschlossen werden.

Beispiel

Ersetzt man in Termen die Variablen durch Zahlen aus der vorher vereinbarten Grundmenge ($G = \mathbb{Q}$), so gehen sie in Zahlen über.

x	x – 2	$\frac{5}{x-2}$
–1	$-1-2=-3$	$\frac{5}{-1-2}=-\frac{5}{3}$
0	$0-2=-2$	$\frac{5}{0-2}=-\frac{5}{2}$
2	$2-2=\ 0$	$\frac{5}{2-2}$; nicht zulässig

Ersetzt man im Bruchterm $\frac{5}{x-2}$ die Variable x durch 2, so ergibt sich $\frac{5}{2-2}=\frac{5}{0}$.

Dieser Ausdruck ist nicht definiert, da man **nicht durch 0 teilen** darf.

Der Bruchterm $\frac{5}{x-2}$ besitzt also in der Grundmenge $\mathbb{Q}$ die Definitionsmenge $D = \mathbb{Q}\setminus\{2\}$ (gelesen: D gleich $\mathbb{Q}$ ohne 2.)

Tipp

Ermittle die Definitionsmenge D so:

$\frac{4}{1-2x}$ → Nenner 0 setzen: $1-2x=0$
→ x bestimmen: $x=\frac{1}{2}$
→ D notieren: $D=\mathbb{Q}\setminus\left\{\frac{1}{2}\right\}$

1.

a) Fülle diese Tabelle aus:

	$x = 2$	$x = 1$	$x = \frac{1}{2}$	$x = 0$	$x = -2$
$\frac{3}{2(2x-1)}$					
$\frac{x}{2-x}$					
$\frac{2}{(x-1)(x+2)}$					

b) Gib von jedem Term die Definitionsmenge D an.

2.

Gib von den folgenden Bruchtermen die Definitionsmenge D in der Grundmenge $\mathbb{Q}$ an:

$\frac{4}{x-3}$; $\frac{x}{4-x}$; $\frac{x+3}{5-x}$; $\frac{2}{3(x+1)}$; $\frac{2(x-5)}{5(4-2x)}$

3.

a) Zeige, dass für $\frac{2x}{(x-2)(x+3)}$ gilt: $D = \mathbb{Q}\backslash\{2; -3\}$

b) Bestimme hier jeweils die Definitionsmenge:

$\frac{3}{(x-1)(x+1)}$; $\frac{5}{3(x+2)(2x-1)}$; $\frac{4x+1}{5(2x-1)(2x+1)}$

$\frac{8(x+1)}{(2x+4)(3x-9)}$; $\frac{1}{2x-5}$; $\frac{6x}{(2x+5)(4-x)}$

c) Ordne den Bruchtermen ihre Definitionsmengen zu:

$\frac{5}{x(x-1)}$; $\frac{3}{x^2-9}$; $\frac{4}{4-x^2}$; $\frac{3x+2}{2x(2-x)}$

$D = \mathbb{Q}\backslash\{3; -3\}$; $D = \mathbb{Q}\backslash\{0; 1\}$; $D = \mathbb{Q}\backslash\{0; 2\}$; $D = \mathbb{Q}\backslash\{2; -2\}$

4.*

Bei manchen Bruchtermen kann man nur die **Bedingungen** für die Variablen angeben, die erfüllt sein müssen, damit der Nenner **nicht 0** wird.

Beispiel: $\frac{3}{2x-y}$; $2x - y \neq 0$, d.h. $2x \neq y$

Der Bruchterm ist also bei allen Ersetzungen für x und y definiert, für die $2x \neq y$ gilt.

Ermittle auch hier die Bedingungen:

a) $\frac{5}{x+2y}$ b) $\frac{3x}{x-y}$ c) $\frac{2y}{4x-3y}$ d) $\frac{1}{x+y}$

Kürzen und Erweitern von Bruchtermen

So rechnest du mit Bruchtermen:

Beim Rechnen mit Bruchtermen gelten die gleichen Gesetze wie beim Rechnen mit Brüchen. Gleichzeitig musst du aber immer mögliche Veränderungen der Definitionsmengen für Bruchterme beachten.

Beispiele

Erweitern:

1. $\frac{2}{x-3}$ soll mit (x + 3) erweitert werden
2. $\frac{2}{x-3}$ $\rightarrow D = \mathbb{Q}\setminus\{3\}$
3. $\frac{2\cdot(x+3)}{(x-3)\cdot(x+3)}$ $\rightarrow D = \mathbb{Q}\setminus\{3; -3\}$

Das bedeutet:
Die Terme $\frac{2}{x-3}$ und $\frac{2(x+3)}{(x-3)\cdot(x+3)}$ sind nur äquivalent für alle $x \in \mathbb{Q}\setminus\{3; -3\}$, **nur** für sie gilt:

$$\frac{2}{x-3} = \frac{2(x+3)}{(x-3)(x+3)}$$

Kürzen:

1. $\frac{2x}{x(x-1)}$ soll durch x gekürzt werden
2. $\frac{2x}{x(x-1)}$ $\rightarrow D = \mathbb{Q}\setminus\{1; 0\}$
3. $\frac{2}{x-1}$ $\rightarrow D = \mathbb{Q}\setminus\{1\}$

Jetzt gilt:
$\frac{2x}{x(x-1)} = \frac{2}{x-1}$ nur für alle $x \in \mathbb{Q}\setminus\{1; 0\}$

Tipp

Gehe so vor:

1. Ermittle D des Ausgangsterms.
2. Kürze bzw. Erweitere.
3. Bestimme D des neuen Terms.

1.

Ermittle von diesen Termen jeweils D. Denke daran: Im Nenner darf kein Faktor 0 sein!

a) $\frac{3}{x-5}$ b) $\frac{3x-1}{x}$ c) $\frac{5-x}{4x}$

d) $\frac{2}{x(x+5)}$ e) $\frac{3x-4}{x(2-x)}$ f) $\frac{4+3x}{2x^2}$

g) $\frac{5}{(x-1)(x+2)}$ h) $\frac{2+x}{(3x+1)(2x-1)}$ i) $\frac{7x}{(x+1)(2+x)}$

2.

Erweitere $\frac{2}{x}$ mit

a) $(x-1)$ b) $(2+3x)$ c) x.

Bestimme jeweils die alten und neuen Definitionsmengen.

d) Bei welcher Aufgabe hat sich D nicht verändert?

3.

Kürze und gib jeweils die entsprechenden Definitionsmengen an.

a) $\frac{3x}{x(2x+4)}$ b) $\frac{2\cdot(x-1)}{(3x+1)\cdot(x-1)}$ c) $\frac{x(x-5)}{(x-5)\cdot(x+5)}$

4.

a) Erweitere jeweils mit 2x – 1 und bestimme D.

$\frac{x-2}{x}$ $\frac{5}{x+2}$ $\frac{4+x}{2x+1}$

b)* Kürze, wenn möglich, und bestimme jeweils D.

$\frac{x+2x^2}{2x^2}$ $\frac{x-7}{(x-7)\cdot(x+7)}$ $\frac{5x-2}{5x+2}$

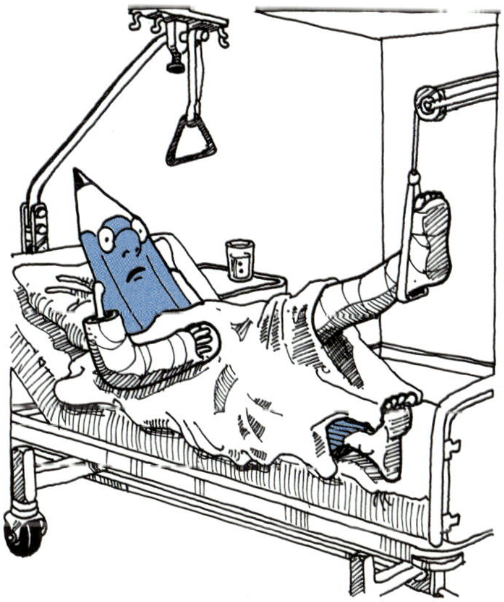

Addieren und Subtrahieren von Bruchtermen

So addierst und subtrahierst du Bruchterme:

Hier orientierst du dich an den entsprechenden Gesetzen der Bruchrechnung.
Ungleichnamige Brüche müssen auf einen **gemeinsamen Nenner** gebracht werden.
Dann werden sie addiert bzw. subtrahiert, indem du die Zähler verrechnest und den gemeinsamen Nenner beibehältst.

Beispiele

1. $\frac{3x-1}{x+1} - \frac{4}{x} = ?$ → $D = \mathbb{Q}\setminus\{0; -1\}$

2. $(x+1)\cdot x$ → gemeinsamer Nenner
   x → Erweiterungswert für den 1. Bruchterm
   $(x+1)$ → Erweiterungswert für den 2. Bruchterm

3. $\frac{(3x-1)\cdot x}{(x+1)\cdot x} - \frac{4(x+1)}{(x+1)\cdot x}$ → erweitert

4. $= \frac{(3x-1)\cdot x - 4(x+1)}{x\cdot(x+1)}$ → subtrahiert
   $= \frac{3x^2 - x - 4x - 4}{x(x+1)} = \frac{3x^2 - 5x - 4}{x(x+1)}$ → vereinfacht

also: $\frac{3x-1}{x+1} - \frac{4}{x} = \frac{3x^2 - 5x - 4}{x(x+1)}$ mit $D = \mathbb{Q}\setminus\{0; -1\}$

Tipp

Gehe bei diesen Aufgaben so vor:

1. Bestimme D.
2. Ermittle einen gemeinsamen Nenner.
3. Erweitere jeden Bruchterm auf diesen gemeinsamen Nenner.
4. Berechne und vereinfache die Brüche.

1.

Bestimme jeweils D.

a) $\frac{2}{x} - \frac{5}{7x}$ b) $\frac{3x}{2-x} + \frac{1}{x}$ c) $\frac{4}{2x} + \frac{1}{x+1}$

d) $\frac{3}{a-5} + \frac{2}{a-1}$ e) $\frac{2}{3x} + \frac{1}{2+x}$ f) $\frac{z}{3+z} - \frac{z}{z-3}$

2.

Ermittle von jeder Aufgabe von 1. einen gemeinsamen Nenner. Erweitere sie und addiere bzw. subtrahiere die Bruchterme. Welche Ergebnisse erhältst du?

3.

Rechne jetzt selbstständig.

a) $\frac{4x}{x-2} + \frac{3}{x}$ b) $\frac{2x}{3-x} + \frac{4x-1}{x}$ c) $\frac{3}{2a} - \frac{5}{7a}$

d) $\frac{3}{4} - \frac{2}{x} + \frac{5}{3x}$ e) $\frac{1}{x-1} + \frac{3}{x} - \frac{2}{3x}$

4.*

Löse auch diese Aufgaben:

a) $\frac{3x-1}{2x+1} - \frac{5x}{x-1}$ b) $\frac{4a}{3-2a} - \frac{1}{a} + \frac{2}{a+1}$

c) $\frac{17}{b+1} + \frac{3}{b^2-1}$ d) $\frac{1}{x^2-xy} + \frac{1}{xy-y^2}$

e) $\frac{1}{a+b} + \frac{1}{a^2-b^2}$ f) $\frac{1}{x-y} - \frac{1}{x^2-xy}$

5.

Welcher gemeinsame Nenner gehört zu welcher Aufgabe? Ordne sie zu und löse die Aufgaben.

a) $\frac{5}{x+y} - \frac{4}{x-y} + \frac{11y}{x^2-y^2}$ d) $(x+y)(x-y)$

b) $\frac{2x+3}{2x-2} - \frac{3x-2}{3x+3} - \frac{10}{6x^2-6}$ e) $3 \cdot (x-3)^2$

c) $\frac{1}{(x-3)^2} + \frac{1}{3x-9}$ f) $6(x+1)(x-1)$

Multiplizieren und Dividieren von Bruchtermen

Es gelten folgende Regeln der Bruchrechnung:

Zwei Bruchterme werden multipliziert, indem man **Zähler mit Zähler** und **Nenner mit Nenner** multipliziert.

Beim Dividieren von Bruchtermen wird der **erste Bruchterm** mit dem **Kehrwert des zweiten** multipliziert.

Beispiele

1. $\frac{4x}{x-2} \cdot \frac{x+1}{8x} = ?$ → $D = \mathbb{Q} \setminus \{2; 0\}$

$\frac{4x \cdot (x+1)}{(x-2) \cdot 8x} = \frac{x+1}{2(x-2)}$ → multipliziert und gekürzt

also: $\frac{4x}{x-2} \cdot \frac{x+1}{8x} = \frac{x+1}{2(x-2)}$ für alle $x \in \mathbb{Q} \setminus \{2; 0\}$

2. $\frac{4x}{x-2} : \frac{x+1}{8x} = ?$ → $D = \mathbb{Q} \setminus \{2; 0\}$

Die Definitionsmenge D muss weiter eingeschränkt werden, weil vom zweiten Bruchterm der Kehrwert genommen wird und damit $(x + 1) \neq 0$ sein muss.

$\frac{x+1}{8x} \longrightarrow \frac{8x}{x+1}$ also $D = \mathbb{Q} \setminus \{2; 0; -1\}$

$\frac{4x}{x-2} \cdot \frac{8x}{x+1} = \frac{32x^2}{(x-2)(x+1)}$

also: $\frac{4x}{x-2} : \frac{x+1}{8x} = \frac{32x^2}{(x-2)(x+1)}$ für alle $x \in \mathbb{Q} \setminus \{2; 0; -1\}$

Tipp Beachte beim Dividieren von Bruchtermen die möglichen Veränderungen der Definitionsmenge D.

1.

Gib D an und kürze, wenn möglich.

a) $\frac{3x-1}{x} \cdot \frac{2x}{x-3}$ b) $\frac{x^2-4}{x+1} \cdot \frac{x^2-1}{x+2}$ c) $\frac{2x+4}{x} \cdot \frac{x^2}{x+2}$

d) $\frac{4-12x}{(x+2)^2} \cdot \frac{5x+10}{1-3x}$ e) $\frac{5a}{a+5} \cdot \frac{4a+20}{a^2}$ f) $\frac{2a^2+12a}{a^2} \cdot \frac{a}{a^2-36}$

2.

Berechne. Achte auf D.

a) $\frac{2x-1}{3x} : \frac{x+1}{x}$ b) $\frac{1}{36-x^2} : \frac{1}{6-x}$ c) $\frac{1}{x^2-4} : \frac{x-2}{x+2}$

d) $\frac{8x}{4y} : \frac{4x}{8y}$ e) $\frac{3x^2-2x}{6x^3} : \frac{3x-2}{2x}$ f) $\frac{4x^2}{x+5} : \frac{2x}{2x+10}$

Beachte

Besitzen Bruchterme mehr als eine Variable, musst du angeben, für welche x-Werte die Termumformungen gelten.

Beispiel:

$\frac{3x-y}{x} : \frac{2y}{y-x}$ für $x \neq 0$; $x \neq y$; $y \neq 0$

$\frac{3x-y}{x} \cdot \frac{y-x}{2y} = \frac{(3x-y) \cdot (y-x)}{x \cdot 2y}$ für $x \neq 0$; $y \neq 0$

3.

Rechne ebenso:

a) $\frac{2a-3b}{a+b} \cdot \frac{4a-b}{b}$ b) $\frac{2a}{a-b} \cdot \frac{2a-b}{4a}$ c) $\frac{x+y}{3x} \cdot \frac{2y}{3(x+y)}$

d) $\frac{x-y}{15} \cdot \frac{10}{x+y}$ e) $\frac{2x-4y}{3x+y} \cdot \frac{9x^2-y^2}{(x-y)^2}$ f) $\frac{x}{y^2} \cdot \frac{xy+y^2}{x}$

g) $\frac{2x-y}{3x} : \frac{2y-1}{9x}$ h) $\frac{u+v}{u-v} : \frac{u}{u^2-v^2}$ i) $\frac{x^2+xy}{y} : \frac{x^2}{y}$

j) $\frac{7}{y+x} : \frac{35}{y-x}$ k) $\frac{(a+7)^2}{7a^2} : \frac{7a+1}{7a^2+a}$ l) $\frac{15y}{x-1} : \frac{30y^2}{x+1}$

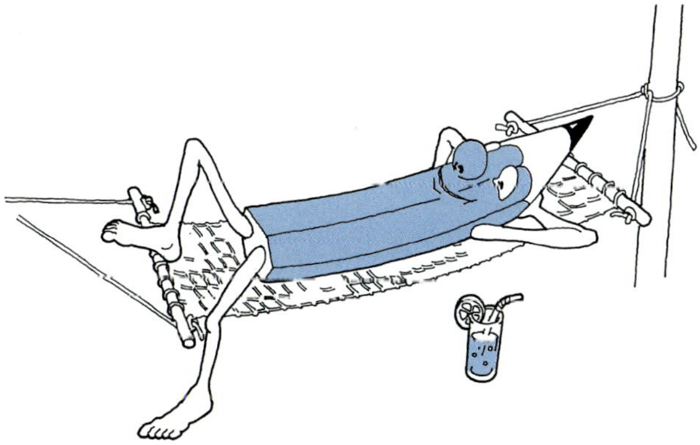

Zusammenfassung

Begriffe	Erläuterungen	Beispiele
Terme	Terme sind Rechenausdrücke, die entweder nur aus Zahlen oder aus Zahlen und Variablen bestehen.	$\frac{15 \cdot 35}{19}$ $\frac{3a(b-5)}{4}$
Termersetzungen	Hier werden in einem Term die Variablen durch Zahlen ersetzt. Mehrfach auftretende Variablen werden durch dieselbe Zahl ersetzt. Das Ergebnis ist eine Zahl.	$a(3a-b)$ $a = 2;\ b = \frac{1}{2}$ $2\left(3 \cdot 2 - \frac{1}{2}\right) = 11$
Termumformungen	Eine Termumformung ist nur dann zulässig, wenn der umgeformte Term bei gleichen Ersetzungen der Variablen dieselbe Zahl ergibt wie der ursprüngliche Term. Man spricht von **Äquivalenzumformungen** des betreffenden Terms.	
Termumformungsregeln	1. Malpunkte weglassen, wenn keine Missverständnisse möglich sind. 2. Variablen werden nach dem Alphabet geordnet. 3. Teilterme kann man nur dann addieren bzw. subtrahieren, wenn sie jeweils die gleichen Variablen in der gleichen Potenz besitzen. 4. Für das Auflösen von Klammern gilt:	$3 \cdot 5 + 4 \cdot a$ $3 \cdot 5 + 4a$ $3x + 4a - 2z$ $= 4a + 3x - 2z$ $3xy - 2xz + 4xy$ $= 3xy + 4xy - 2xz$ $= 7xy - 2xz$

Begriffe	Erläuterungen	Beispiele
	Kein Vorzeichen vor der Klammer bedeutet ein +-Zeichen.	$(3x - 1) + y = 3x - 1 + y$
	+-Zeichen vor der Klammer: Klammer wird weggelassen, Vorzeichen innerhalb der ursprünglichen Klammer bleiben unverändert.	$5 + (2x - 5) = 5 + 2x - 5$ $= 2x$
	−-Zeichen vor der Klammer: Nach Weglassen der Klammer verändern sich alle Vorzeichen: + in − − in +.	$4 - (3 - 4x) = 4 - 3 + 4x$ $= 4x + 1$
	5. Kommen in einem Term verschiedene Klammerarten vor, so löst man erst die inneren und dann die äußeren Klammern auf.	$3x - [2 + (5y - a)]$ $= 3x - [2 + 5y - a]$ $= 3x - 2 - 5y + a$
Anwendungen des Distributivgesetzes	$(a + b) \cdot m = a \cdot m + b \cdot m$ $(a + b) : n = a : n + b : n$ $n \neq 0$	$(4x - 12y) \cdot 3z$ $= 12xz - 36yz$ $(4x - 12y) : 4$ $= 4x : 4 - 12y : 4$ $= x - 3y$
	$(a + b) \cdot (c + d)$ $= a \cdot c + a \cdot d + b \cdot c + b \cdot d$ Dabei gilt es, die Vorzeichenregeln zu beachten: + mal +, − mal − } ergibt + + mal −, − mal + } ergibt −	$(3x - 2)(y + 3)$ $= 3xy + 9x - 2y - 6$

Begriffe	Erläuterungen	Beispiele
Binomische Formeln	I. $(a + b)^2 = a^2 + 2ab + b^2$ II. $(a - b)^2 = a^2 - 2ab + b^2$ III. $(a + b)(a - b) = a^2 - b^2$	$(2x - 3y)^2$ $= (2x)^2 - 2 \cdot (2x) \cdot (3y) + (3y)^2$ $= 4x^2 - 12xy + 9y^2$ $(2x + 3y)(2x - 3y)$ $= 4x^2 - 9y^2$
Potenzen	Für Multiplikationsaufgaben mit lauter gleichen Faktoren schreibt man Potenzen.	$a \cdot a \cdot a = a^3$ $xy \cdot xy = (xy)^2 = x^2y^2$
Faktorisieren	Aus Summen bzw. Differenzen von Teiltermen entstehen Faktoren (**„Faktorisieren"**) eines Produktes. 1. Einfaches Ausklammern 2. Mehrfaches Ausklammern 3. Anwenden einer binomischen Formel	 $3ax - 6x = 3x(a - 2)$ $3ax - 6x + 2ay - 4y$ $= 3x(a - 2) + 2y(a - 2)$ $= (3x + 2y)(a - 2)$ $25x^2 - 30xy + 9y^2$ $= (5x)^2 - 2 \cdot 5x \cdot 3y + (3y)^2$ $= (5x - 3y)^2$
Bruchterme	Wenn bei Termen im Nenner Variablen auftreten, spricht man von Bruchtermen.	$\frac{5}{x - 1}$ $\frac{2x + a}{3a - b}$
Definitionsmenge D eines Bruchterms	Die Definitionsmenge D eines Bruchterms umfasst alle zulässigen Ersetzungen der Variablen aus der Grundmenge G. Einsetzungen, die dazu führen, dass der Wert des Nenners Null ergibt, gehören nicht in D.	$G = \mathbb{Q}$ $\frac{3a}{4x - 2}$ $4x - 2 \neq 0$ $4x \neq 2$ $x \neq \frac{1}{2}$ $D = \mathbb{Q} \setminus \left\{\frac{1}{2}\right\}$ „$\mathbb{Q}$ ohne $\frac{1}{2}$"

Test

Test 1

Löse die Klammern auf und fasse zusammen:

a) $3x - (2x + y - 2) + (3x - 2y + 3)$

b) $3a - [b - (4 - a) + (3b - 1)]$

Test 2

Fasse zusammen:

$\frac{1}{2}x \cdot 3y \cdot 4z - 2x^2yz + 3x^2 \cdot 2y \cdot 3z$

Test 3

Löse die Klammern auf:

a) $(3x - y)(2x + 4y)$ b) $\left(\frac{1}{2}a - 2b\right)^2$ c) $(3a - 2b)(3a + 2b)$

d) $(-2xy)^3$ e) $(x - 2)^3$

Test 4

Klammere so weit wie möglich aus:

a) $3xy - 3xz + 4y - 4z$ b) $4a^2 - 12ab + 9b^2$

Test 5

Bestimme von diesen Bruchtermen jeweils die Definitionsmenge D, wenn die Grundmenge $G = \mathbb{Q}$ umfasst.

a) $\frac{2x}{3(x-1)}$ b) $\frac{4a}{a+1}$

Test 6

Welche Bedingungen müssen hier die Variablen erfüllen, damit die Bruchterme definiert sind? $G = \mathbb{Q}$

a) $\frac{4}{3xy}$ b) $\frac{5}{2x + 4y}$

Test 7

Gib jeweils die Bedingungen für die Definitionsbereiche an und rechne die Aufgaben aus ($G = \mathbb{Q}$). Kürze, wenn möglich.

a) $\frac{2x}{5y} \cdot \frac{10}{4xy}$ b) $\frac{2y}{3x} : \frac{4y^2}{5x}$ c) $\frac{2}{3x} + \frac{1}{2} - \frac{5}{2x}$

d) $\frac{4}{x-2} - \frac{3}{x+5} + \frac{1}{2}$ e) $\frac{3x-1}{2x} \cdot \frac{x^2}{x+1}$ f) $\frac{2x-y}{x-1} \cdot \frac{xy}{2x-y}$

g) $\frac{2a-3b}{4a} : \frac{a-b}{2ab}$

2 Lineare Gleichungen und Ungleichungen

Lösungen – Lösungsmengen

Was sind Aussagen/Aussageformen?

Von **Aussagen** lässt sich feststellen, ob sie wahr oder falsch sind. So ist z. B. $3 + 2 > 7$ eine falsche Aussage.

Aussageformen besitzen Variablen. Sie gehen durch Ersetzen der Variablen durch Zahlen aus der Grundmenge in Aussagen über.

$x + 2 = 5$ ist also eine Aussageform.
Ersetzt man $x = 3$, so geht sie in die wahre Aussage $3 + 2 = 5$ über.

Was sind Grundmenge und Lösungsmenge?

Die Zahlen, die man in eine Aussageform einsetzen darf, bilden die Grundmenge G. Alle Ersetzungen, die die Aussageform in eine wahre (richtige) Aussage überführen, heißen **Lösungen**. Sämtliche Lösungen bilden jeweils die Lösungsmenge L der betreffenden Aussageform.

Beispiel Welche Lösungen besitzt $x + 3 = 7$ in der Grundmenge $\mathbb{Q}$?
Durch probierendes Einsetzen findest du:

$x = 1 \rightarrow 1 + 3 = 7 \rightarrow$ **falsche** Aussage
$x = 1$ ist also keine Lösung.

$x = 4 \rightarrow 4 + 3 = 7 \rightarrow$ **wahre** Aussage
$x = 4$ ist Lösung.

Weitere Untersuchungen zeigen, dass $x = 4$ die einzige Lösung der Gleichung $x + 3 = 7$ ist.
$x + 3 = 7$ besitzt somit in $\mathbb{Q}$ die Lösungsmenge $L = \{4\}$.

1.

Sortiere diese Gleichungen und Ungleichungen in Aussagen und Aussageformen:

$3 + 7 = 10$ $4 + 3 < 10$ $7 - 2 = 1$

$9 - x > 2$ $3 + x = 5$ $x + 2 < 5$

Aussagen	Aussageformen

2.

a) Ersetze in der Aussageform $x + 1 < 3$ die Variable x nacheinander durch $x = 0$; $x = 1$; $x = 2$ und $x = 3$.
Notiere hier die entstehenden Aussagen und gib an, ob sie wahr oder falsch sind.

$0 + 1 < 3$ wahr ; ______ ______;

______ ______; ______ ______.

b) Untersuche in gleicher Weise $x - 1 > 1$ und $x + 5 = 6$.

3.

G sei die Menge der natürlichen Zahlen, also $G = \mathbb{N}$.

a) Bestimme durch probierendes Einsetzen die Lösungsmengen von

$x + 2 < 6$ $x + 2 = 6$

L = {______} L = {______}

b) Stimmen diese Lösungsmengen? Berichtige die falschen.

$x - 3 = 5$ $x - 3 < 6$

$L = \{7\}$ $L = \{3; 4; 5; 6\}$

c) Können diese Lösungsmengen stimmen?
Beachte die vorgeschriebene Grundmenge $G = \mathbb{N}$!

$4 + x < 7$ $2 + x = 3$

$L = \left\{-2; 0; \frac{1}{2}; 2\right\}$ $L = \{-1\}$

Wie sehen die richtigen Lösungsmengen aus?

L = {______} L = {______}

Lösungsmengen von Gleichungen und Ungleichungen

Was sind Lösungsmengen?

Die Lösungsmengen L von Gleichungen und Ungleichungen sind Teilmengen der Grundmenge G.

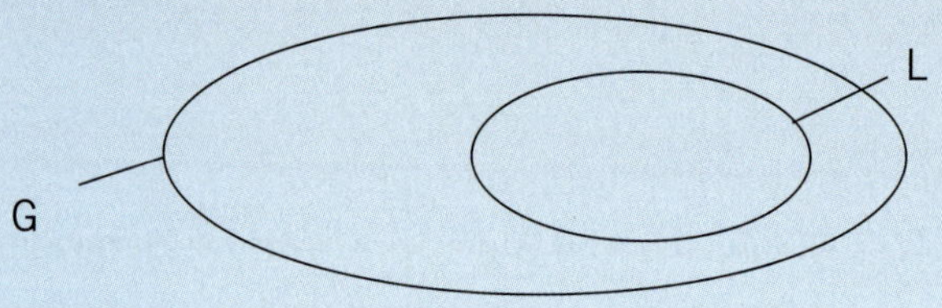

Damit sind sie abhängig von G.

So gibst du Lösungsmengen an:

Man unterscheidet die **aufzählende** und die **beschreibende** Form einer Lösungsmenge. In der aufzählenden Form werden die einzelnen Lösungen der Reihe nach notiert.

Beispiele Die Gleichung $x + 5 = 2$ ergibt nur für $x = -3$ eine wahre Aussage. In der Grundmenge $G = \mathbb{N}$ besitzt sie daher keine Lösung, weil $-3 \notin \mathbb{N}$. Für diese Lösungsmenge schreiben wir $L = \{\}$, d. h. die Lösungsmenge ist leer. In $G = \mathbb{Q}$ hat sie dagegen die Lösung $x = -3$, also ist $L = \{-3\}$.

1. $x + 5 = 2$ besitzt im $G = \mathbb{Q}$ die Lösung $x = -3$.
   aufzählende Form → $L = \{-3\}$
   beschreibende Form → $L = \{x \in \mathbb{Q} \mid x + 5 = 2\}$
   gelesen: L umfasst die Menge aller x aus $\mathbb{Q}$, für die $x + 5 = 2$ gilt.

2. $x - 3 < 2$ hat in $G = \mathbb{N}$ die Lösungen $x = 0$; $x = 1$; $x = 2$; $x = 3$; $x = 4$
   aufzählende Form → $L = \{0; 1; 2; 3; 4\}$
   beschreibende Form → $L = \{x \in \mathbb{N} \mid x - 3 < 2\}$ oder
   $L = \{x \in \mathbb{N} \mid x < 5\}$

1.

Bestimme durch probierendes Einsetzen die Lösungsmengen dieser Gleichungen einmal in $\mathbb{N}$ und dann in $\mathbb{Q}$.
Notiere ihre Lösungsmengen aufzählend:

a) $x - 2 = 5$ b) $2x = 5$ c) $2x - 1 = 5$
d) $x + 7 = 3$ e) $3x = 9$ f) $3x + 1 = 9$

2.

Welche dieser x-Werte
$x = 1;\ x = -1;\ x = \frac{1}{2};\ x = -\frac{1}{2};\ x = 2;\ x = -2$
sind Lösungen in $\mathbb{Q}$ folgender Gleichungen?

a) $x + 2 = 1$ b) $x - 3 = 1$ c) $2x + 1 = 0$

Setze sie dazu probeweise ein und entscheide, ob du jeweils eine wahre oder falsche Aussage erhältst.

3.

Suche auch aus diesen x-Werten
$x = 2;\ x = -5;\ x = \frac{3}{2};\ x = \frac{1}{2};\ x = 0;\ x = 8$
jeweils die Zahlen heraus, die Lösungen sind von:

a) $x < 5$ b) $x > 5$ c) $x > 1$

Gehe wie in Aufgabe 2 vor.

4.

Besitzt eine Lösungsmenge unendlich viele Elemente, so lassen sie sich nicht mehr alle aufzählen.
Beispiel: $x > 3$ in $\mathbb{N} \rightarrow L = \{4, 5, 6, 7, \ldots\}$
Notiere ebenso die Lösungsmengen dieser Ungleichungen in $\mathbb{N}$:

a) $x > 5$ b) $x > 7$ c) $x + 1 > 4$

5.*

a) Schreibe diese Lösungsmengen um in die aufzählende Form:

$L = \{x \in \mathbb{N} \mid x > 7\}$ L = {________________ ...}

$L = \{x \in \mathbb{N} \mid x < 6\}$ L = {________________ ...}

b) Gib von diesen Lösungsmengen die beschreibende Form an, wenn $G = \mathbb{N}$:

$L = \{4;\ 5;\ 6;\ \ldots\}$ L = {________________ ...}

$L = \{10;\ 11;\ 12;\ \ldots\}$ L = {________________ ...}

Äquivalenzumformungen von Gleichungen und Ungleichungen

Sollst du die Lösungsmenge einer komplizierter gebauten Gleichung oder Ungleichung bestimmen, so musst du sie in eine solche Form bringen, aus der du die Lösungsmenge direkt ablesen kannst.

Beispiel: $G = \mathbb{N}$

$$\begin{aligned} 3x - 5 &= 4 \\ 3x - 5 + 5 &= 4 + 5 \\ 3x &= 9 \\ 3x : 3 &= 9 : 3 \\ x &= 3 \\ L &= \{3\} \end{aligned} \qquad \begin{aligned} 3x - 5 &< 4 \\ 3x - 5 + 5 &< 4 + 5 \\ 3x &< 9 \\ 3x : 3 &< 9 : 3 \\ x &< 3 \\ L &= \{x \in \mathbb{N} \mid x < 3\} \\ \text{oder } L &= \{0, 1, 2\} \end{aligned}$$

Du darfst natürlich nur solche Umformungen ausführen, die die Lösungsmenge der betreffenden Gleichung bzw. Ungleichung nicht verändern. Sie heißen **Äquivalenzumformungen**.

Diese Äquivalenzumformungen darfst du ausführen:

Umformungen	Gleichungen	Ungleichungen
+, – beider Seiten mit den beliebigen gleichen Termen	ja	ja
·, : beider Seiten mit positiven Zahlen	ja	ja
·, : beider Seiten mit negativen Zahlen	ja	**nur**, wenn gleichzeitig $<$ in $>$ und $>$ in $<$ getauscht wird
Vertauschen beider Seiten	ja	**nur**, wenn gleichzeitig $<$ in $>$ und $>$ in $<$ getauscht wird

1.

a) Kontrolliere, ob diese Gleichung bzw. Ungleichung für $G = \mathbb{N}$ die angegebenen Lösungsmengen besitzt.

$x + 5 = 14 - 2x$	$x + 5 < 14 - 2x$
$x = 3$	$x < 3$
$L = \{3\}$	$L = \{0, 1, 2\}$

Setze dazu jedes Element der Lösungsmenge in die entsprechende Gleichung bzw. Ungleichung ein. Entstehen dann immer wahre Aussagen?

b) Führe folgende Umformungen durch und überprüfe anschließend, ob sich die Lösungsmengen verändert haben.

①

$$
\begin{aligned}
x + 5 &= 14 - 2x && \mid +2x \\
x + 2x + 5 &= 14 - 2x + 2x && \mid \text{zusammenfassen} \\
3x + 5 &= 14 && \mid -5 \\
3x + 5 - 5 &= 14 - 5 && \mid \text{zusammenfassen} \\
3x &= 9 && \mid :3 \\
3x:3 &= 9:3 && \mid \text{ausrechnen} \\
x &= 3 &&
\end{aligned}
$$

$L = \{\underline{\qquad\qquad}\}$

$$
\begin{aligned}
x + 5 &< 14 - 2x && \mid +2x \\
\underline{\qquad} &< \underline{\qquad} && \mid \text{zusammenfassen} \\
\underline{\qquad} &< \underline{\qquad} && \mid -5 \\
\underline{\qquad} &< \underline{\qquad} && \mid \text{zusammenfassen} \\
\underline{\qquad} &< \underline{\qquad} && \mid :3 \\
\underline{\qquad} &< \underline{\qquad} && \mid \text{ausrechnen} \\
\underline{\qquad} &< \underline{\qquad} &&
\end{aligned}
$$

$L = \{\underline{\qquad\qquad}\}$

Haben sich die Lösungsmengen verändert?

②

$x + 5 < 14 - 2x$	I Vertauschen beider Seiten **Achtung: aus < wird >!**
$14 - 2x > x + 5$	I – x
$14 - 2x - x > x - x + 5$	I zusammenfassen
$14 - 3x > 5$	I – 14
$14 - 14 - 3x > 5 - 14$	I zusammenfassen
$-3x > -9$	I :(–3) **Achtung: aus > wird <!**
$(-3x):(-3) < (-9):(-3)$	I ausrechnen
$x < 3$	

$L = \{\underline{\qquad\qquad\qquad}\}$

$x + 5 = 14 - 2x$	I Vertauschen beider Seiten
$\underline{\qquad\quad} = \underline{\qquad\quad}$	I – x
$\underline{\qquad\quad} = \underline{\qquad\quad}$	I zusammenfassen
$\underline{\qquad\quad} = \underline{\qquad\quad}$	I – 14
$\underline{\qquad\quad} = \underline{\qquad\quad}$	I zusammenfassen
$\underline{\qquad\quad} = \underline{\qquad\quad}$	I :(–3)
$\underline{\qquad\quad} = \underline{\qquad\quad}$	I ausrechnen
$x = \underline{\qquad\quad}$	

$L = \{\underline{\qquad\qquad\qquad}\}$

Haben sich die Lösungsmengen verändert?

2.

Wo steckt der Fehler ($G = \mathbb{N}$)? Überprüfe jeden einzelnen Rechenschritt!

a) $3x - 5 = 5x + 1 \quad | -5x$

$2x - 5 = 1 \quad | +5$

$2x = 6 \quad | :2$

$x = 3$

$L = \{3\}$

Rechne jetzt in deinem Heft richtig und kontrolliere deine Lösung durch Einsetzen in die Ausgangsgleichung.

b) $3x - 5 > 5x + 1 \quad | -5x$

$-2x - 5 > 1 \quad | +5$

$-2x > 6 \quad | :(-2)$

$x > 3$

$L = \{x \in \mathbb{N} | x > 3\}$

In welcher Zeile steckt jetzt der Fehler? Rechne im Heft richtig.

3.

Bei den folgenden Aufgaben wollen wir die Grundmenge G zur Menge der rationalen Zahlen $\mathbb{Q}$ erweitern. Dies wirkt sich nicht auf die Rechnungen aus. Lediglich die Lösungsmengen können umfangreicher werden.

a) $3x - 6 = 8 - 4x$

b) $4x - 8 < 6 - 2x$

c) $4 - 5x > 3 - 2x$

d) $4 + 2x < 3 - 4x$

e) $3x + 5 - x = 4 + 4x$

f) $2x - 5 > 3x + 1 - 4x$

4.

Löse hier zunächst die Klammern auf. Bedenke, die Lösungen müssen nicht immer ganzzahlig sein ($G = \mathbb{Q}$). Bei Ungleichungen musst du die Lösungsmenge in beschreibender Form notieren.

a) $3(3x - 4) = 2 + 5(2x - 3)$

b) $4 - 2(3x - 1) < 3(x + 1)$

c) $2 - 3(x + 2) < 4x + 2(x - 4)$

d) $7(x - 1) + 1 > 4x + 5$

e) $12 + 3(3 - x) = 4(2x - 3)$

f) $x - 3(x + 2) < 3(5 - 2x)$

5.

Tauchen in Gleichungen und Ungleichungen Brüche auf, ist es oft günstiger, sie durch Multiplikation mit einem geeigneten Faktor zu beseitigen.

Beispiel:

$\frac{2}{3}x + \frac{1}{2} < 2x - \frac{3}{4}$

Der Hauptnenner von $\frac{2}{3}$, $\frac{1}{2}$ und $\frac{3}{4}$ beträgt 12.
Durch Multiplikation mit 12 verschwinden alle Nenner!

$$
\begin{array}{lll}
\frac{2}{3}x + \frac{1}{2} & < 2x - \frac{3}{4} & | \cdot 12 \\
\frac{2 \cdot 12}{3}x + \frac{1}{2} \cdot 12 & < 2x \cdot 12 - \frac{3}{4} \cdot 12 & \\
8x + 6 & < 24x - 9 & | - 24x - 6 \\
-16x & < -15 & | : (-16) \\
x & > \frac{15}{16} &
\end{array}
$$

$L = \left\{ x \in \mathbb{Q} \,\middle|\, x > \frac{15}{16} \right\}$

Rechne ebenso:

a) $\frac{3}{5}x - 1 = x + \frac{1}{5}$

b) $\frac{3}{4}x - 2x < \frac{2}{3}x + 1$

c) $\frac{1}{2}x + 1 > \frac{2}{3}x - \frac{1}{3}$

d) $\frac{1}{2}(3x - 5) + \frac{3}{4} < \frac{1}{2} - x$

e) $\frac{2}{3}x + \frac{4}{3} = 4 - \frac{1}{6}x$

f) $\frac{3}{5}(10x - 2) + \frac{1}{2} > x + 2$

6.*

Diese Aufgaben sind für besonders geschickte Rechner.

a) $4\left(3x - \frac{1}{2}\right) + 3 = 2(5 - x)$

b) $\frac{1}{3}(2x + 5) > 5x - \frac{1}{2}$

c) $3(2x + 3) - 4(3 - x) + 5(x - 1) + 3(4 - x) = 16$

d) $7(3x - 4) + 6(5 - 3x) + 5(2x + 4) > 2(6x - 5) + 20$

e) $(5x - 3)4 - (6x + 1)2 < 25 - 3(4x + 5) + 4(x + 6)$

f) $5(3x - 6) + (8 - 5x)3 = 4(6x + 1) - 14 - (5 - 3x)4$

g) $8(2x + 4) > 6(2x - 1) - 23 + 2(4x + 2) - (3x - 3)3$

h) $5[3x + 3(5x - 2) - 4(2x + 3)] < 6(4x - 5) - 8$

i) $7[4 - 2(6x + 3) + 3(8x - 5)] - 25x > 9(3x + 1)$

k) $6x + 35 = 5[3x - 4(7x - 5) + (8x - 6)3]$

Zusammenfassung

Begriffe	Erläuterungen	Beispiele
Aussagen	Sätze, von denen man feststellen kann, ob sie **wahr** oder **falsch** sind.	$3 + 4 = 7$ wahre Aussage $3 + 4 > 8$ falsche Aussage
Aussageform	Ausdrücke mit mindestens einer Variablen (hier x), die die Form einer Aussage haben.	$x + 2 = 5$ $3x - 1 < x + 1$
Grundmenge G	Alle Zahlen, die für die Ersetzung der Variablen genommen werden dürfen.	$x + 2 = 5$ $G = \mathbb{Q}$
Lösungen – Lösungsmengen	Alle Ersetzungen, die eine Aussageform in eine wahre Aussage überführen, heißen Lösungen der betreffenden Aussageform. Alle Lösungen bilden die Lösungsmenge L.	$G = \mathbb{N}$ $x + 1 < 4$ $x = 0$ ist Lösung, weil $0 + 1 < 4$ ist. $L = \{x \in \mathbb{N} \mid x < 3\}$ oder in aufzählender Form: $L = \{0, 1, 2\}$
Äquivalenz-umformungen	Solche Umformungen von Gleichungen und Ungleichungen, die die Lösungsmenge **nicht** verändern.	

Test

Test 1

Welche Gleichungen bzw. Ungleichungen sind hier Aussagen?

a) $2 + 8 < 9$ b) $2 - 3x > 0$

c) $4 + 2x = 5$ d) $3 + 1 = 5$

Test 2

a) Welche dieser Zahlen sind Lösungen der Ungleichung $2x - 3 > 8$, wenn $G = \mathbb{N}$?

$0;\ 1;\ \frac{1}{2};\ 2;\ 3;\ 5;\ 10$ L = ____________________

b) Welche dieser Zahlen sind Lösungen von $2x - 8 > 0$, wenn $G = \mathbb{Q}$?

L = ____________________

Test 3

Ermittle von den Gleichungen die Lösungsmengen in $\mathbb{N}$ und in $\mathbb{Q}$:

a) $x - 5 = 1$ b) $x + 3 = 2$ c) $3x = 5$

Test 4

Schreibe diese Lösungsmengen um in die aufzählende Form:

a) $L = \{x \in \mathbb{N} \mid x > 9\}$ L = ____________________

b) $L = \{x \in \mathbb{N} \mid x < 9\}$ L = ____________________

c) $L = \{x \in \mathbb{N} \mid x = 2\}$ L = ____________________

Test 5

Ermittle die Lösungsmengen ($G = \mathbb{Q}$).

a) $4x - 2(x + 1) = 5x + 3$ ____________________

b) $\frac{1}{2}x - 2 > \frac{1}{3}x + \frac{5}{6}$ ____________________

c) $5x - \frac{1}{2} < \frac{1}{2}(3x + 2)$ ____________________

d) $\frac{3}{2x} - 2 > \frac{7}{3x}$ ____________________

3 Funktionen

Zuordnungen

Nina besitzt drei Hosen h_1, h_2, h_3, und zwei Blusen b_1, b_2. Wie viele Hosen-Blusenkombinationen könnte sie anziehen?

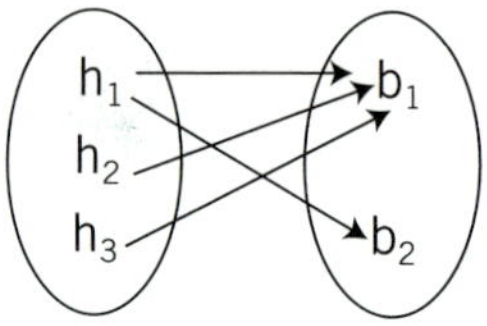

Zieht Nina zur Hose h_1 die Bluse b_1 an, so kennzeichnet man das durch den entsprechenden Pfeil und schreibt auch $(h_1; b_1)$. Es entsteht ein **geordnetes Paar** – geordnet, weil es auf die Reihenfolge der Partner des Paares ankommt.

Was sind Zuordnungen?

Zuordnungen beschreibt man häufig mit Hilfe von Pfeilbildern. Ist dabei a zugeordnet zu b, so zeichnet man zwischen diesen Elementen einen Pfeil.

a ist zugeordnet zu b

(a; b) ist dann ein Element dieser Zuordnung.

Häufig interessiert man sich für **alle** geordneten Paare einer Zuordnung. Du findest sie, wenn du in das Pfeilbild der Zuordnung **alle** möglichen Pfeile einzeichnest und die entsprechenden geordneten Paare herausschreibst.

Beispiel

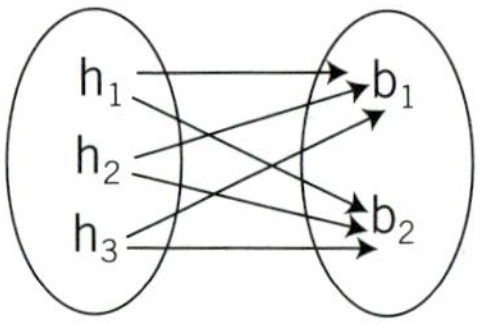

$(h_1; b_1)$, $(h_1; b_2)$
$(h_2; b_1)$, $(h_2; b_2)$
$(h_3; b_1)$, $(h_3; b_2)$

1.

Vervollständige dieses Pfeilbild, indem du alle Zuordnungen einzeichnest, die möglich sind. Notiere sämtliche geordneten Paare, die du erhältst.

Die Zuordnung heißt: Person P sitzt auf dem Stuhl S

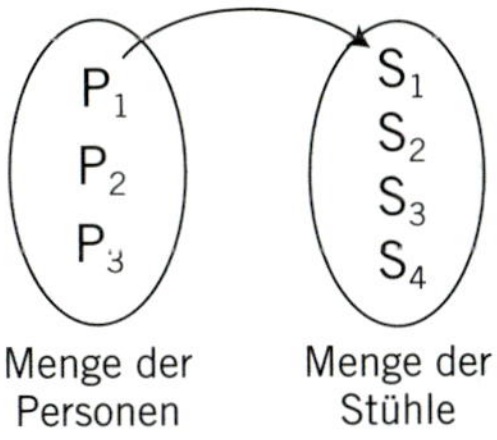

$(P_1; S_1)$ ______________________________

____

2.

Zwei Zugmaschinen z_1, z_2 sollen jeweils einen der Anhänger a_1, a_2, a_3, a_4 ziehen. Wie viele Kombinationen sind möglich?

Jetzt heißt die Zuordnung: Zugmaschine z zieht Anhänger a

a) Zeichne das vollständige Pfeilbild in dein Heft.

b) Schreibe alle geordneten Paare auf.

____

3.

a) Notiere von beiden Pfeilbildern die durch Pfeile gekennzeichneten geordneten Paare.

x wohnt im Haus y

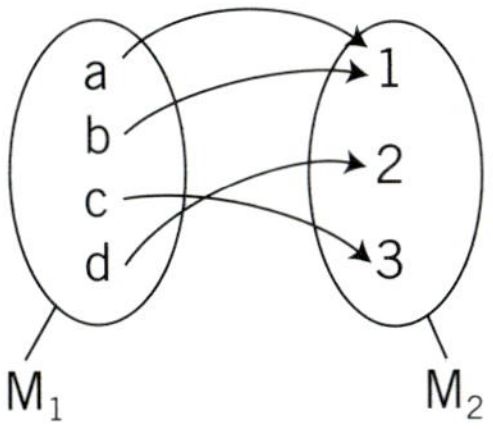

x gehört das Haus y

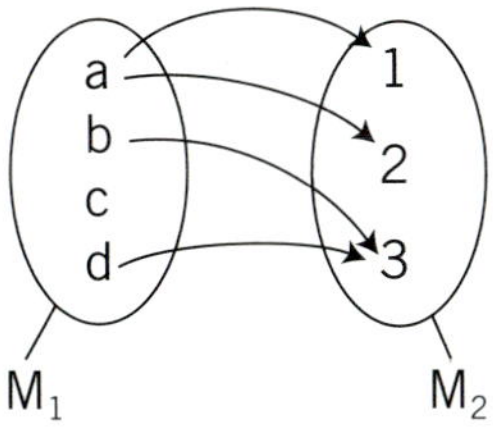

b) Welche Personen wohnen im selben Haus?

c) Welcher Person gehört mehr als ein Haus?

Funktionen

Was sind Funktionen?

Zuordnungen, bei denen **jedem** Element der ersten Menge **genau ein** Element der zweiten Menge zugeordnet ist, heißen **Funktionen**.

Funktionen beschreibt man mit Hilfe von

- Funktionsvorschriften (Funktion) $x \mapsto y$
  Sie geben an, in welcher Weise die Werte einander zugeordnet werden sollen.
- Wertetafeln
- Pfeildiagrammen

Für Funktionen hat man folgende Bezeichnungen vereinbart:

Funktion: $f\colon x \mapsto 5 \cdot x$

Funktionsgleichung: $f(x) = 5 \cdot x$ oder $y = 5 \cdot x$

Funktionsterm: $5 \cdot x$

Definitionsmenge D: Sie umfasst die Menge aller Zahlen, die für x eingesetzt werden dürfen (hier $D = \mathbb{Q}$).

Wertemenge W: (Zielmenge) Die Menge aller Funktionswerte, die den $x \in D$ zugeordnet sind (hier $W = \mathbb{Q}$).

Funktion: Anzahl der kg $\mapsto$ Preis in €

Wertetabelle:

Anzahl der kg	1	2	3
Preis in €	1,50	3	4,50

Pfeildiagramm:

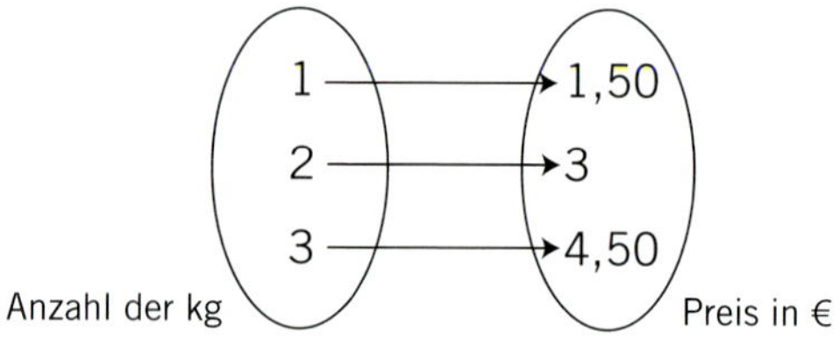

Beachte Im Pfeilbild einer **Funktion** muss von **jedem** Element der ersten Menge **genau ein** Pfeil ausgehen.

1.

Hier sind Größen in einer Wertetabelle einander zugeordnet:

Anzahl der ℓ	1	2	3	$3\frac{1}{2}$	4
Preis in €	1,40	2,80			

Gewicht in kg	1	2	$2\frac{1}{2}$	3	4
Preis in €	3,20	6,40			

a) Fülle die Tabellen aus.

b) Sind diese Zuordnungen Funktionen?

2.

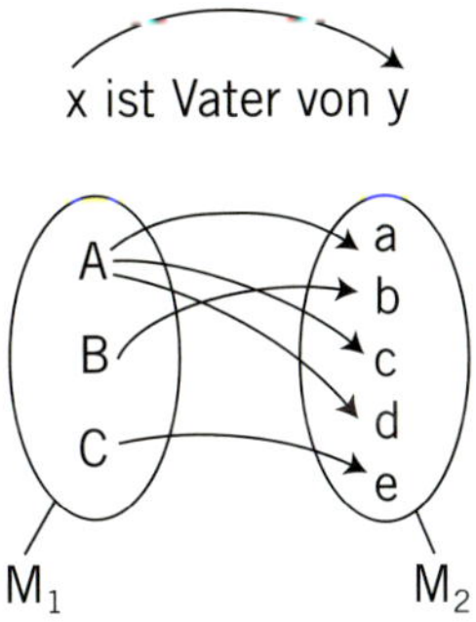

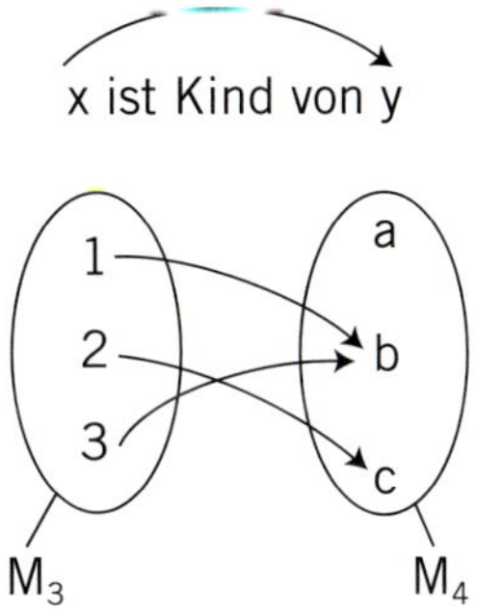

a) Welche Kinder hat A? Stellt das linke Pfeilbild eine Funktion dar?

b) 1 und 3 sind Kinder von b. Ist rechts eine Funktion abgebildet?

3.

Bei diesen beiden Aufgaben ist die Zuordnungsvorschrift nicht angegeben. Die Pfeile kennzeichnen aber, welche Elemente jeweils einander zugeordnet sind.

a)

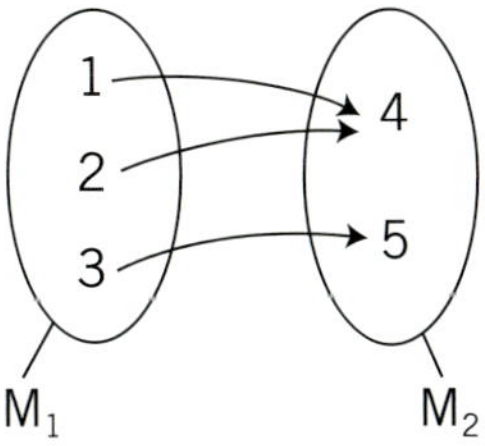

b)

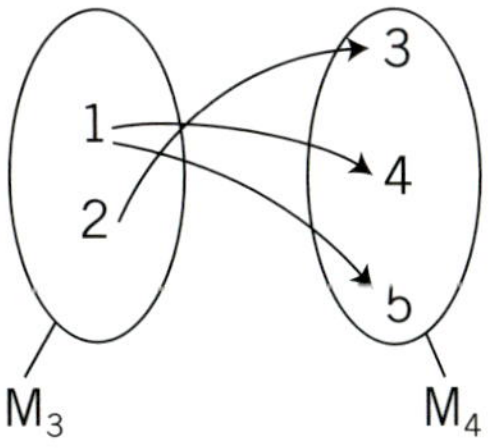

Welche der beiden Zuordnungen ist eine Funktion?

4.

Jeder Zahl x aus $\mathbb{Q}$ soll die dreimal so große Zahl zugeordnet werden.

a) Ist diese Zuordnung eine Funktion?

b) Schreibe die Funktion auf: $f: x \mapsto$ ____________________

c) Notiere Funktionsterm ___________ und Funktionsgleichung __________.

d) Gib die Wertemenge W an. W = ________________

e) Fülle diese Wertetabelle aus:

x	−1	0	$\frac{1}{2}$	2	10

5.*

Jeder Zahl x aus $\mathbb{Q}$ soll das Quadrat dieser Zahl zugeordnet werden.

a) Ist diese Zuordnung auch eine Funktion?

b) Schreibe die Funktion auf.

c) Gib Funktionsterm und Funktionsgleichung an.

d) Wie heißt die Wertemenge W? Überlege dazu: $(-3)^2 = 9$. Kann also das Quadrat einer negativen rationalen Zahl negativ sein?

e) Fülle die Wertetabelle aus:

x	−2	−1	0	$\frac{1}{2}$	2	10

6.

Jeder Zahl aus $x \in \mathbb{Q}$ soll die Zahl zugeordnet werden, die gebildet wird aus dem Zweifachen der Zahl minus 5.

a) Liegt hier eine Funktion vor?

b) Notiere die Funktion.

c) Wie lauten Funktionsterm und Funktionsgleichung?

d) Wie heißt die Wertemenge?

e) Fülle die Wertetabelle aus:

x	−1	0	1	2	3

7.

a) Es ist jedem polizeilichen Autokennzeichen genau ein Fahrzeughalter zugeordnet. Welche Auswirkung gäbe es, wenn diese Zuordnung nicht eindeutig wäre?

b) Ist die Zuordnung Fahrzeughalter $\mapsto$ Autokennzeichen eine Funktion?

8.

Aus einem Tank fließen in einer Minute (min) 40 l Wasser. Wie viele Liter sind es in $\frac{1}{2}$ min, 2 min, 5 min und $8\frac{1}{2}$ min?

a) Welche Funktion liegt dieser Aufgabe zugrunde?

____________ $\mapsto$ ____________

b) Lege eine Wertetabelle an.

c) Zeichne ein Pfeildiagramm:

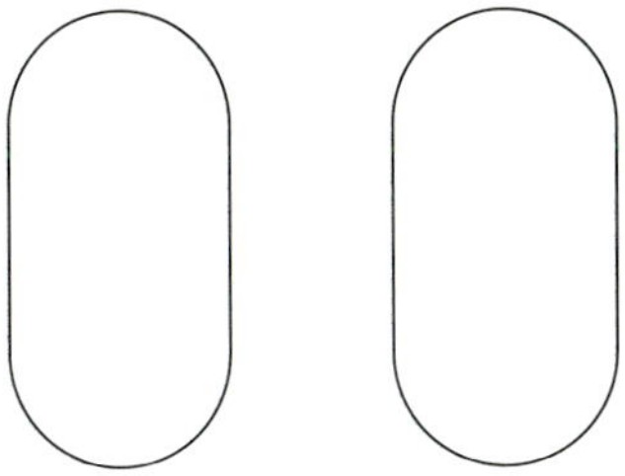

9.

Herr Störich fährt mit seinem Wagen in einer Stunde (h) 80 km. Wie weit kommt er dann in 4 h, $4\frac{1}{2}$ h, 5h?

a) Welche Funktion liegt hier vor?

b) Lege eine Wertetabelle an.

c) Zeichne ein Pfeildiagamm.

10.*

Zu welchen Zuordnungen gehören jeweils diese Zuordnungsvorschriften?

$x \mapsto 2 \cdot x$; Anzahl der kg $\mapsto$ Preis in €; $x \mapsto x^2$

a)

1	2	3
2	4	6

b)

1	2	3
1	4	9

c)

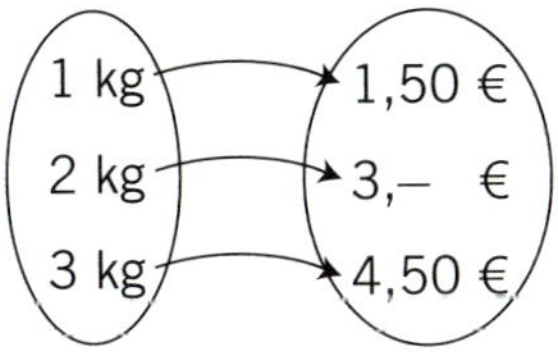

Graphen

Jonas verfolgt auf seinem Thermometer den Temperaturverlauf von 8 bis 18 Uhr. Alle zwei Stunden liest er die Temperatur ab und trägt die Werte in sein Schaubild ein.

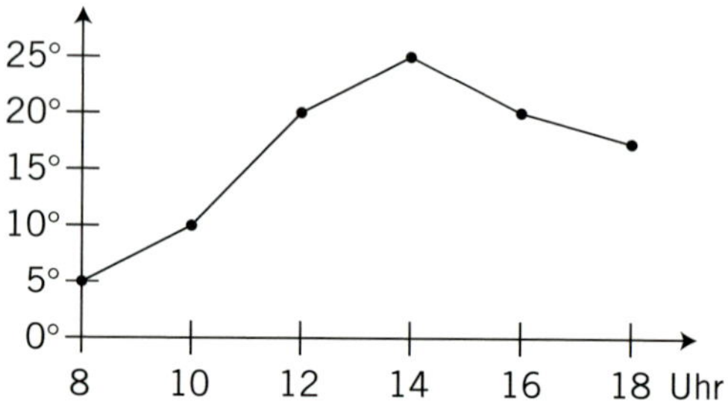

Was ist ein Graph (Schaubild)?

Ordnet man jedem Wertepaar (x; y) einer Zuordnung (oder Funktion) einen Punkt P(x|y) zu, wobei x und y die Koordinaten im Koordinatensystem sind, so erhält man einen Punkt des Graphen der Zuordnung (oder Funktion).

$$(x;\ y) \mapsto P(x|y)$$

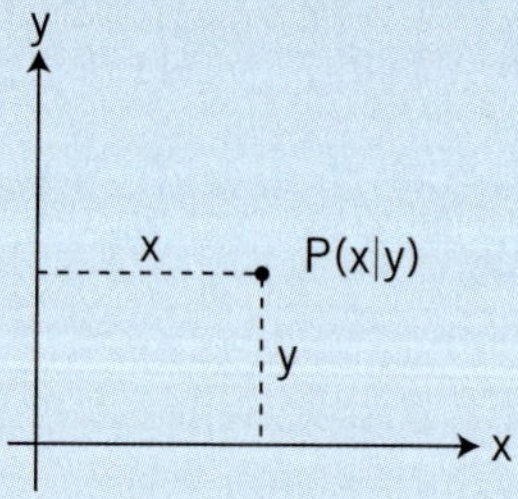

Ein Graph ist nur dann **Graph einer Funktion**, wenn jede Parallele zur y-Achse **höchstens** einen Punkt aus dem Graph herausschneidet. Höchstens bedeutet: genau einen Punkt oder keinen.
Jedem x-Wert ist dann **genau** ein y-Wert zugeordnet.

Beispiel

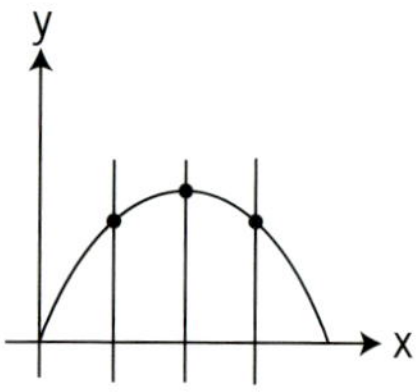

Funktionsgraph

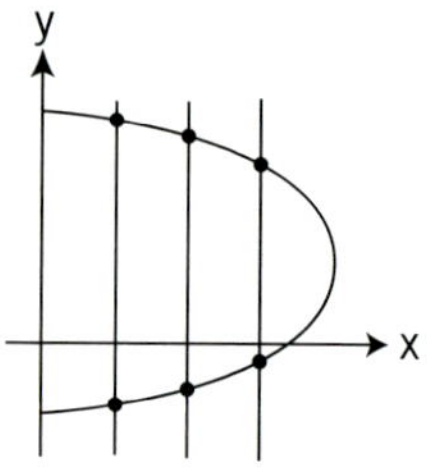

Kein Funktionsgraph

1.

a) Zeichne in das Pfeildiagramm **alle** Zuordnungen, die hier möglich sind.

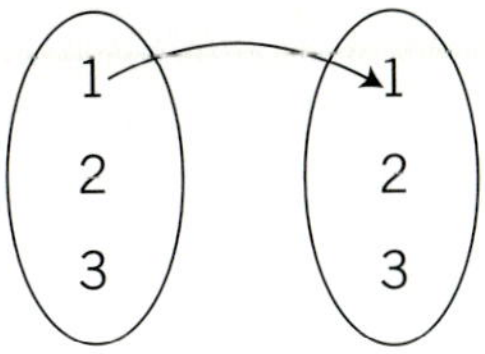

b) Schreibe alle Wertepaare heraus:

(1; 1) ______________________________

c) Ordne jedem Wertepaar einen Punkt zu und trage die Punkte in dieses Koordinatensystem ein.

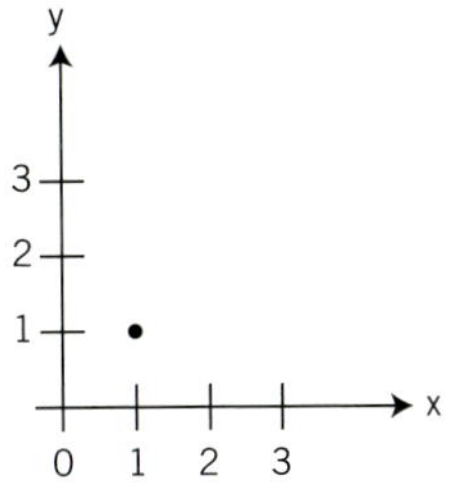

d) Ist diese Zuordnung eine Funktion?

2.

a) Fülle diese Wertetabelle aus:

x	-1	$-\frac{1}{2}$	0	$\frac{1}{2}$	1	2
$2 \cdot x$						

b) Trage die zugeordneten Punkte hier ein.

c) Verbinde die Punkte. Erhältst du eine Gerade?

d) Überprüfe, ob du auch für $x = \frac{1}{4}$ einen Wert erhältst, der zur Zuordnung gehört **und** auf der Geraden liegt.

e) Ist diese Zuordnung eine Funktion?

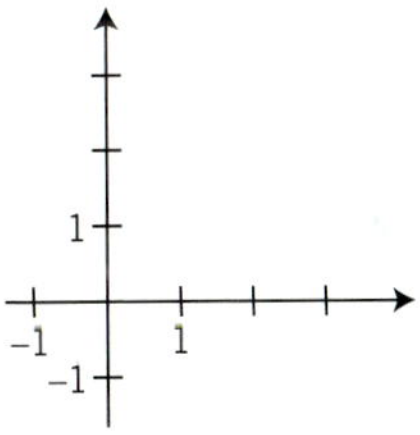

3.

Fülle auch hier jeweils die Wertetabelle aus und zeichne den Graphen in dein Heft.

a)

x	-1	0	$\frac{1}{2}$	1	2
$2 \cdot x - 3$					

b)

x	-1	0	$\frac{1}{2}$	1	2
$-2 \cdot x + 1$					

c) Sind die Zuordnungen von a) und b) Funktionen?

4.

Hier sind die Graphen der Zuordnungen bereits gezeichnet.

1)

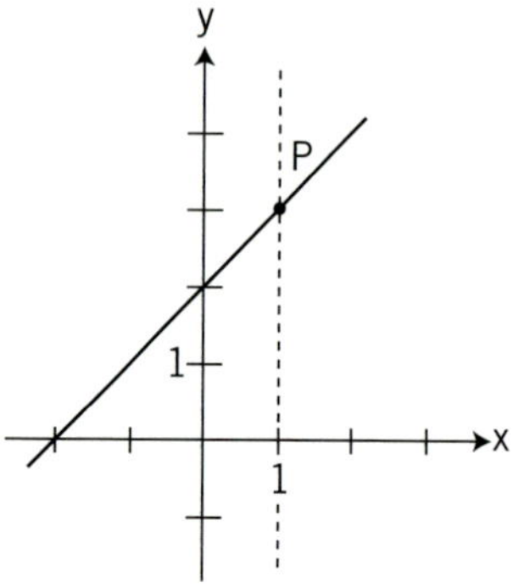

2)

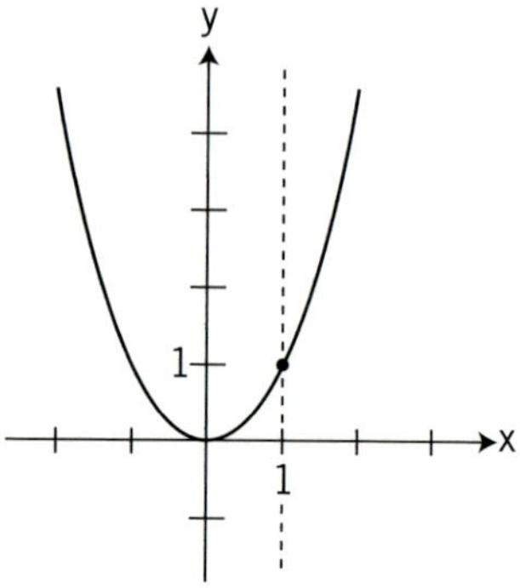

3)

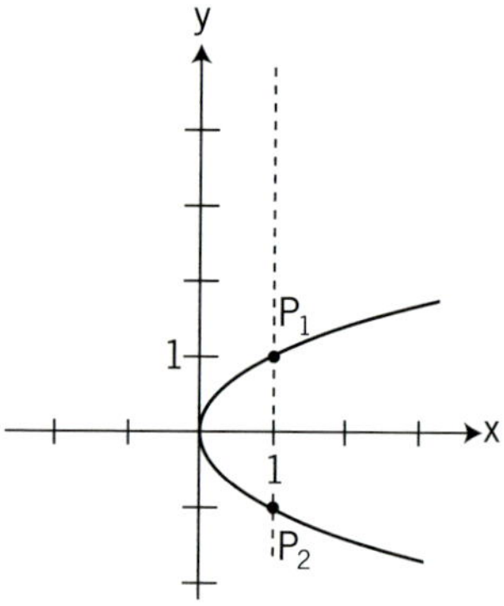

4)

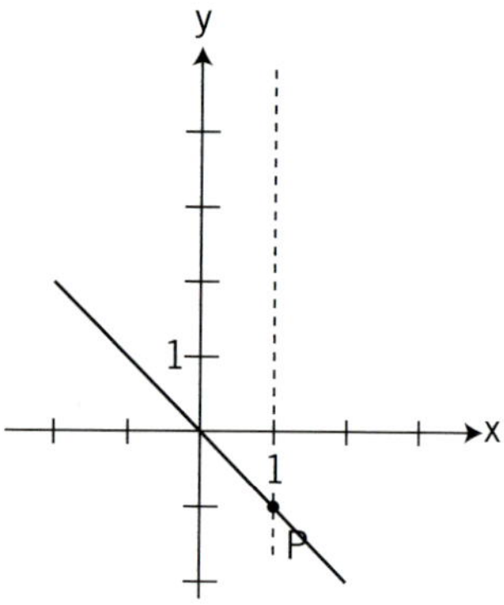

a) Lies die Koordinaten der eingezeichneten Punkte ab:

1) P(1|_____) 2) P(1|_____)

3) P_1(1|_____); P_2(1|_____) 4) P(1|_____)

b) Welcher der Graphen ist der Graph einer Funktion?

5.

Welche dieser Graphen sind Funktionsgraphen?

a)

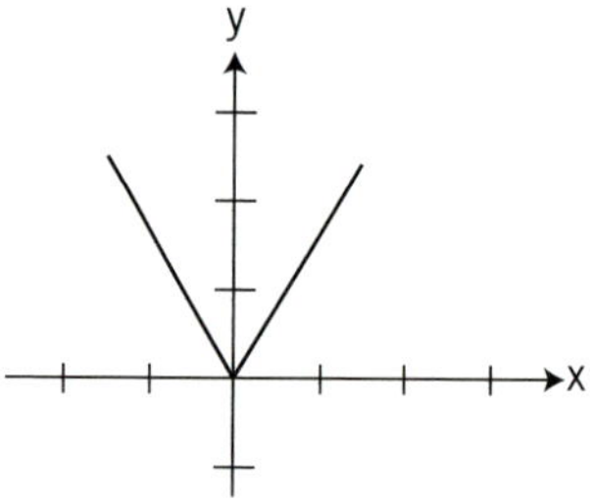

b)

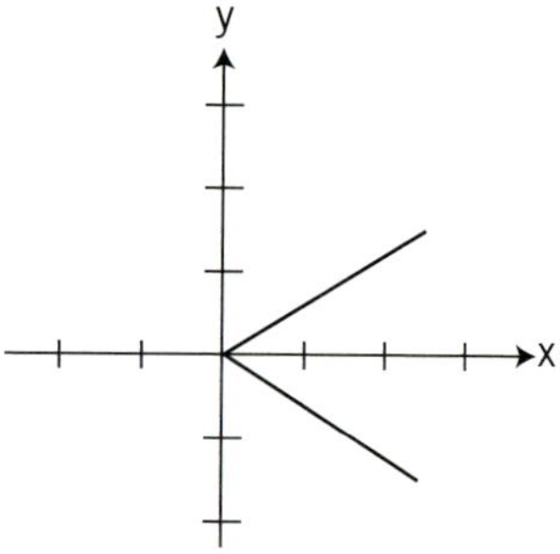

Zusammenfassung

<table>
<tr><th>Begriffe</th><th>Erläuterungen</th><th>Beispiele</th></tr>
<tr><td>Zuordnungen</td><td>Den Elementen aus einer Menge M_1 werden Elemente einer Menge M_2 zugeordnet.</td><td>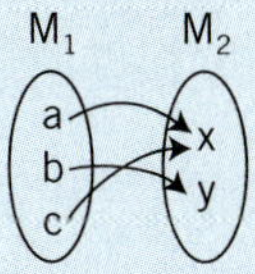
</td></tr>
<tr><td>Funktionen</td><td>Zuordnungen, bei denen jedem Element x der ersten Menge genau ein Element y der zweiten Menge zugeordnet wird.
$f\colon x \mapsto y$</td><td>Jeder Zahl aus $\mathbb{Q}$ wird die doppelt so große Zahl aus $\mathbb{Q}$ zugeordnet.
$f\colon x \mapsto 2x$</td></tr>
<tr><td>Beschreibungen von Funktionen</td><td>Beim Beschreiben von Funktionen verwendet man
– Pfeildiagramme,
– Funktionsvorschriften,
– Wertetafeln.</td><td>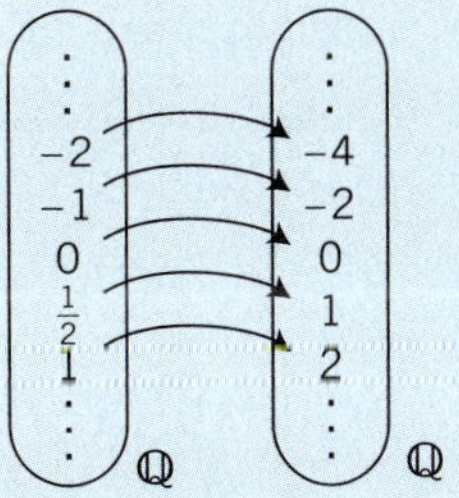

$x \mapsto 2 \cdot x$
<table>
<tr><td>x</td><td>−2</td><td>−1</td><td>0</td><td>$\frac{1}{2}$</td><td>2</td></tr>
<tr><td>2 · x</td><td>−4</td><td>−2</td><td>0</td><td>1</td><td>4</td></tr>
</table></td></tr>
<tr><td>Bezeichnungen bei Funktionen</td><td>Folgende Bezeichnungen solltest du kennen:
– Funktion
– Funktionsgleichung
– Funktionsterm</td><td>$x \mapsto 2 \cdot x$
$f(x) = 2 \cdot x$ oder
$y = 2 \cdot x$
$2 \cdot x$</td></tr>
<tr><td>Definitionsmenge D</td><td>Die Definitionsmenge umfasst die Menge aller Zahlen, die für x eingesetzt werden dürfen.</td><td>im obigen Beispiel
$D = \mathbb{Q}$</td></tr>
</table>

Begriffe	Erläuterungen	Beispiele
Wertemenge W	Die Menge aller Funktionswerte, die den $x \in D$ zugeordnet sind. Achtung: D und W stimmen nicht immer überein.	$W = \mathbb{Q}$ $f(x) = 3x^2$ $D = \mathbb{Q}$; $W = \mathbb{Q}^+$
Graph einer Funktion	Jedem Wertepaar (x; y) einer Funktion wird ein Punkt P(x|y) mit den Koordinaten x und y zugeordnet. Die Gesamtheit der Punkte ist der Graph der betreffenden Funktion.	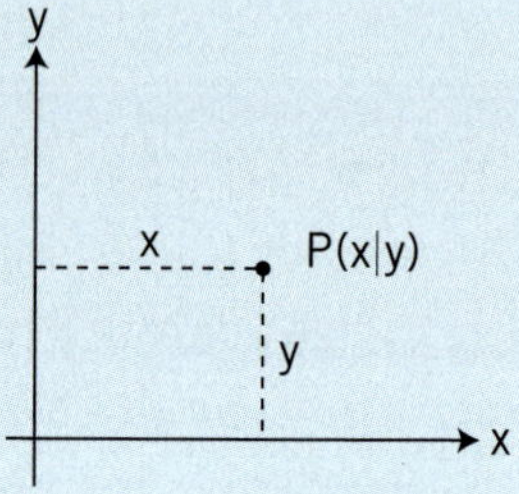

Test

Test 1

Drei Jungen der A-Mannschaft x_1, x_2, x_3 wollen gegen drei Jungen y_1, y_2, y_3 der B-Mannschaft ein Tischtennisturnier austragen.

a) Welche Spiele sind möglich? Zeichne das vollständige Pfeilbild.

b) Schreibe alle Spiele als geordnete Paare auf.

Test 2

Jeder Zahl x aus $\mathbb{Q}$ soll die Zahl zugeordnet werden, die aus der Summe des Doppelten von x und 1 gebildet wird.

a) Liegt hier eine Funktion vor?

b) Notiere die Funktion f: x.

c) Gib Funktionsterm und Funktionsgleichung an.

d) Lege eine Wertetabelle an mit $x = -2;\ -1;\ 0;\ 1;\ 2$.

e) Zeichne den Graphen der Funktion in dein Heft.

Test 3

a) Lege für die Funktion $x \mapsto 2x - 3$ eine Wertetabelle an mit $x = -2;\ -1;\ 0;\ 1;\ +2$.

b) Zeichne den Graph der Funktion.

Test 4

Welcher dieser Graphen ist ein Funktionsgraph?

①

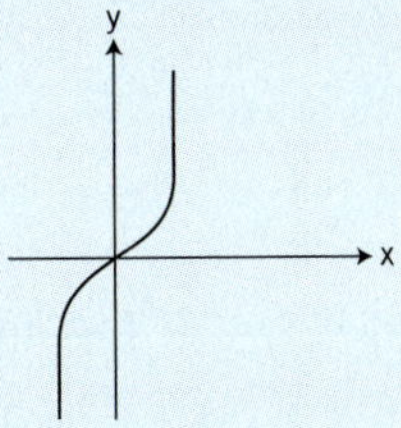

②

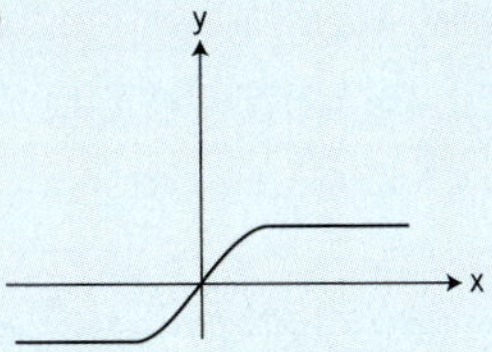

③

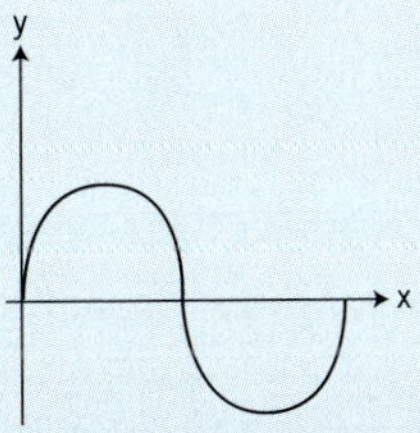

④

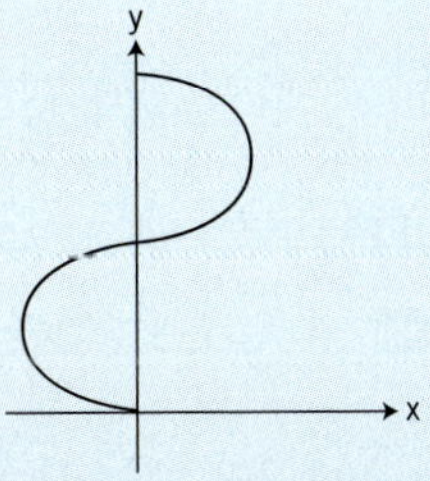

4 Lineare Funktionen – lineare Gleichungen

Lineare Funktionen und ihre Graphen

Was ist eine lineare Funktion?

Bei einer linearen Funktion ist die Funktionsgleichung eine **lineare Gleichung**.

$f: x \mapsto mx + n$ mit

$y = mx + n \qquad m, n \in \mathbb{Q}$ und $x \in \mathbb{Q}$

Der Graph der linearen Funktion

$f: x \mapsto mx + n$ mit $m, n \in \mathbb{Q}$ und $x \in \mathbb{Q}$

ist eine **Gerade**.

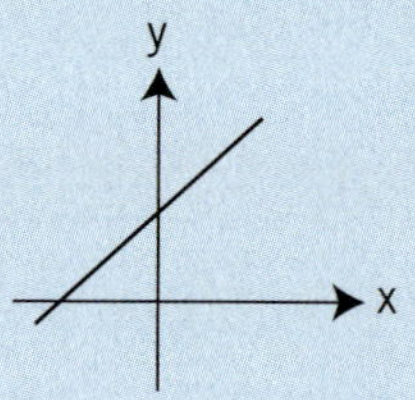

Beispiel Eine Kilowattstunde (kWh) kostet 0,20 €. Die monatliche Grundgebühr beträgt 15 €. Bei einem Verbrauch von 50 kWh im Monat ergibt die Stromrechnung

50 kWh $\mapsto$ 0,20 €·50 + 15 € = 25 €.

Der Stromrechnung liegt also die Funktion zu Grunde

$x \mapsto 0{,}20\ € \cdot x + 15$

Die jeweiligen Stromrechnungen lassen sich in einer Wertetabelle zusammenfassen:

x (kWh)	0	5	10	15	20
y (€)	15	16	17	18	19

Als Graph ergibt sich:

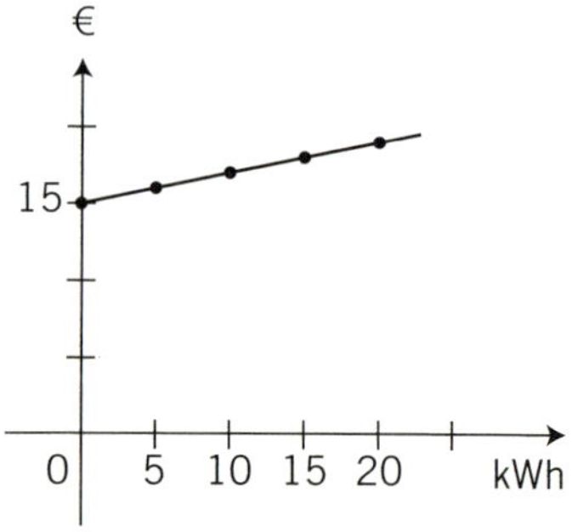

1.

Die Rechnung für das im Haushalt verbrauchte Wasser setzt sich aus einer Grundgebühr und den eigentlichen Verbrauchskosten zusammen.

a) Fülle diese Wertetabelle für mögliche Wasserrechnungen aus, wenn die Grundgebühr 25 € beträgt und 1 m^3 Wasser 2 € kostet.

x	0	5	10	15	20

b) Wie lautet die Funktion für diese Wasserrechnungen?

$x \mapsto$ ______________________________

c) Zeichne hier den Graphen für diese Funktion.

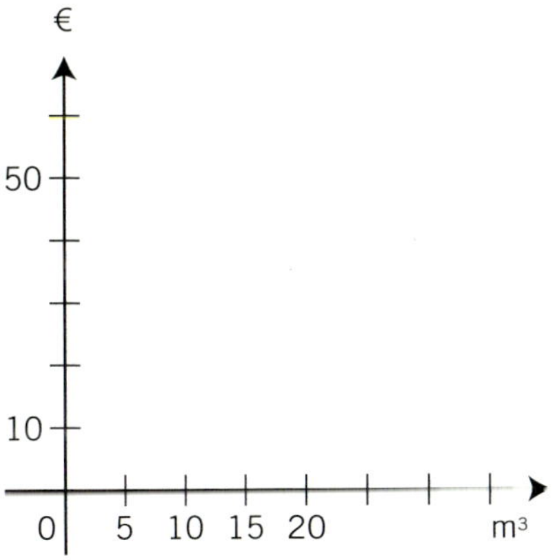

2.

Die Kosten für einen Leihwagen setzen sich folgendermaßen zusammen:
Grundgebühr: 80 €
Für jeden gemieteten Tag: 20 €

a) Liegt hier eine lineare Funktion vor? Notiere sie:

$x \mapsto$ ______________________________

b) Lege eine Wertetabelle an.

c) Zeichne den Funktionsgraphen.

Lösungen linearer Gleichungen

Die Aussageform $3y - 4x = 15$ ist eine lineare Gleichung mit den beiden Variablen x und y.
Ersetzt man in der Gleichung x durch 3 und y durch 9, so wird aus der Aussageform $3y - 4x = 15$ die wahre Aussage: $3 \cdot 9 - 4 \cdot 3 = 15$.
Weil das Zahlenpaar (3; 9) die Gleichung (Aussageform) $3y - 4x = 15$ in eine wahre Aussage überführt, ist (3; 9) eine Lösung der Gleichung.

Zahlenpaare – Lösungen linearer Gleichungen:

Für die Menge aller geordneten Zahlenpaare, deren Partner rationale Zahlen $(x; y) \in \mathbb{Q}$ sind, schreibt man $\mathbb{Q} \times \mathbb{Q}$. Diejenigen Zahlenpaare, die Lösungen der Gleichung $3y - 4x = 15$ sind, bilden die Lösungsmenge L der betreffenden Gleichung:
Man schreibt daher: $L = \{(x; y) \in \mathbb{Q} \times \mathbb{Q} \mid 3y - 4x = 15\}$
Wir schreiben aber kürzer: $L = \{(x; y) \mid 3y - 4x = 15\}$

Tipp Willst du Lösungen solcher Gleichungen berechnen, ist es zweckmäßig, die Gleichungen durch Äquivalenzumformungen nach y aufzulösen.

Beispiel

$3y - 4x = 15 \quad | + 4x$

$3y = 15 + 4x \quad | :3$

$y = \frac{15}{3} + \frac{4x}{3} \quad$ | Die Variable x schreibt man entweder auf oder neben den Bruchstrich.

$y = 5 + \frac{4}{3}x$

Gibt man jetzt bestimmte x Werte an, so kannst du die ihnen zugeordneten y-Werte berechnen.

$y = 5 + \frac{4}{3}x; \quad x = -1$

$y = 5 + \frac{4}{3} \cdot (-1)$

$y = 5 - \frac{4}{3}$

$y = 3\frac{2}{3} = \frac{11}{3}$, also ist $\left(-1; \frac{11}{3}\right)$ Lösung der Gleichung.

1.

Überprüfe, welche dieser Zahlenpaare Lösungen von $3y - 4x = 15$ sind.
Beachte: Der erste Partner des Zahlenpaares ist immer x, der zweite y!

$(0;\,5)$, $(1;\,3)$, $(6;\,13)$, $\left(\frac{1}{2};\,\frac{13}{3}\right)$, $\left(\frac{1}{4};\,\frac{1}{2}\right)$, $\left(-1;\,\frac{11}{3}\right)$

2.

a) Prüfe, ob $\left(1;\,\frac{7}{3}\right)$, $(0;\,4)$, $(-1;\,2)$ Lösungen von $3y + 5x = 12$ sind.

b) Suche vier weitere Lösungen dieser Gleichung durch probierendes Einsetzen.

3.

a) Löse die Gleichung $4y + 3x = 20$ nach y auf.
b) Fülle die Wertetabelle aus:

x	−3	−2	−1	0	$\frac{1}{2}$	1
y						

c) Ergänze die Lösungsmenge: $L = \{(x;\,y)\,|\,y =$ ________________ $\}$

4.

a) Löse $4y - 5x = 16$ nach y auf.
b) Lege eine Wertetabelle an mit $x = -1;\ -\frac{1}{2};\ 0;\ 1;\ 2;\ 3.$
c) Schreibe L auf.

5.*

Gegeben ist die Gleichung $\frac{1}{4}y + \frac{1}{8}x - 3 = 0$
a) Löse sie nach y auf.
b) Lege eine Wertetabelle an mit $x = -1;\ -\frac{1}{2};\ 0;\ 1;\ 2;\ 3.$

c) Bestimme $L = \{(x;\,y)\,|\,y =$ ________________ $\}$

6.*

Arbeite mit diesen Gleichungen wie in Aufgabe 5:
a) $3y + 2x = 12$ b) $2y - 3x = 8$ c) $\frac{1}{2}y - 2x = 6$

Graphen der Lösungsmengen

Wie sehen Lösungsmengen grafisch aus?

Jedem Zahlenpaar (x; y) lässt sich ein Punkt P(x|y) der Ebene zuordnen. x und y heißen dann die **Koordinaten** des Punktes.

(x; y) → P(x|y)

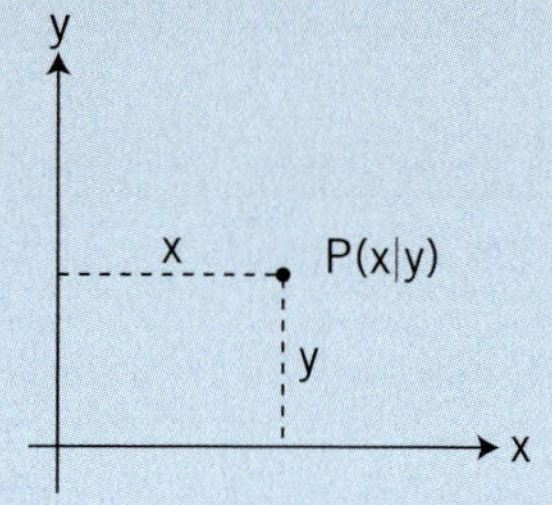

Die so erhaltenen Punkte lassen sich in das Koordinatensystem eintragen.

Die Punktmenge, die der Lösungsmenge einer linearen Gleichung mit zwei Variablen entspricht, ergibt eine Gerade.
Man sagt: Der Graph der Lösungsmenge einer linearen Gleichung mit zwei Variablen ist eine **Gerade**.

Tipp

Gehe beim Zeichnen des Graphen folgendermaßen vor:

1. Löse die Gleichung nach y auf.
2. Lege eine Wertetabelle an. Wähle dabei möglichst solche Lösungen aus, deren x- und y-Werte ganzzahlig sind und sich gut zeichnen lassen.
3. Trage die Wertepaare als Punkte in ein Koordinatensystem ein.
4. Zeichne die Gerade durch die Punkte.

1.

a) Welche Zahlenpaare entsprechen diesen Punkten?

$P_1(3|2)$

P_2 ____________

P_3 ____________

P_4 ____________

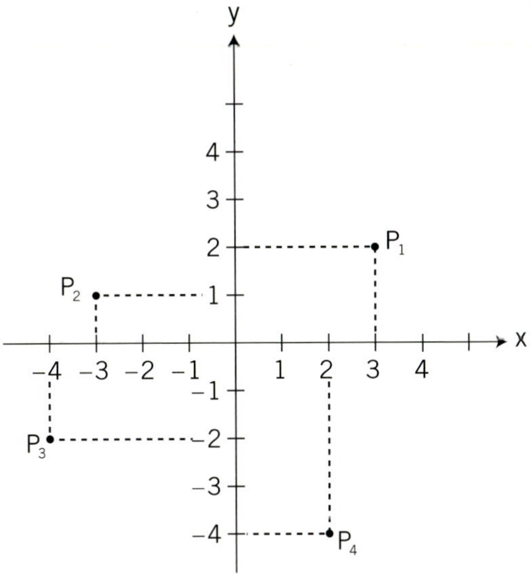

b) Zeichne in dein Heft ein Koordinatensystem und trage diese Punkte ein:

$P_1(1|3)$, $P_2(4|0)$, $P_3(-1|-3)$,
$P_4(-2|2)$, $P_5(-4|0)$, $P_6(-4|-2)$,
$P_7(0|-2)$, $P_8(-2|3)$, $P_9(0|3)$

c) Welche der Punkte P_1 bis P_9 liegen auf der x-Achse und welche auf der y-Achse?

2.

a) Lies die Koordinaten der eingezeichneten Punkte ab.

b) Zeichne ein Koordinatensystem und trage diese Punkte ein:
$P_1(0|0)$, $P_2(0|3)$,
$P_3(0|4)$, $P_4(0|5)$,
$P_5(3|-1)$, $P_6(3|-3)$,
$P_7(-1|0)$, $P_8(-2|0)$,
$P_9(-4|0)$

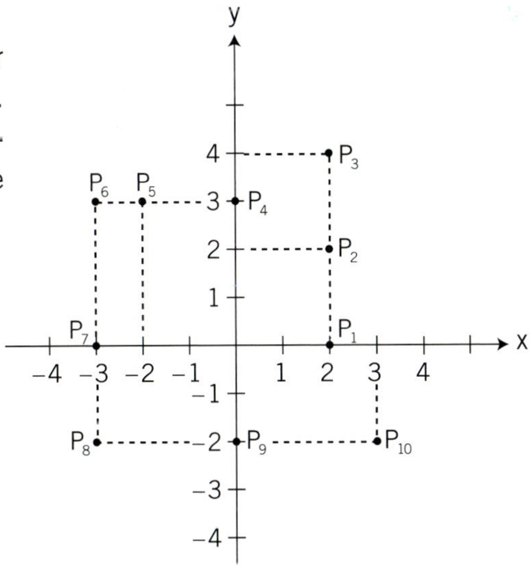

3.

a) Löse $2y - 4x = 2$ nach y auf.

b) Vervollständige diese Wertetabelle:

x	−2	−1	0	1	2
y					

c) Zeichne ein Koordinatensystem. Ordne den in der Wertetabelle ermittelten Lösungen der Gleichung $2y - 4x = 2$ Punkte zu.

d) Lässt sich durch die Punkte der Aufgabe c) eine Gerade zeichnen?

e) Ergänze die Wertetabelle von b) noch durch die Lösungen für die x-Werte $-\frac{1}{2}$, $1\frac{1}{2}$, $2\frac{1}{2}$. Zeichne die ihnen entsprechenden Punkte. Liegen sie ebenfalls auf einer Geraden?

4.

a) Löse die Gleichung $6x - 2y - 1 = 0$ nach y auf.

b) Komplettiere diese Wertetabelle:

x	−1	$-\frac{1}{2}$	0	$\frac{1}{2}$	2
y					

c) Ordne den ermittelten Lösungen die jeweiligen Punkte zu und zeichne sie in ein Koordinatensystem.

d) Lässt sich eine Gerade durch die Punkte von c) zeichnen?

5.

Zeichne von folgenden Gleichungen die Graphen:

a) $2y - x - 3 = 0$

b) $3y + 6x = 12$

c) $\frac{1}{2}y - 2x + 1 = 0$

d) $y + \frac{1}{2}x = 2$

Merke Es gibt eine hinreichende Bedingung für eine Gerade: Da die Lage einer Geraden bereits durch zwei verschiedene Punkte bestimmt ist, genügt es, zwei Lösungen der Gleichung zu ermitteln. Nimmt man eine dritte hinzu, so kann man seine Rechnung überprüfen: durch diese drei Punkte muss sich eine Gerade zeichnen lassen.

6.*

a) Lies die Koordinaten der eingezeichneten Punkte ab. Trage sie in eine Wertetabelle ein.

b) Findest du die Gleichung, die zu diesem Graphen gehört?

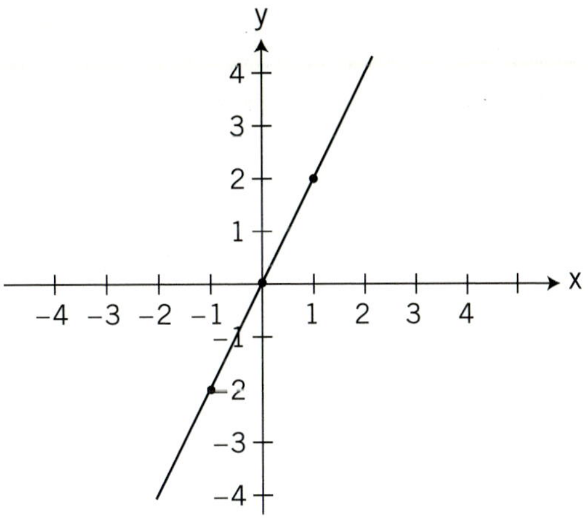

7.*

a) Notiere von den eingezeichneten Punkten die zugeordneten Zahlenpaare (x; y):

____

b) Kommt es für **diese** Zahlenpaare auf die Reihenfolge der Partner x, y an?

c) Gehört die Gleichung y – x = 0 zu dieser Geraden? Überprüfe es durch Einsetzen.

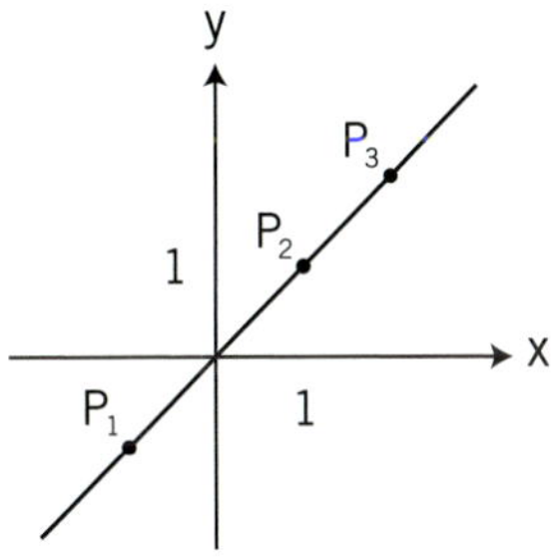

8.

Zeichne die Graphen von

a) $y - \frac{1}{2}x = 0$ b) $y + 3x = 0$ c) $y - 6x = 0$

Gehen diese Geraden alle durch den Nullpunkt (0|0) des Koordinatensystems? (Den Nullpunkt (0|0) bezeichnet man auch als den **Ursprung**.)

9.

a) Hier sind die Gleichungen schon nach y aufgelöst.

$y = \frac{1}{4}x$ $y = -2x$ $y = 4x$

Zeichne die Graphen in dasselbe Koordinatensystem.

b) Durch welchen gemeinsamen Punkt gehen sie?

Steigung – Steigungsdreieck

Was ist die Steigung einer Geraden?

Geraden, die durch den Nullpunkt (Ursprung) des Koordinatensystems gehen, heißen **Ursprungsgeraden.**

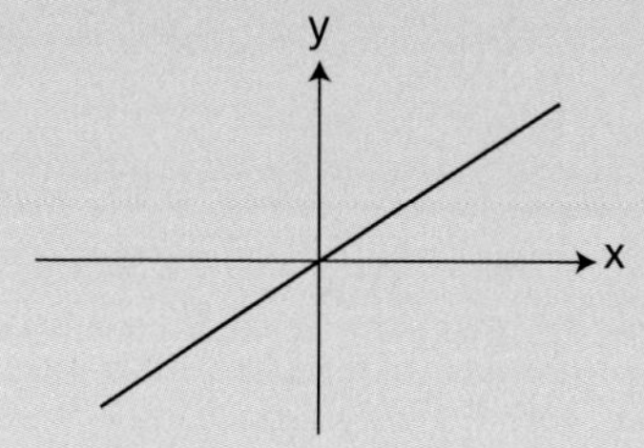

Der Koeffizient der Variablen vor x wird mit m bezeichnet.
Dabei ist $m \in \mathbb{Q}$.
Die Ursprungsgerade hat dann die Gleichung

$$y = m \cdot x$$

m heißt **Steigungsfaktor**.

Die Steigung m der Geraden $y = mx$ mit $m \in \mathbb{Q}$ erhält man als den y-Wert, der $x = 1$ zugeordnet ist.

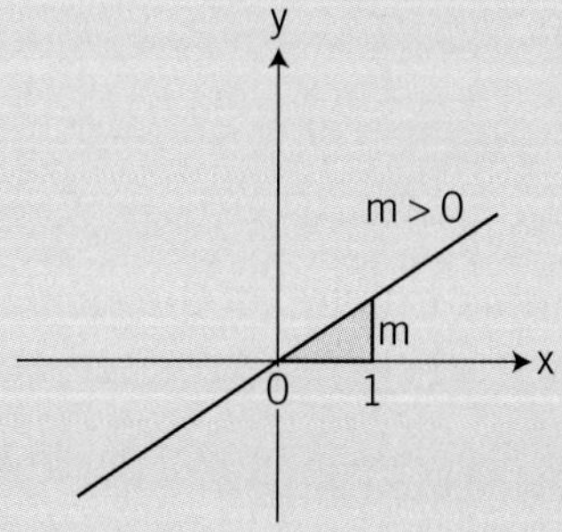

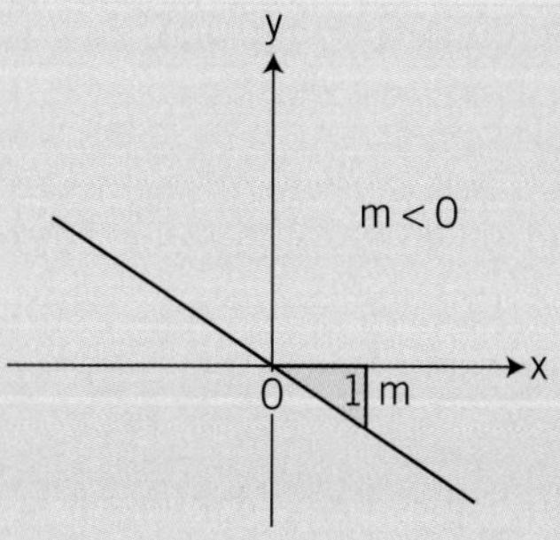

Das sich zwischen der Geraden, x-Achse und Steigung m ergebende Dreieck heißt **Steigungsdreieck**.

Merke Mit Hilfe des Steigungsdreiecks lassen sich Geraden einfach zeichnen.

1.

a) Zeichne die Graphen dieser Gleichungen in dasselbe Koordinatensystem:

$y = \frac{1}{2}x$ $\quad\quad$ $y = 3x$ $\quad\quad$ $y = 5x$

b) Durch welchen gemeinsamen Punkt gehen alle Geraden?

c) Gib die Steigungen m an.

d) Zu welcher Steigung gehört die steilste Gerade?

2.

Hier sind vier Steigungen angegeben.

$m = 6$ $\quad\quad$ $m = -1{,}5$ $\quad\quad$ $m = 2{,}5$ $\quad\quad$ $m = -2{,}5$

Welche Steigungen kennzeichnen steigende und welche fallende Geraden?

3.

Gegeben sind folgende Gleichungen:

$y = 0{,}75x$ $\quad\quad$ $y = -3{,}5x$ $\quad\quad$ $y = 7x$

a) Schreibe die Steigung m ihrer Geraden auf.

b) Ersetze in jeder Gleichung x durch 1.
Welcher y-Wert ist jeweils $x = 1$ zugeordnet? Vergleiche ihn mit den Steigungen m der Aufgabe a).

4.

Zeichne die Geraden für:

a) $y = -2x$ $\quad$ b) $y = 2x$ $\quad$ c) $y = -3x$ $\quad$ d) $y = 3x$

e) $y = \frac{1}{2}x$ $\quad$ f) $y = -\frac{1}{2}x$ $\quad$ g) $y = 0{,}75x$ $\quad$ h) $y = -0{,}75x$

5.

Zeichne die Graphen von

a) $y = 1 \cdot x$ bzw. $y = x$ $\quad\quad$ b) $y = 0 \cdot x$ bzw. $y = 0$

In welchem Fall ergibt sich als Graph der Gleichung die x-Achse?

6.*

a) Sind die Achsen des Koordinatensystems auch Ursprungsgeraden?

b) Kannst du die Gleichungen
$x = 0$ bzw. $y = 0$
den Achsen des Koordinatensystems zuordnen?
Zu welcher gehört also die x-Achse und zu welcher die y-Achse?

Ursprungsgeraden – allgemeine Geraden

So erkennst du Ursprungsgeraden und allgemeine Geraden:

Der Graph zu einer Gleichung der Form

$y = mx + n \quad \text{mit } m, n \in \mathbb{Q}$

ist eine Gerade, die die Steigung m besitzt und durch den Punkt (0|n) der y-Achse verläuft.

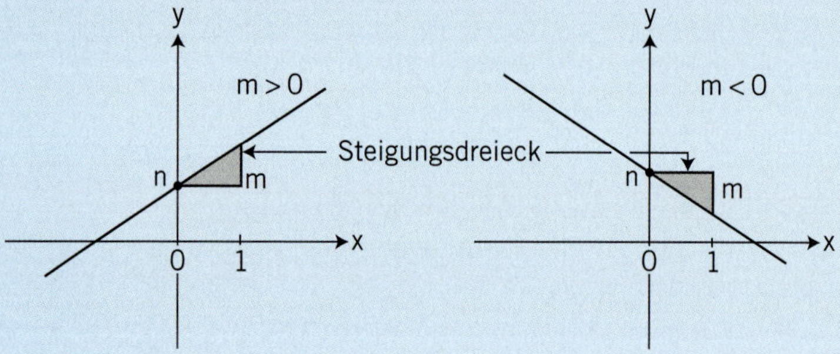

Zu Gleichungen mit gleichem m aber verschiedenen n gehören parallele Geraden.

Stimmen die Gleichungen in n überein (bei unterschiedlichem m), so gehen ihre Graphen durch den gemeinsamen Punkt (0|n) auf der y-Achse.

Gleichungen mit n = 0 ergeben Geraden, die durch den Nullpunkt gehen. Sie heißen **Ursprungsgeraden**.

Tipp Geraden, die zu den Gleichungen y = mx gehören, lassen sich besonders einfach zeichnen:

1. Sie verlaufen durch den Nullpunkt. (Ursprungsgeraden)
2. Ein zweiter Punkt lässt sich leicht mit Hilfe des Steigungsdreiecks ermitteln: Man trägt bei x = 1 die Steigung m an (bei m > 0 nach oben, bei m < 0 nach unten).
3. Die Gerade lässt sich nun durch die beiden Punkte zeichnen.

1.

a) Zeichne in dasselbe Koordinatensystem die Graphen für
$y = 3x$ $\qquad$ $y = 3x + 2$ $\qquad$ $y = 2x - 1$.

b) Von welcher Gleichung verläuft die Gerade durch den Nullpunkt?

c) Von welchen Gleichungen laufen die Geraden zueinander parallel?

d) Gib von jeder der obigen Gleichungen m und n an.

2.

a) Wie sehen die Graphen von
$y = 2x - 2$ $\qquad$ $y = 2x + 1$ $\qquad$ $y = 2x + 3$
aus? Zeichne sie in dasselbe Koordinatensystem.

b) Kontrolliere, ob die Geraden zueinander parallel verlaufen.

c) Gib von jeder Gleichung m und n an.

3.

a) Zeichne die Graphen von
$y = -3x - 3$ $\qquad$ $y = -3x$ $\qquad$ $y = -3x + 2$

b) Sind diese Graphen zueinander parallel?

c) Welche Werte nehmen hier m und n an? Schreibe sie auf.

4.

a) Zeichne die Graphen von
$y = x - 3$ $\qquad$ $y = 2x - 3$ $\qquad$ $y = 4x - 3$

b) Durch welchen gemeinsamen Punkt gehen die drei Geraden?

c) Notiere m und n.

5.

a) Zeichne die Graphen von
$y = -x + 2$ $\qquad$ $y = \frac{1}{2}x + 2$ $\qquad$ $y = 3x + 2$

b) Gib ihren gemeinsamen Punkt an.

c) Schreibe die Werte für m und n auf.

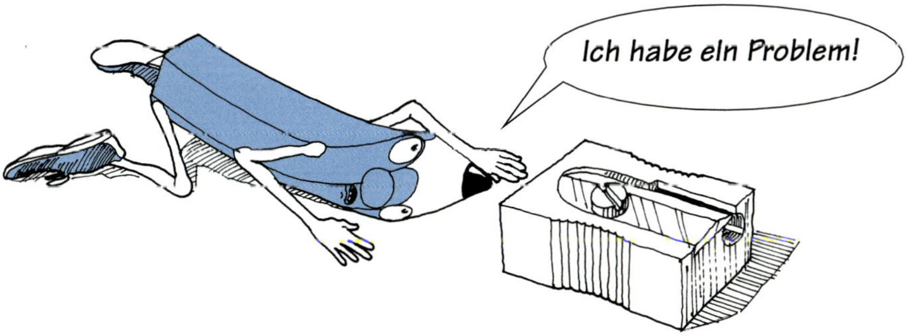

6.

Entscheide ohne zu zeichnen, wie die Geraden verlaufen:

$y = 2x + 1$;	$y = -2x + 2$;	$y = 2x + 4$;	$y = \frac{1}{2}x + 2$;
$y = -\frac{1}{2}x - 1$;	$y = 3x + 1$;	$y = \frac{1}{2}x + 1$;	$y = \frac{3}{4}x - 1$;
$y = \frac{3}{4}x + 4$;	$y = 2x$;	$y = -\frac{1}{2}x$;	$y = 4x - 1$

Notiere die Gleichungen, deren Geraden

a) jeweils zueinander parallel laufen,

b) durch einen gemeinsamen Punkt gehen (gib auch den Schnittpunkt an),

c) durch den Nullpunkt des Koordinatensystems verlaufen.

7.

Hier ist eine Gerade gezeichnet.
Bestimme m und n.
Wie lautet die Gleichung?

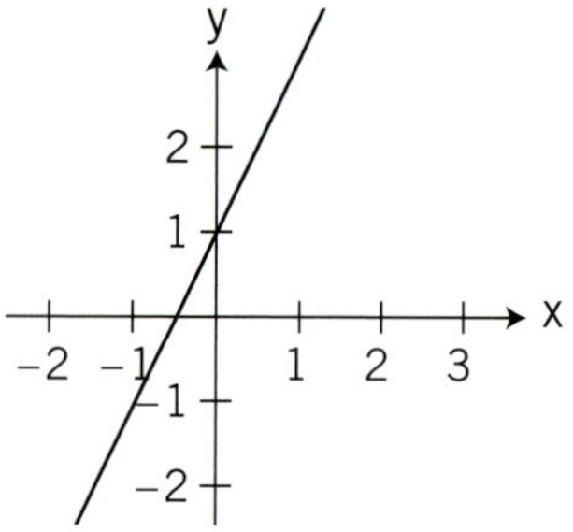

8.

Entnimm den Abbildungen jeweils m und n und stelle die Gleichungen auf.

a)

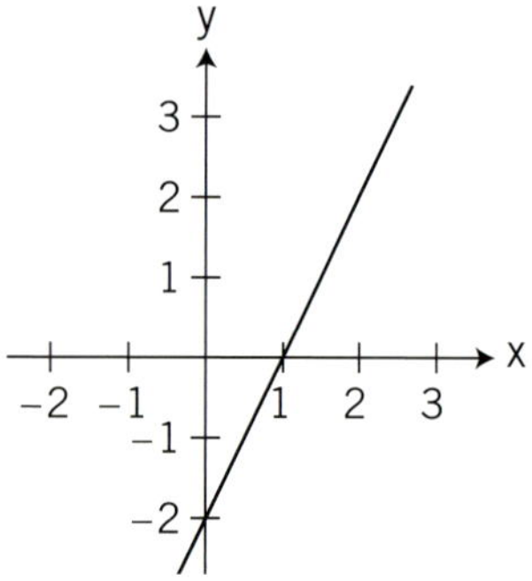

b)

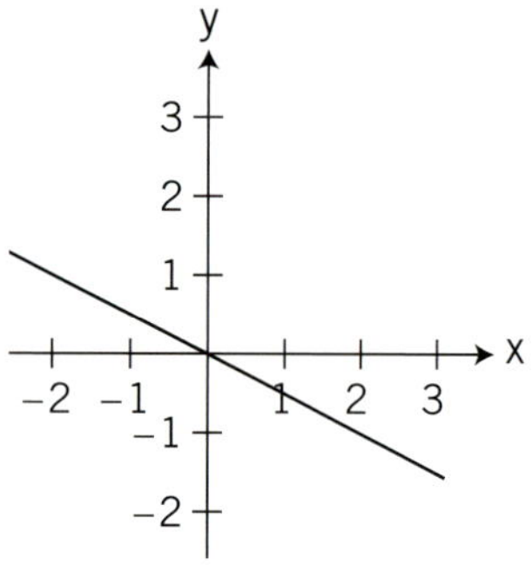

c)

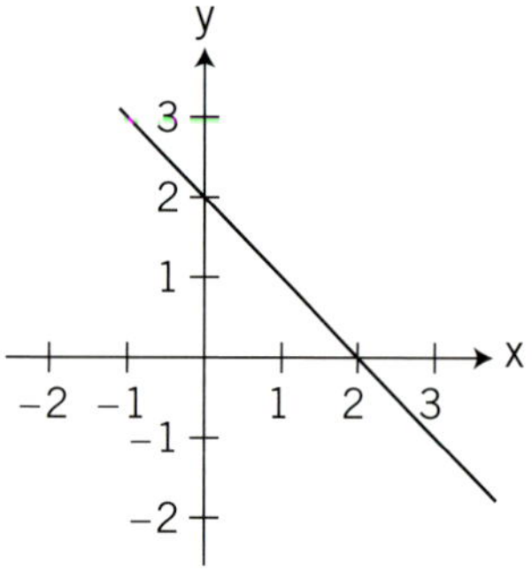

9.

Ordne diese Gleichungen den Abbildungen zu:

$y = -2x \quad y = 3x - 1 \quad y = -x + 1$

a)

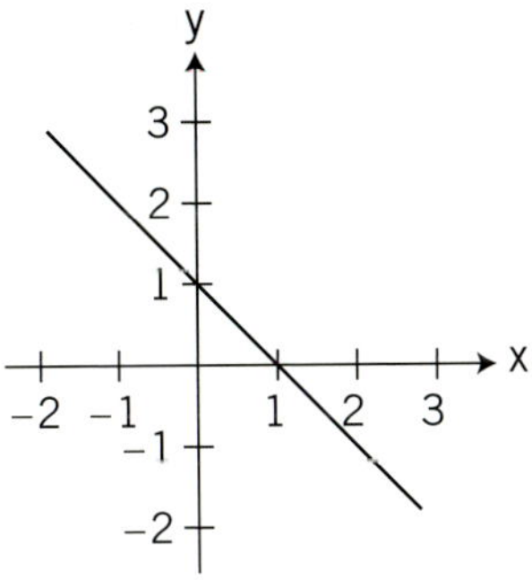

b)

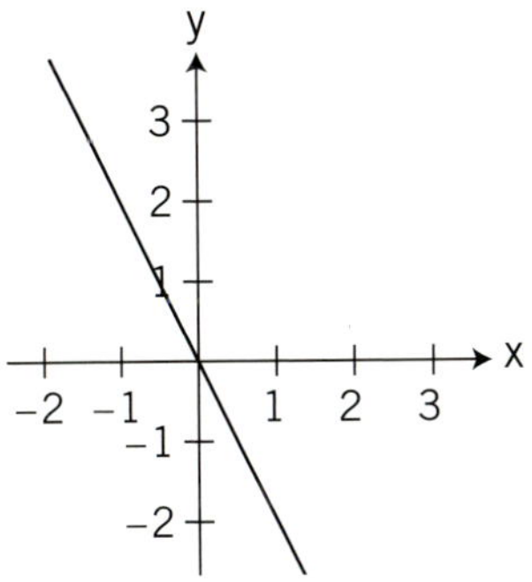

c)

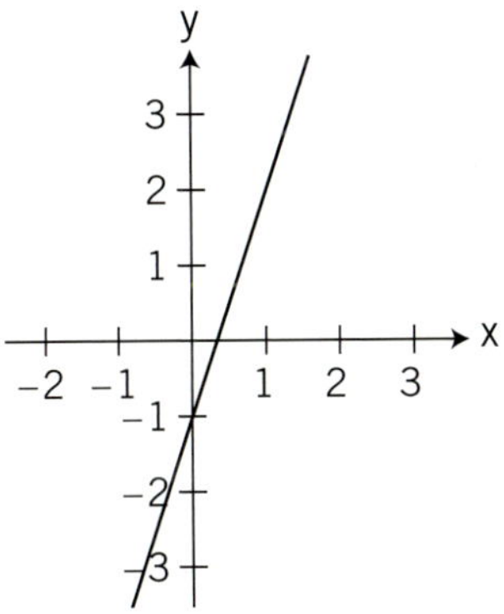

10.

Entnimm den Abbildungen jeweils m und n und stelle die entsprechenden Gleichungen auf.

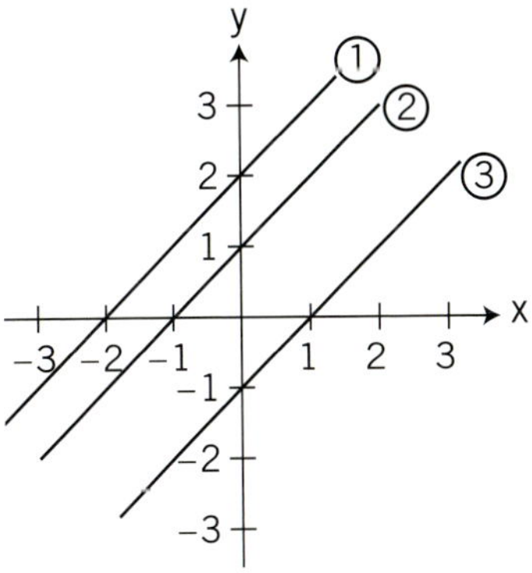

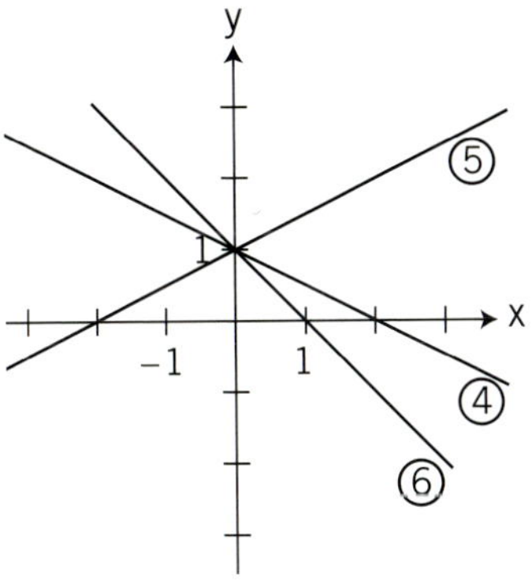

11.

Zeichne die Graphen der folgenden Gleichungen unter Verwendung von m und n und dem Steigungsdreieck.

Beispiel: $y = -\frac{1}{2}x + 2$

$m = -\frac{1}{2}$; $n = 2$

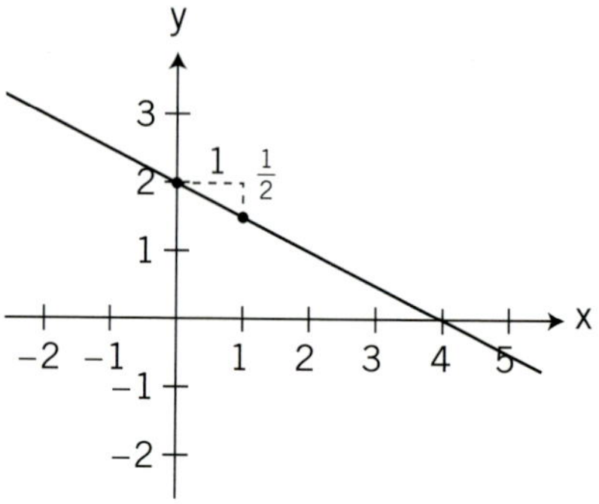

1. Da n = 2, markiere den Punkt (0|2) auf der y-Achse.
2. $m = -\frac{1}{2}$ bedeutet: von 2 um 1 nach rechts und wegen $m = -\frac{1}{2}$ um $\frac{1}{2}$ nach **unten** gehen.
3. Beide Punkte verbinden.
4. Kontrollpunkt berechnen: y = 0 ergibt $0 = -\frac{1}{2}x + 2$, d. h. x = 4.

Gehe in gleicher Weise vor:

a) $y = -2x + 1$	b) $y = 2x - 1$	c) $y = 3x$
d) $y = \frac{1}{2}x + 2$	e) $y = -3x - 2$	f) $y = x - 5$
g) $y = 2x$	h) $y = \frac{3}{2}x - 2$	i) $y = -\frac{3}{2}x + 2$

12.

a) Zeichne den Graphen der Gleichung y = 3. Bedenke: y ist immer 3, unabhängig davon, welche Zahl du für x einsetzt.
b) Beschreibe die Lage des Graphen.
c) Zeichne nun den Graphen für x = 3. Beachte: Jetzt ist x immer 3, unabhängig davon, welche Zahl du für y einsetzt.
d) Beschreibe auch hier die Lage des Graphen.

13.*

Zeichne die Graphen der folgenden Gleichungen wie in Aufgabe 11.

a) $y = -x + 1$	$y = -x$	$y = 1$
b) $y = 2x - 1$	$y = 2x$	$y = -1$

Zeichne die Geraden von a) und die von b) jeweils ins gleiche Koordinatensystem.

14.

a) Schreibe die Gleichungen für die Graphen 1, 2 und 3 auf.

b) Welche Gleichung gehört jeweils zu dem Graphen, der mit der x-Achse und der mit der y-Achse zusammenfällt?

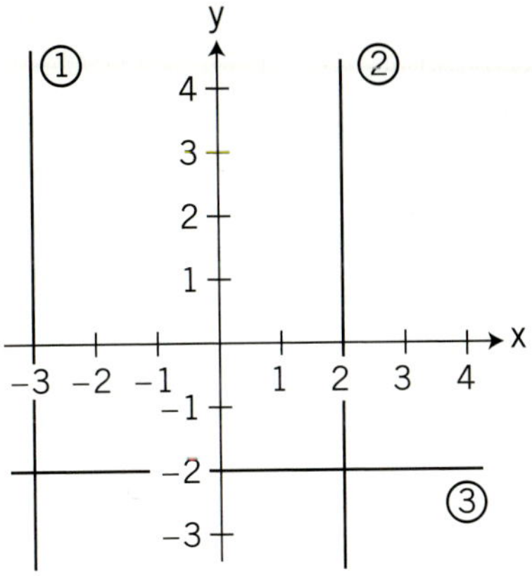

15.*

Nicht immer sind die linearen Gleichungen in der Form $y = mx + n$ gegeben.

a) Löse die Gleichungen nach y auf:

① $2x + 4y - 5 = 0$;	② $4x - 2y + 2 = 0$;
③ $-x + y + 1 = 0$;	④ $4x - 2y = 0$;
⑤ $3x + 6y = 0$;	⑥ $-2x + y = 0$;
⑦ $4y - 2 = 0$;	⑧ $3x + \frac{1}{2}y = 0$

b) Gib jeweils die Werte von m und n an.

c) Zeichne die Geraden unter Verwendung von m und n.

16.*

a) Wandle auch diese Gleichungen in die Form $y = mx + n$ um:

① $2x - y = y + 3$	② $3y - x = 2x + 1$
③ $3x \quad y + 2 - 4y - 3$	④ $2x - 4 = y + 3x$
⑤ $2x - 4(x + y) = 2y - x$	⑥ $3y - 4 = \frac{1}{2}(2y - x)$
⑦ $4 - 3(x - y) = 4 + 2x - y$	⑧ $2x - 3y = 2(x - 2)$

b) Gib jeweils die Werte von m und n an und zeichne mit ihrer Hilfe die Geraden.

Lineare Ungleichungen

Was sind lineare Ungleichungen?

Die Gerade $y = 2x - 1$ teilt die Ebene in eine **Halbebene oberhalb** und eine **Halbebene unterhalb** der Geraden.

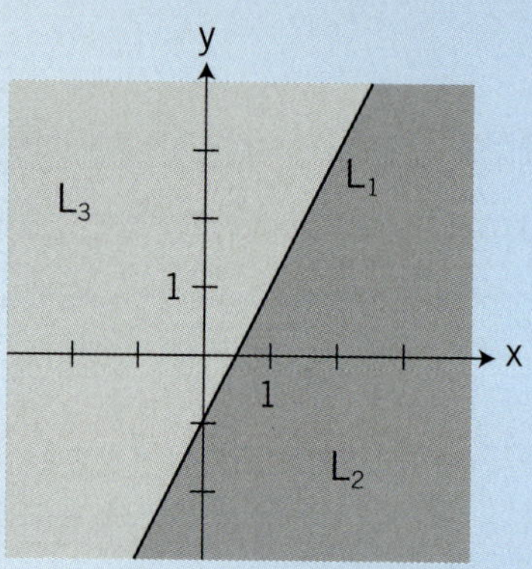

Der Graph der Lösungsmenge L_1 der **Gleichung** $y = 2x - 1$

$L_1 = \{(x; y) | y = 2x - 1\}$

ist die **Gerade**.

Der Graph der Lösungsmenge L_2 der **Ungleichung** $y < 2x - 1$

$L_2 = \{(x; y) | y < 2x - 1\}$

umfasst dagegen die **Halbebene unterhalb** der Geraden und

$L_3 = \{(x; y) | y > 2x - 1\}$

umfasst die **Halbebene oberhalb** der Geraden.

Tipp

So kontrollierst du, welche Halbebene zu der Ungleichung $y < 2x - 1$ gehört:

1. Zeichne den Graphen der entsprechenden Gleichung (hier $y = 2x - 1$).
2. Wähle einen beliebigen Punkt mit ganzzahligen Koordinaten, der **nicht** auf der gezeichneten Geraden liegt [z. B. (0; 0)].
3. Setze die Werte der Koordinaten in die Ungleichung ein. Erhältst du eine **wahre Aussage**, so liegt der Punkt **in** der gesuchten Halbebene. Ist die Aussage falsch, so ist die andere Halbebene die gesuchte.

1.

Die eingezeichnete Gerade $y = 2x + 1$ zerlegt die Ebene in die Halbebenen
$y < 2x + 1$ und
$y > 2x + 1$

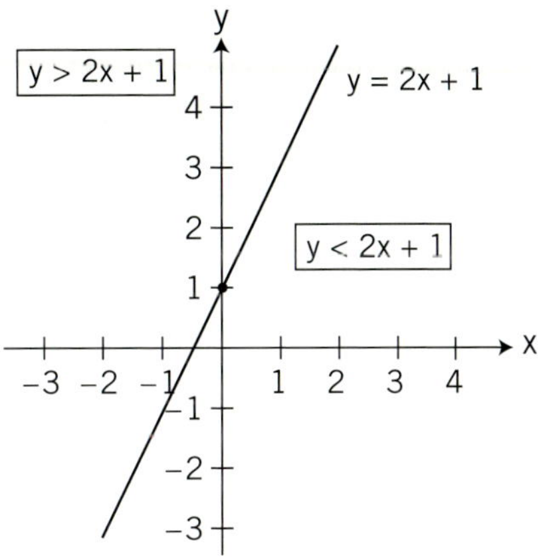

Beispiel:

So prüfst du, ob das Zahlenpaar (1; 4) Lösung der Gleichung oder einer der beiden Ungleichungen ist:

(1; 4) bedeutet $x = 1$; $y = 4$

$y = 2x + 1$	$y > 2x + 1$	$y < 2x + 1$
$4 = 2 \cdot 1 + 1$	$4 > 2 \cdot 1 + 1$	$4 < 2 \cdot 1 + 1$
$4 \neq 3$	$4 > 3$	$4 \nless 3$
(1; 4) ist nicht Lösung	(1; 4) ist Lösung	(1; 4) ist nicht Lösung

a) Untersuche in gleicher Weise diese Zahlenpaare:
(1; –1), (1; 0), (1; 1), (1; 2), (1; 3), (1; 4), (1; 5)
Notiere nur, von welcher Gleichung oder Ungleichung der gegebene Wert Lösung ist.

b) Trage nun die Zahlenpaare von a) in das Koordinatensystem ein. Beurteile die Lage der entsprechenden Punkte. Kommst du zu den gleichen Ergebnissen wie in a)?

2.

a) Zeichne den Graphen der Gleichung $y = x - 1$.

b) Welche Ungleichung ergibt die obere Halbebene und welche die untere? Kennzeichne sie in deiner Zeichnung.

c) Trage die Punkte, die zu diesen Zahlenpaaren gehören, ein.
(2; –3), (2; –2), (2; –1), (2; 0), (2; 1), (2; 2), (2; 3)

d) Von welcher Gleichung oder Ungleichung sind sie jeweils Lösung?

3.

a) Gib die Zahlenpaare an, deren eingezeichnete Punkte
① auf der Geraden,
② in der oberen Halbebene,
③ in der unteren Halbebene
liegen.

b) Von welcher Ungleichung sind die Zahlenpaare Lösung, deren Punkte
① in der oberen,
② in der unteren Halbebene
liegen?

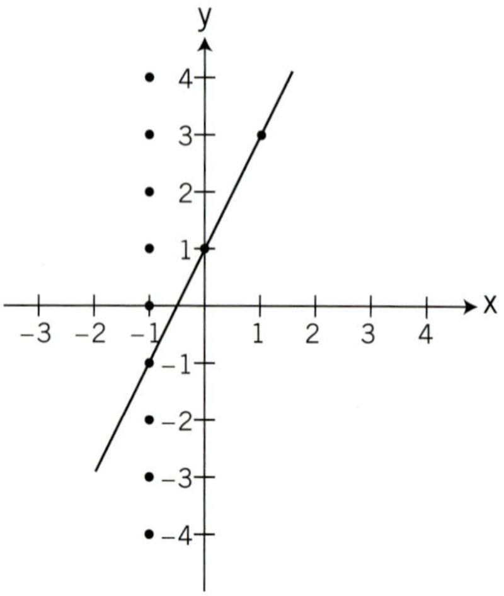

c) Untersuche nun die Zahlenpaare
(−2; −6); (−2; −5), (−2; −4), (−2; −3), (−2; −2), (−2; −1), (−2, 0), (−2; 1), (−2; 2), (−2; 3)
wie in Aufgabe 1, ob sie Lösung von $y = 2x + 1$, $y > 2x + 1$, $y < 2x + 1$ sind.

d) Zeichne die den Zahlenpaaren zugeordneten Punkte in die Abbildung von a) ein und beantworte die Fragen von b).

4.

Zeichne die Graphen und schraffiere sie:

a) $y > -2x - 1$ b) $y > x - 2$ c) $y < -3x$
d) $y < \frac{1}{2}x + 1$ e) $y > x$ f) $y > -x$

5.

Schraffiere im Koordinatensystem die Lösungsmengen, die diese Ungleichungen besitzen:

a) $y < 0$ b) $y > 0$ c) $x < 0$ d) $x > 0$

6.*

Welche Ungleichung gehört jeweils zu der gefärbten Fläche? Bestimme zunächst die entsprechende Geradengleichung.

a)

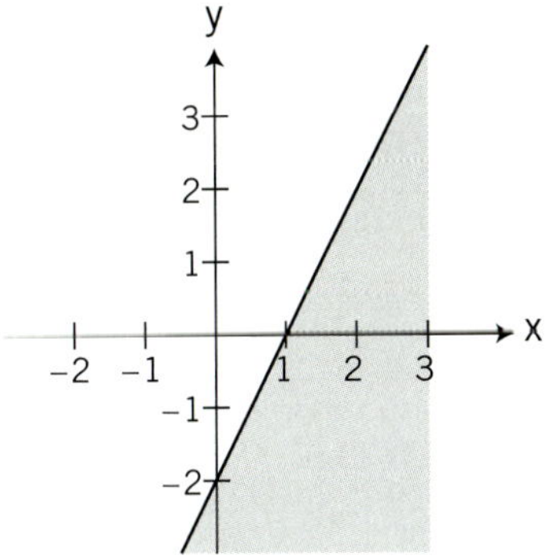

b)

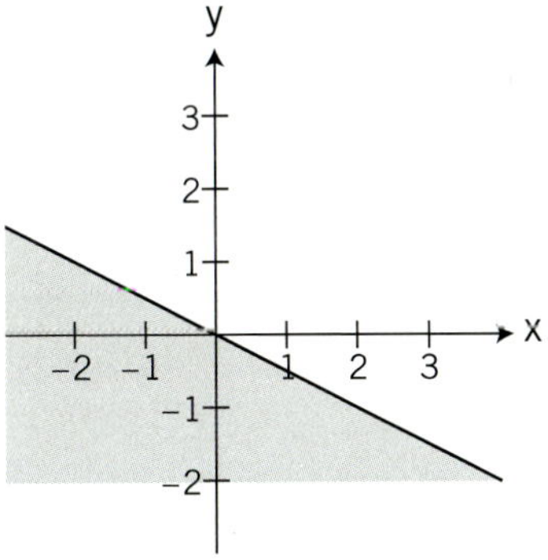

c)

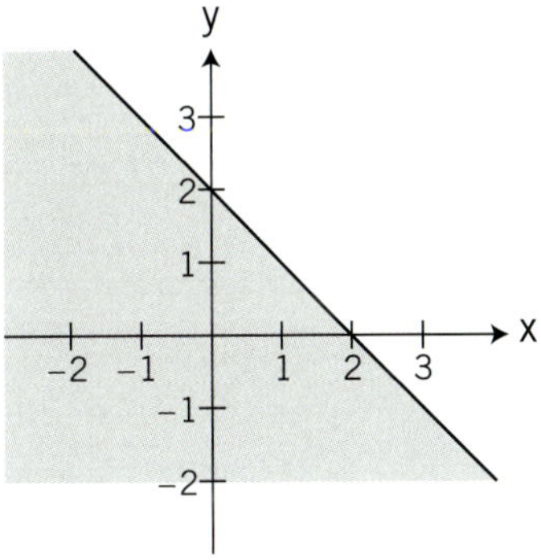

d)

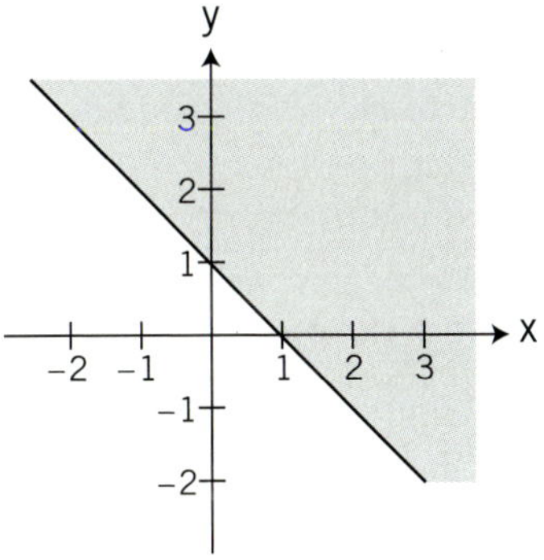

7.*

a) Wie lautet die Gleichung für die hier abgebildete Gerade?
b) Welche Lösungsmenge gehört zu der gefärbten Halbebene?
c) Zeichne die Graphen für folgende Ungleichungen:
$y < 3$; $y > 0$; $x < 2$; $x < 0$

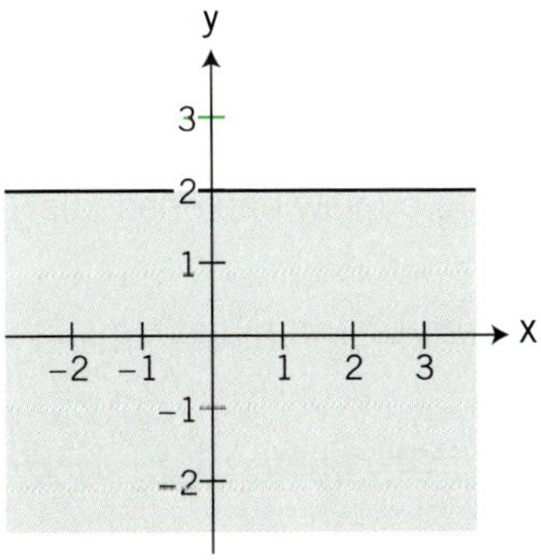

Zusammenfassung

Begriffe	Erläuterungen	Beispiele
Lineare Funktion	Bei einer linearen Funktion ist die Funktionsgleichung eine lineare Gleichung. f: $x \mapsto mx + n$ mit $y = mx + n$ $m, n \in \mathbb{Q}$ und $x \in \mathbb{Q}$	Stromkosten: Grundgebühr 12 €, 1 kWh kostet 0,20 € $x \mapsto 0{,}20 \cdot x + 12$
Graph einer linearen Funktion	Der Graph einer linearen Funktion $x \mapsto mx + n$ ist die Gerade $y = mx + n$	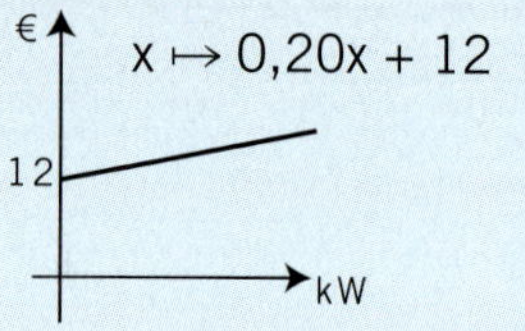
Lineare Gleichung mit zwei Variablen	$ax + by = c$ ist eine lineare Gleichung mit den Variablen x und y und $a, b, c \in \mathbb{Q}$	$4x + 2y = 10$ $x = 2$ und $y = 1$ führen zu einer wahren Aussage. Das Wertepaar (2; 1) ist **Lösung** der Gleichung.
Graph der Lösungsmenge	Der Graph der Lösungsmenge einer linearen Gleichung mit den Variablen x, y ist eine **Gerade**.	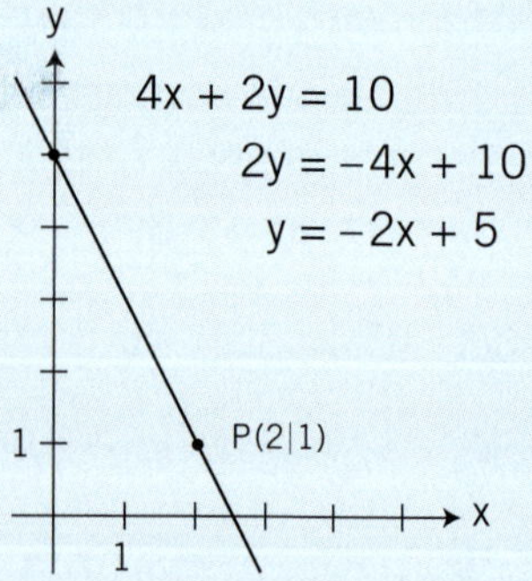$4x + 2y = 10$ $2y = -4x + 10$ $y = -2x + 5$ Der Lösung (2; 1) entspricht der Punkt P(2|1), der auf der Geraden liegt.

<table>
<tr><th>Begriffe</th><th>Erläuterungen</th><th>Beispiele</th></tr>
<tr><td>Lineare Ungleichung mit zwei Variablen</td><td>$ax + by > c$
ist eine lineare Ungleichung mit den Variablen x, y und und $a, b, c \in \mathbb{Q}$.</td><td>$2x + y > 5$
$x = 3$ und $y = 1$ machen diese Aussageform zu einer wahren Aussage. Das Wertepaar (3; 1) ist also Lösung dieser Ungleichung.</td></tr>
<tr><td>Graph der Lösungsmenge</td><td>Der Graph der Lösungsmenge einer linearen Ungleichung ist eine Halbebene.</td><td>$2x + y > 5$
$y > -2x + 5$
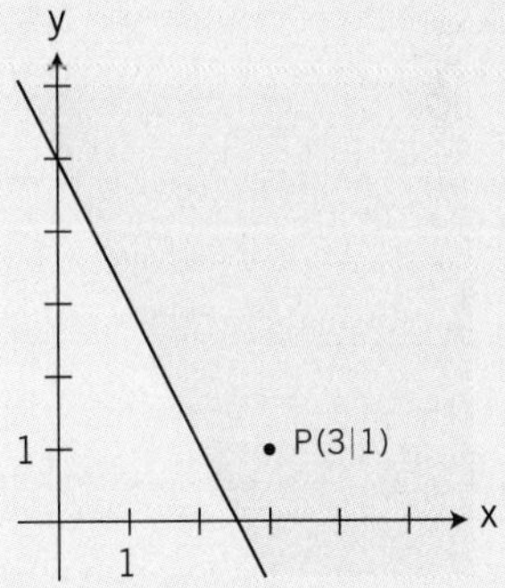

Die Lösungsmenge der Ungleichung $y > -2x + 5$ wird begrenzt durch die Gerade $y = -2x + 5$. Sie liegt oberhalb dieser Grenzgeraden.</td></tr>
<tr><td>Allgemeine Geradengleichung</td><td>$y = mx + n$
mit $m, n \in \mathbb{Q}$;
m ist die Steigung,
n der y-Achsenabschnitt.
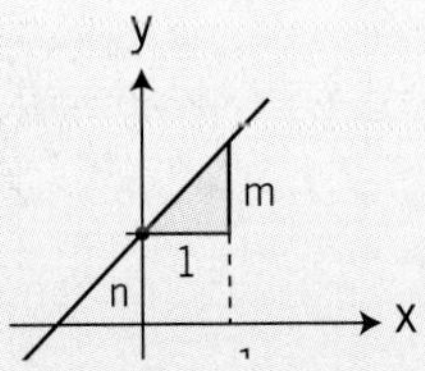
</td><td>$y = -3x + 1$
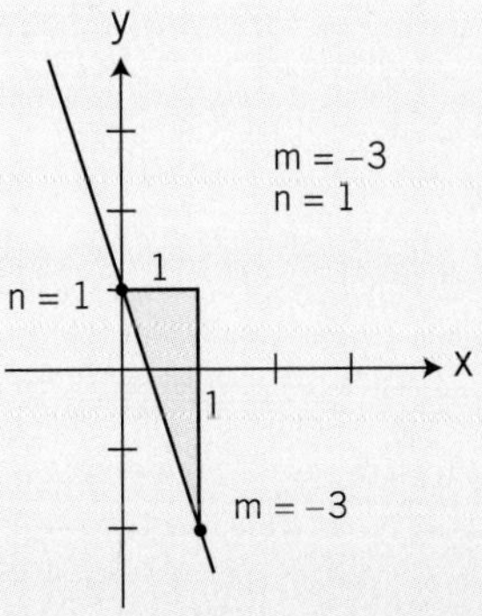
</td></tr>
</table>

Begriffe	Erläuterungen	Beispiele
Sonderfälle von Geradengleichungen	$y = mx + n$	
	$n = 0;\ m \neq 0$ Gerade geht durch den Nullpunkt: $y = mx$	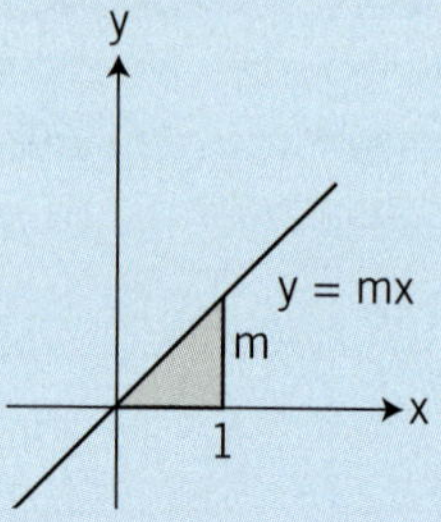
	$n = 0;\ m = 0$ Gerade fällt mit x-Achse zusammen: $y = 0$	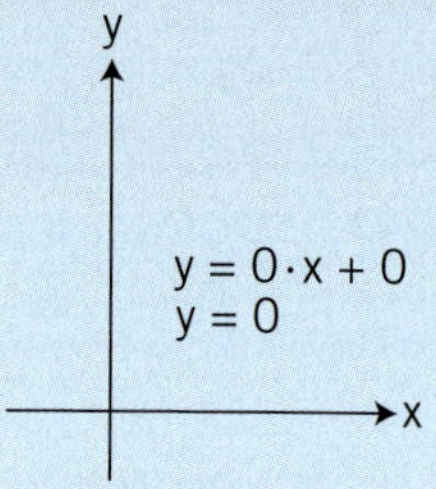
	$n \neq 0;\ m = 0$ Gerade läuft parallel zur x-Achse: $y = n$	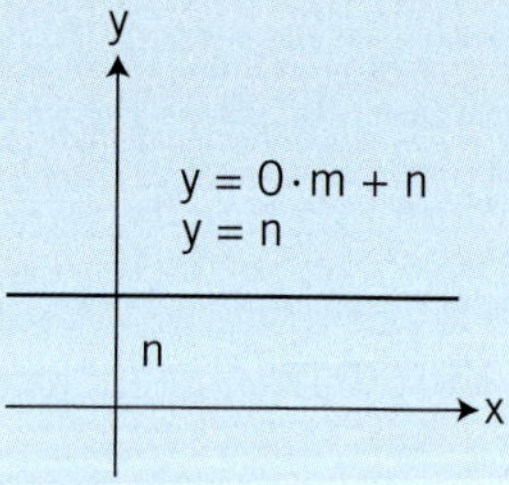
	(Außerdem gibt es noch Geraden, die parallel zur y-Achse verlaufen, z. B. $x = 3$. Hierbei handelt es sich jedoch nicht um Graphen von Funktionen!)	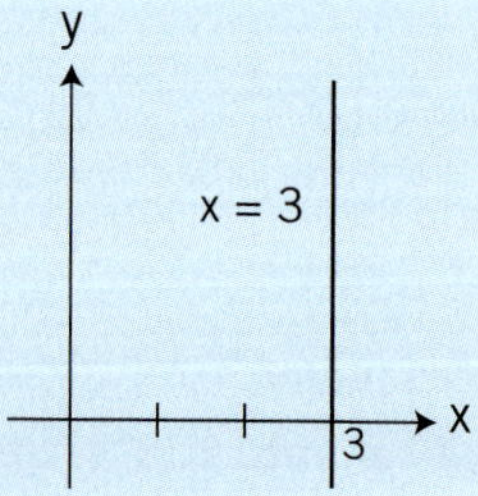

Test

Test 1

Eine Leihwagenfirma verlangt für einen Mittelklassewagen eine Grundgebühr von 100 € und für jeden gemieteten Tag 30 €.

a) Welche Funktion liegt dieser Aufgabe zugrunde?

b) Zeichne den Funktionsgraphen.

Test 2

Untersuche, ob diese Wertepaare Lösung der Gleichung bzw. Ungleichung sind: (0; 3) (1; 1) (1; 3) (0; 0) (–1; 7) (3; –1)

a) $6x + 3y = 15$ Lösungen sind: ______________________________

b) $6x + 3y < 15$ Lösungen sind: ______________________________

c) Zeichne die Graphen der Lösungsmengen der Gleichung bzw. Ungleichung.

Test 3

Zeichne $y = -\frac{1}{2}x + 2$.

Test 4

Ermittle die Gleichung bzw. Ungleichung zu diesen Graphen:

a)

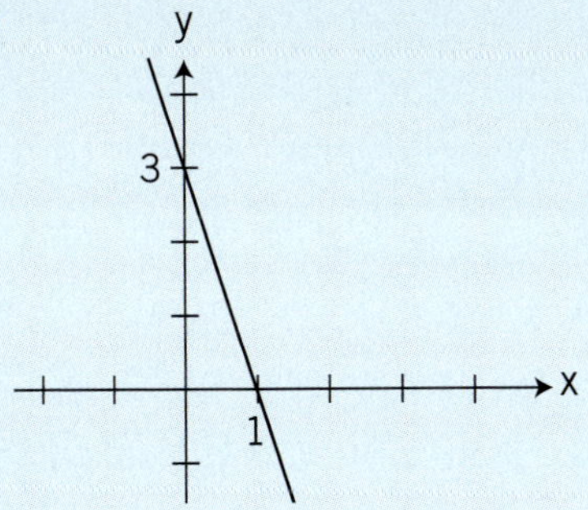

b)

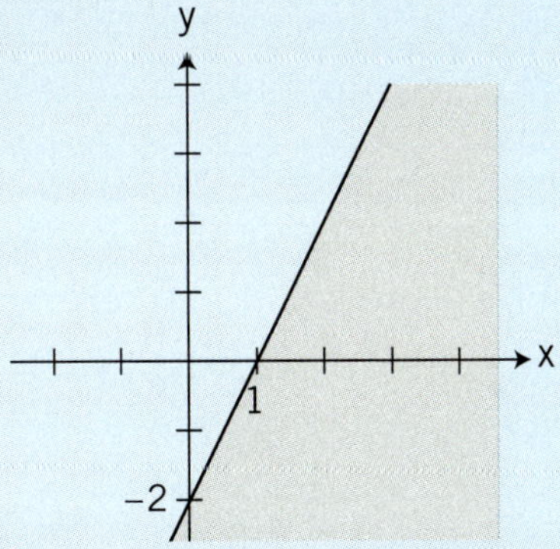

Test 5

Von diesen Geradengleichungen sollst du nur beschreiben, wie sie verlaufen.

a) $y = 4x$ b) $y = 0$ c) $y = -2$

d) Zeichne alle drei Geraden.

5 Flächeninhalte

Rechteck und Raute

So berechnest du die Fläche eines Rechtecks:

Hier siehst du ein Rechteck das a = 6 cm lang und b = 3 cm hoch

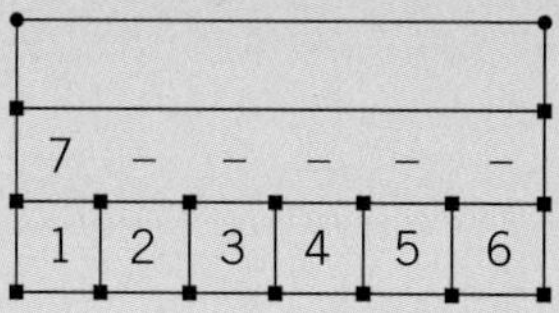

ist. Es besteht aus 18 Quadraten von 1 cm^2. Um dem Flächeninhalt A_{Re} auszurechnen, multiplizierst du die **Anzahl der cm^2 des ersten Streifens mit der Anzahl der Streifen:** $A_{Re} = 6\ cm^2 \cdot 3$

Wir lesen dies so:
Länge mal Breite, also $6\ cm \cdot 3\ cm = 18\ cm^2$

Der Flächeninhalt eines Rechtecks berechnet sich also aus dem Produkt von Länge und Breite. Wir schreiben $\mathbf{A_{Re} = a \cdot b}$.
A ist die internationale Bezeichnung für Flächeninhalt (englisch: area).

So berechnest du die Fläche einer Raute:

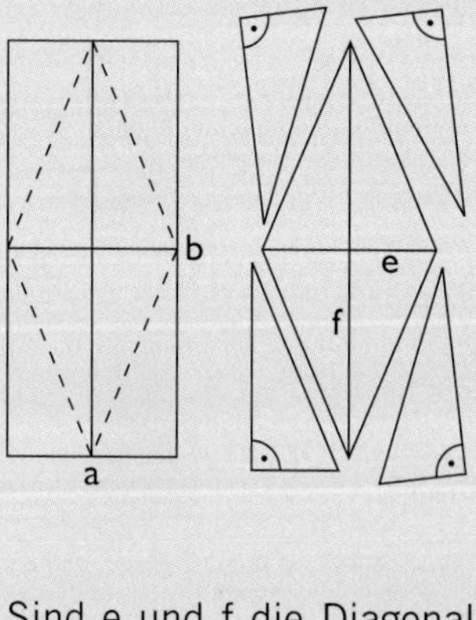

Verbindet man die Seitenmitten eines Rechtecks der Größe $a \cdot b$, so entsteht eine Raute mit den Diagonalen e und f der Länge a und b. Die Eckdreiecke kannst du zu einer zweiten Raute der gleichen Größe zusammenlegen. Jede der Rauten ist halb so groß wie das Rechteck.

Sind e und f die Diagonalen einer Raute, so berechnet sich der Flächeninhalt der Raute $\mathbf{A_{Ra} = \frac{1}{2}(e \cdot f)}$

1.

a) Zeichne ein Rechteck mit a = 10 cm und b = 7 cm. Zeichne das Mittenviereck ein. Wie groß ist der Flächeninhalt des Rechtecks und der des Mittenvierecks?

b) Zeichne das Rechteck mit der Mittenraute noch einmal und schneide es aus. Schneide die Ecken ab und klebe beide Rauten neben das Rechteck aus Aufgabe a). Miss die Seitenlängen der Rauten.

2.*

Ein Quader hat die Seitenlängen l = 5 cm, b = 8 cm und h = 4 cm. Berechne die Oberfläche. Du musst sechs Flächen addieren.

3.

a) Zeichne eine Raute mit den Diagonalen e = 6 cm, f = 9 cm und das umschriebene Rechteck.

b) Wie groß ist die Fläche des umschriebenen Rechtecks A_{Re}? Wie groß ist die Raute A_{Ra}?

4.

Zeichne die Rauten, miss die Diagonalen aus und berechne den Flächeninhalt:

a) a = 5 cm, α = 40°
b) a = 7 cm, α = 40°
c) a = 5 cm, α = 70°
d) a = 7 cm, α = 70°

5.

a) Zeichne eine Raute mit e = 8 cm, f = 6 cm. Zeichne das Mittenrechteck und dessen Mittenraute.

b) Berechne die drei Flächen und vergleiche den Inhalt der beiden Rauten.

6.

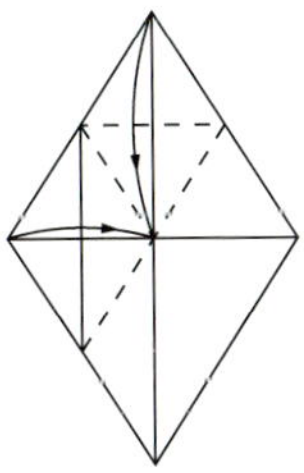

a) Zeichne eine Raute mit e = 12 cm, f = 8 cm und schneide sie aus. Falte die Ecken so zum Mittelpunkt, dass ein doppeltes Rechteck entsteht. Du erhältst einen „Umschlag". Wie lang sind die Seiten des „Umschlags"?

b) Du sollst eine Raute so ausschneiden und falten, dass ein „Umschlag" von 10 cm x 7 cm entsteht. Welche Maße musst du für deine Raute wählen?

c) Wie viel cm² Papier brauchst du (ohne Klebefalz) für einen Umschlag von 8 cm x 5 cm? Zeichne Raute und Umschlag.

Parallelogramm und Dreieck

So berechnest du den Flächeninhalt eines Parallelogramms:

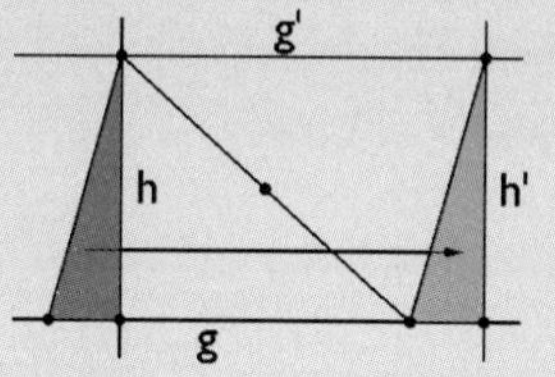

Gegeben sei ein Parallelogramm mit der Grundseite g und der Höhe h. Schneidest du das schraffierte Dreieck ab und verschiebst es nach rechts, so erhältst du ein flächeninhaltsgleiches Rechteck der Größe $g' \cdot h' = g \cdot h$

Der Flächeninhalt eines Parallelogramms mit der **Grundseite g** und der **Höhe h** berechnet sich aus $\mathbf{A_{\square} = g \cdot h}$.

So rechnest du beim Dreieck:

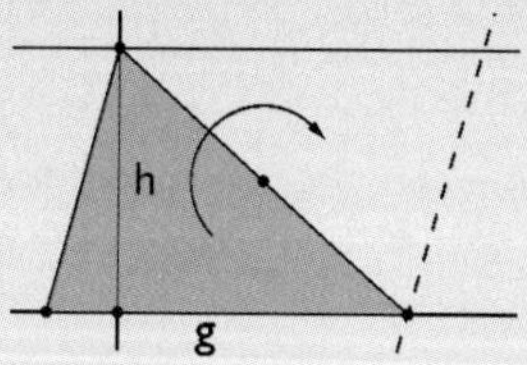

Im Dreieck heißt der Abstand eines Eckpunktes von der Gegenseite Höhe. Das Lot von A auf a heißt h_a.
Jedes Dreieck mit der Grundseite g und der Höhe h kannst du als halbes Parallelogramm deuten. Drehe es um die Mitte einer Seite um 180° und du erhältst ein Parallelogramm mit doppeltem Flächeninhalt: $A_{\square} = g \cdot h \rightarrow A_{\Delta} = \frac{1}{2} \cdot g \cdot h$.

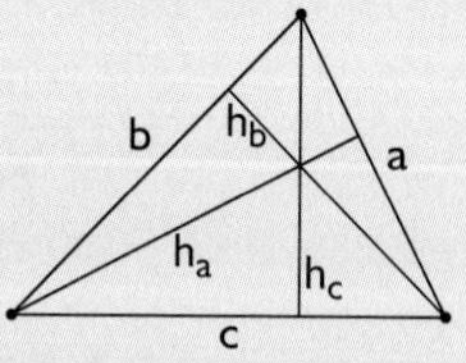

Da jedes Dreieck drei Höhen hat, kann es damit auf drei Arten berechnet werden:
$A_{\Delta} = a \cdot h_a = b \cdot h_b = c \cdot h_c$.

Also gilt: Der Flächeninhalt eines Dreiecks mit der **Grundseite g** und der **Höhe h** berechnet sich also $\mathbf{A_{\Delta} = \frac{1}{2}(g \cdot h)}$.

Tipp

Die Berechnung der Flächeninhalte von Rauten, Parallelogrammen und Dreiecken (und später Trapezen und Drachen) wird auf die Berechnung zerlegungsgleicher Rechtecke zurückgeführt. Wenn du eine Formel vergessen hast, so frage dich immer, welches Rechteck dir helfen kann.

1.

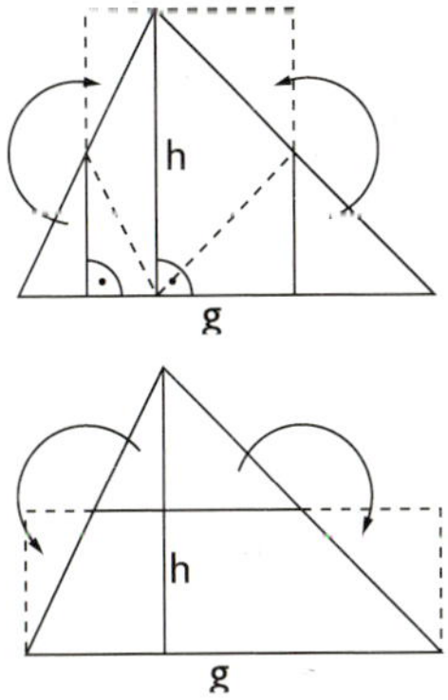

Wenn der Flächeninhalt des Dreiecks sich berechnet aus $\frac{g \cdot h}{2}$, so muss man das Dreieck einmal in ein Rechteck aus $\frac{g}{2} \cdot h$ und zum anderen in ein Rechteck aus $g \cdot \frac{h}{2}$ zerlegen können.
Zeichne ein Dreieck mit c = 8 cm, a = 7 cm, b = 6 cm und zwei weitere gleiche zum Ausschneiden. Falte und zerlege wie in der Abbildung. Klebe die zwei Rechtecke neben dein erstes Dreieck. Miss Länge und Breite der zwei Rechtecke.

2.

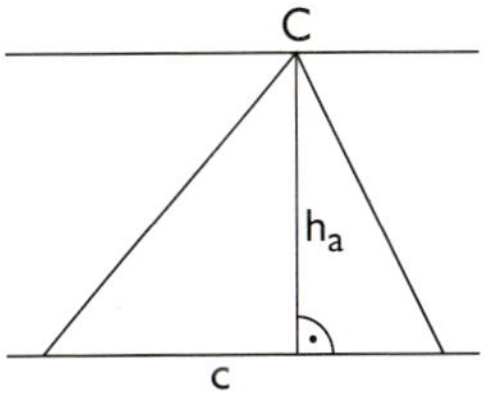

a) Konstruiere ein Dreieck aus $\overline{AB}$ = 7 cm, $\overline{BC}$ = 6 cm und $\overline{AC}$ = 8 cm. Zeichne eine Parallele zu $\overline{AB}$ durch C, so dass ein Streifen entsteht. Miss die Breite dieses Streifens h_c und berechne $A_\triangle$.
b) Zeichne das Dreieck noch einmal und lege den Streifen parallel zu $b = \overline{AC}$. Zeichne die Breite dieses Streifens h_b und berechne $A_\triangle$.
c) Verfahre entsprechend mit dem Dreieck und dem Streifen parallel zu $a = \overline{BC}$, miss h_a und berechne $A_\triangle$. Warum bekommst du eventuell verschiedene Werte für $A_\triangle$?

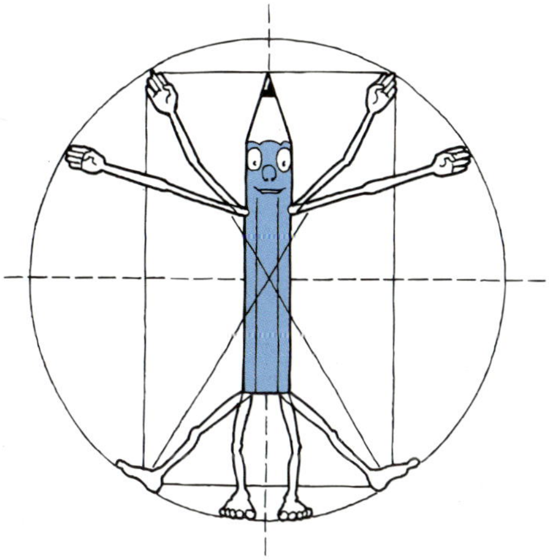

3.

a) Zeichne das Dreieck ABC mit c = 6 cm, b = 4 cm, a = 5 cm und punktspiegle es an den Mitten seiner Seiten.
Zeichne die drei Streifen mit drei verschiedenen Farben und zeichne die Höhen (Breite der Streifen) mit entsprechender Farbe wie in der Abbildung ein.
Wie breit sind die Streifen?

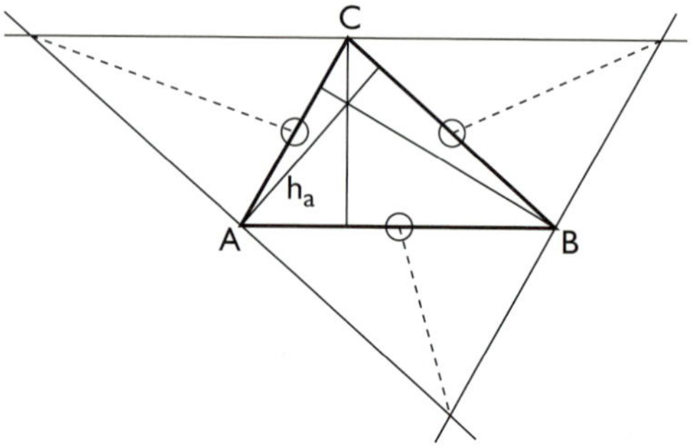

b) Berechne $A_{\triangle} = \frac{1}{2} \cdot (g \cdot h)$ auf drei Wegen: $\frac{1}{2} \cdot (c \cdot h_c)$; $\frac{1}{2} \cdot (a \cdot h_a)$; $\frac{1}{2} \cdot (b \cdot h_b)$, wobei h_c die Breite des Streifens ist, auf dem C liegt.

4.

a) Zeichne fünf Rauten mit jeweils gleichem Flächeninhalt von $A_{Ra} = 12\ cm^2$ und lege eine Tabelle an: e, f, A_{Ra}
(e = 12, 10, 8, 6, 5 cm).

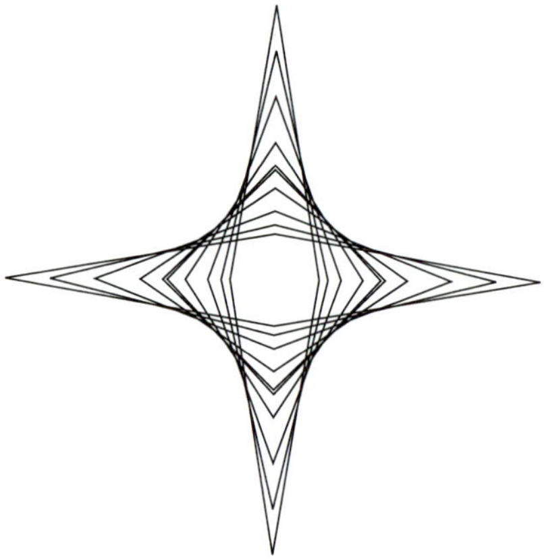

b) Zeichne die fünf Rauten so übereinander, dass sie den Schnittpunkt der Diagonalen gemeinsam haben und die Diagonalen übereinander liegen.

c) Zeichne in die obige Zeichnung noch fünf weitere Rauten hinein.
Die Werte erhältst du, indem du in der Tabelle e und f vertauschst.

5.*

a) Das Quadrat in der Abbildung $(a + b)^2$ ist eine Darstellung der binomischen Formel $(a + b)^2 = a^2 + 2ab + b^2$.
Wie viele Flächen musst du addieren, um die Gesamtfläche zu erhalten?

b) Zeichne ein solches zerlegtes Quadrat aus a = 7 cm und b = 2 cm, berechne den Flächeninhalt der vier Teilflächen und kontrolliere die Summe der Teilflächen mit der Gesamtfläche.

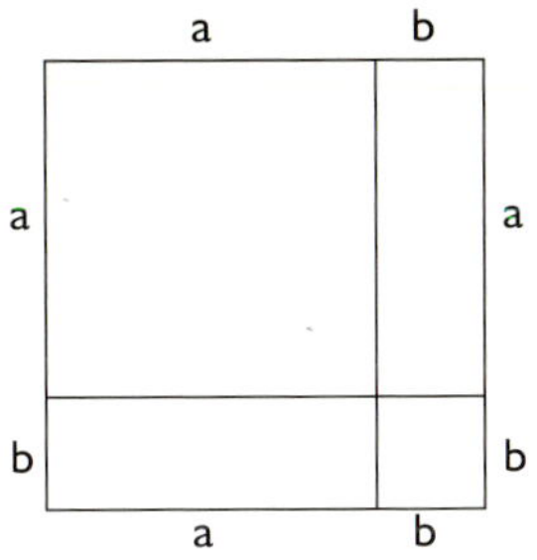

6.

a) Ein Quadrat mit 64 cm^2 Flächeninhalt ist so zusammengesetzt, dass an zwei Seiten ein 3 cm breiter Streifen liegt (b = 3 cm). Zeichne und berechne die vier Teilflächen. Kontrolliere, ob sich als Summe 64 ergibt.

b) In einem Quadrat von 100 cm^2 ist das kleine Quadrat 9 cm^2. Zeichne und berechne wie oben.

7.

Zeichne ein Rechteck (a = 12 cm, b = 7 cm), die Mittenraute und in dieser wiederum das Mittenrechteck. Miss dessen Länge und berechne den Inhalt der beiden Rechtecke. Vergleiche diese.

8.

Parkettiere ein Rechteck a = 16 cm, b = 10 cm mit zweifarbigen Dreiecken, c = 4 cm, $h_c = 2{,}5$ cm, $\alpha = 65°$. Die Seite c soll parallel zum Rand verlaufen. Wie viele Dreiecke brauchst du? Wie viele musst du für den Rand zerschneiden?

Zusammenfassung

Begriffe	Erläuterungen	Beispiele
Zerlegungsgleiche Vierecke Rechteck	Die Formel für die Berechnung der Fläche eines Rechtecks lautet: $\mathbf{A_{Re} = a \cdot b}$. Jede Raute kannst du an den Diagonalen e und f in vier rechtwinklige Dreiecke zerschneiden und zu einem Rechteck umlegen. Du erhältst ein Rechteck der Größe $\mathbf{\frac{1}{2}e \cdot f}$ bzw. $\mathbf{e \cdot \frac{1}{2}f}$.	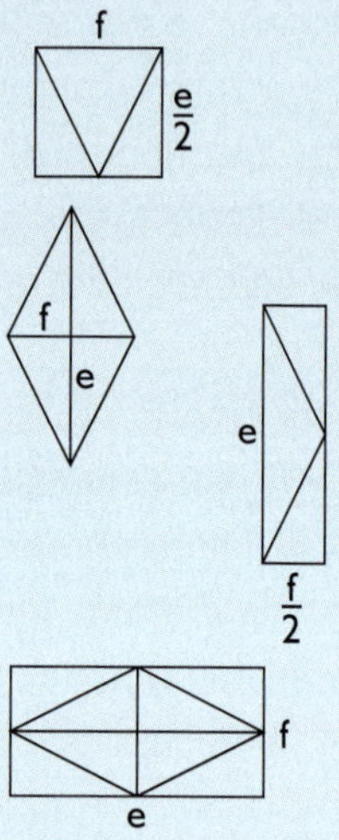
Raute als **Mittenviereck** eines Rechtecks	Du kannst die Raute auch als Mittenviereck des umschriebenen Rechtecks der Größe **e · f** deuten. $\mathbf{A_{Ra} = \frac{1}{2}(e \cdot f)}$	
Flächeninhalt eines Parallelogramms	Das Parallelogramm mit der Grundseite g und der Höhe h kann durch Umlegen eines Dreiecks in ein inhaltsgleiches Rechteck mit der Fläche g · h umgewandelt werden. $\mathbf{A_{\square} = g \cdot h}$	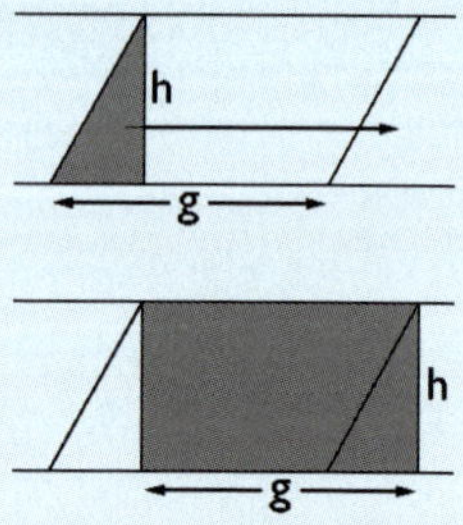
Dreieck als halbes Parallelogramm Zu jedem Punkt und jeder Gegenseite gehört eine Höhe: A, a → h_a B, b → h_b C, c → h_c	Jedes Dreieck kannst du als halbes Parallelogramm deuten. $\mathbf{A_{\square} = g \cdot h}$ → $\mathbf{A_{\triangle} = \frac{1}{2}(g \cdot h)}$ $\mathbf{A_{\triangle} = \frac{1}{2}(a \cdot h_a)}$ $\mathbf{= \frac{1}{2}(b \cdot h_b)}$ $\mathbf{= \frac{1}{2}(c \cdot h_c)}$	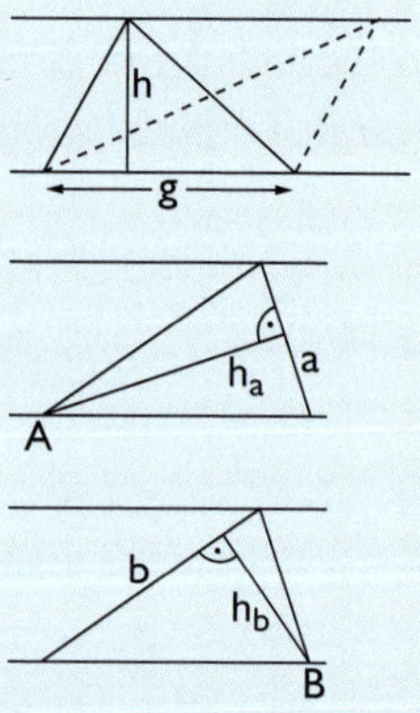

Test

Test 1

Zeichne eine Raute mit e = 12 cm, f = 8 cm und schneide sie aus. Zerlege sie längs der Diagonalen in vier rechtwinklige Dreiecke und lege diese zum Rechteck um. Welche Maße haben die möglichen Rechtecke? Welchen Flächeninhalt hat die Raute? Zeichne noch einmal die Raute und die Rechtecke.

Test 2

Zeichne eine Raute mit e = 7,5 cm und f = 4,5 cm. Miss die Seitenlänge und berechne den Flächeninhalt.

Test 3

Zerlege ein 9 x 9 Quadrat durch zwei lotrechte Querlinien so in vier Teile, dass ein 5 x 5 Quadrat, ein weiteres Quadrat und zwei Rechtecke entstehen. Berechne den Flächeninhalt der Vierecke.

Test 4

Zeichne ein Parallelogramm mit a = 10 cm, e = 14 cm und f = 9 cm. Miss die zur Flächenberechnung notwendigen Größen so, dass du $A_{▱}$ einmal mit Hilfe der Größe a, zum anderen aber mit Hilfe der Größe f berechnen kannst.

Test 5

Zeichne ein Dreieck mit a = 6 cm, b = 10 cm, c = 7 cm. Zeichne die Höhen ein, miss diese und berechne $A_{\triangle}$ auf 3 Wegen.

Test 6

Gegeben ist der Flächeninhalt einer Raute mit 12 cm^2. Welche ganzzahligen Lösungen für die Diagonallängen sind möglich?
Erstelle eine Tabelle für e und f und zeichne die beiden „dicksten" Rauten. Miss die Seitenlängen.

6 Konstruierbarkeit von Dreiecken

Das Dreieck und seine Winkel

Diese Dreiecksarten musst du unterscheiden:

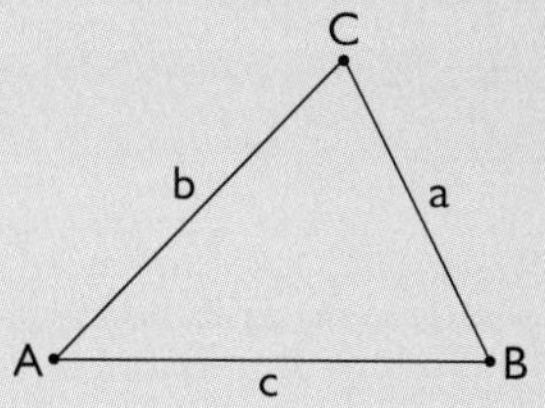

Beim Dreieck hat jede Seite den kleinen Buchstaben des gegenüberliegenden Punktes.

Ist in einem Dreieck ein Winkel stumpf, so müssen die zwei übrigen spitz sein. Ein solches Dreieck heißt **stumpfwinkliges** Dreieck. Im **rechtwinkligen Dreieck** bleiben für die zwei übrigen Winkel zusammen nur noch 90° übrig. Beide Winkel müssen also spitz sein. Nur wenn alle drei Winkel spitz sind (also kleiner als 90°), heißt das Dreieck **spitzwinkliges Dreieck**.

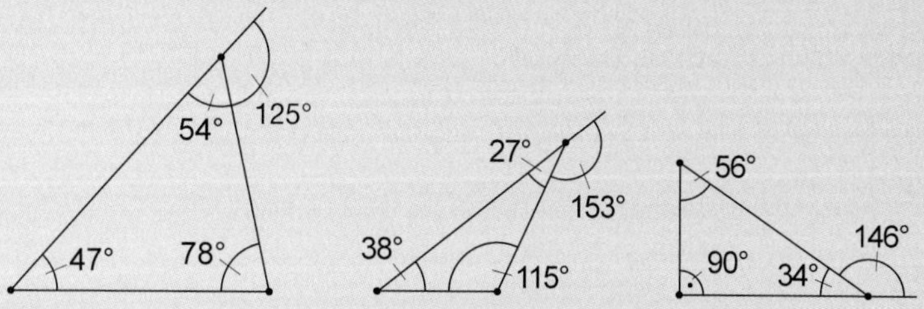

Diese Winkel im und am Dreieck musst du kennen:

Die **Winkelsumme** im Dreieck beträgt 180°.
Verlängert man im Dreieck eine Seite über den Eckpunkt hinaus, so erhält man einen **Außenwinkel**. Der Außenwinkel ist so groß wie die Summe der beiden nicht anliegenden **Innenwinkel**,
z. B. $47° + 78° = 125°$ $90° + 56° = 146°$.

1.

Zeichne ein Dreieck aus $\alpha = 60°$, $\beta = 70°$ und $\gamma = 80°$.

a) Warum geht das nicht?

b) Wie groß musst du γ wählen, wenn die Werte für α und β stimmen sollen und du ein solches Dreieck zeichnen kannst?

2.

Wir beweisen noch einmal den Satz über die Winkelsumme im Dreieck:

Vervollständige:

$\alpha = \alpha'$, weil α und α' ____________________

$\beta = \beta'$, weil ____________________________

$\alpha + \beta + \gamma = \alpha' + \gamma +$ ____ $=$ ______________

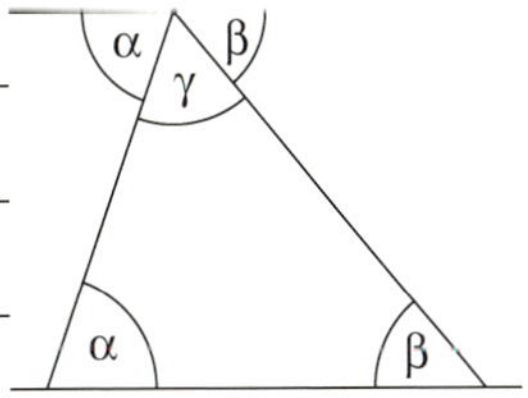

3.

Berechne den fehlenden Dreieckswinkel. Nicht alle Aufgaben sind lösbar:

a) $\alpha = 70°$, $\beta = 80°$

b) $\alpha = 120°$, $\beta = 40°$

c) $\alpha = 90°$, $\beta = 30°$

d) $\alpha = 120°$, $\beta = 70°$

e) $\alpha = 90°$, $\beta = 110°$

f) $\alpha = 40°$, $\beta = 40°$

4.

a) In einem Dreieck ist $\alpha = 120°$. Wie groß sind β und γ, wenn γ doppelt so groß wie β ist? Zeichne zwei ähnliche Dreiecke mit diesen Winkeln.

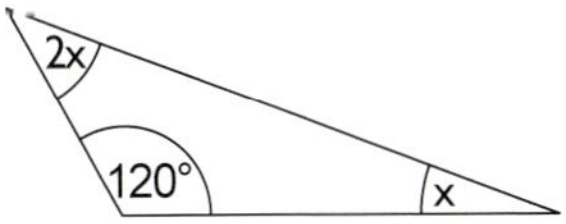

b) In einem rechtwinkligen Dreieck ist $\alpha = 65°$. Wie groß ist der andere nicht rechte Winkel? Zeichne ein Dreieck mit diesen Winkeln.

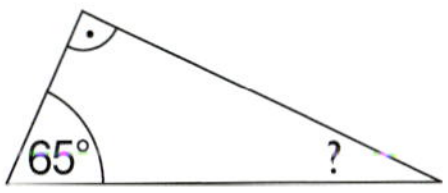

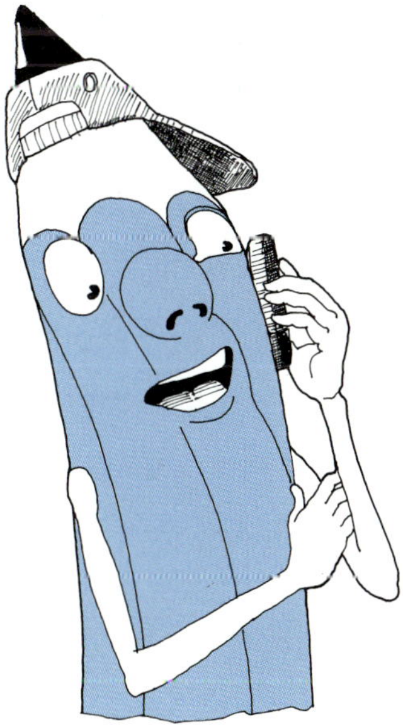

5.

Wenn in den Zeichnungen in einer Ecke x, in der anderen 3x steht, so soll das heißen, der zweite Winkel ist dreimal so groß wie der erste. Berechne die Winkel. Zeichne jeweils ein solches Dreieck.

a)
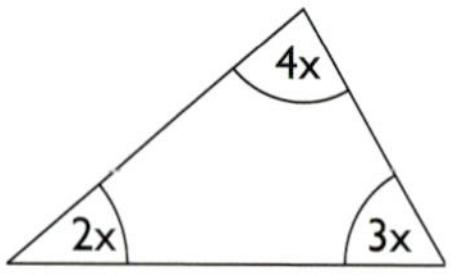

b)
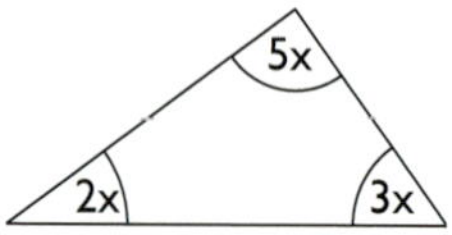

c)
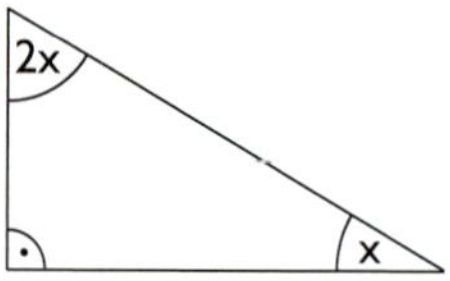

d)

e)
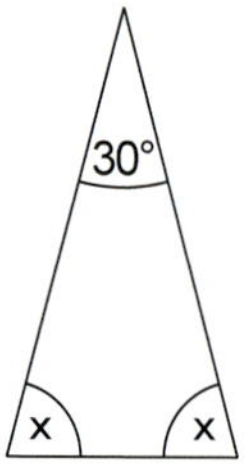

f)
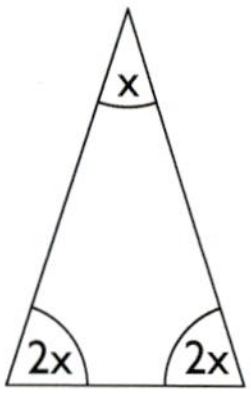

6.

a) Berechne die nummerierten Winkel:

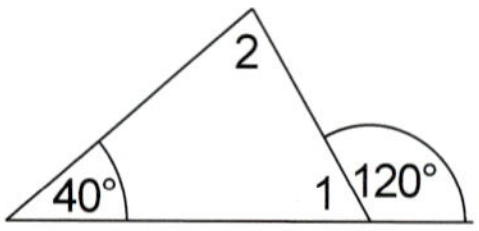

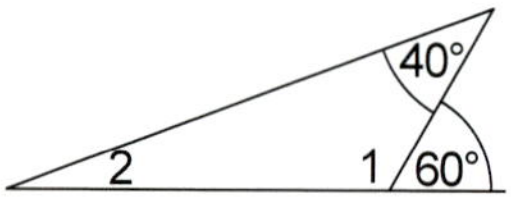

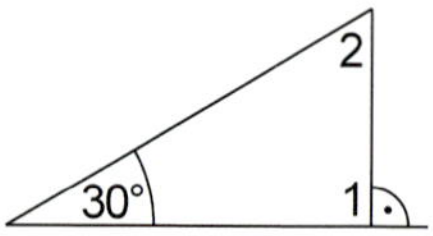

b) Wie groß ist jeweils die Summe von α und γ? Vergleiche mit dem gegebenen Außenwinkel.

7.

a) Berechne die fehlenden Winkel:

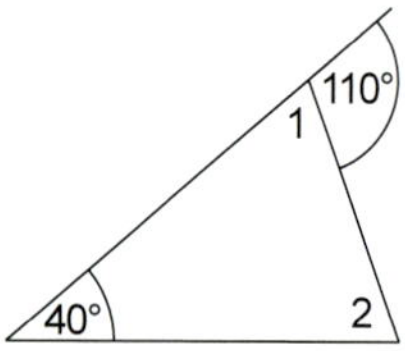

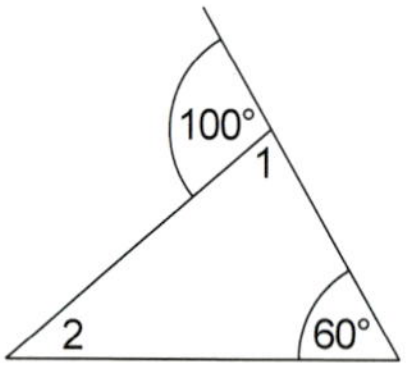

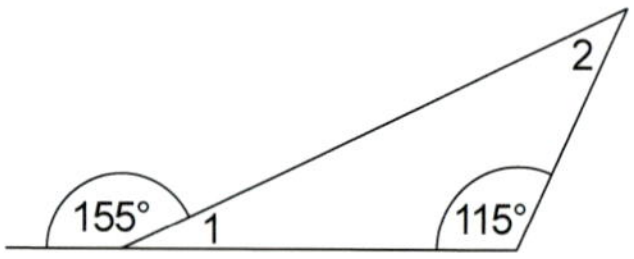

b) ____ + ____ = 110°; ____ + ____ = 100°; ____ + ____ = 155°

Welche Winkel (α, β, γ) musst du addieren, um jeweils den gegebenen Außenwinkel zu erhalten?

8.

Berechne die fehlenden Winkel und schreibe jeweils eine Gleichung der Form $\alpha + \beta = \gamma'$ (γ' Außenwinkel).

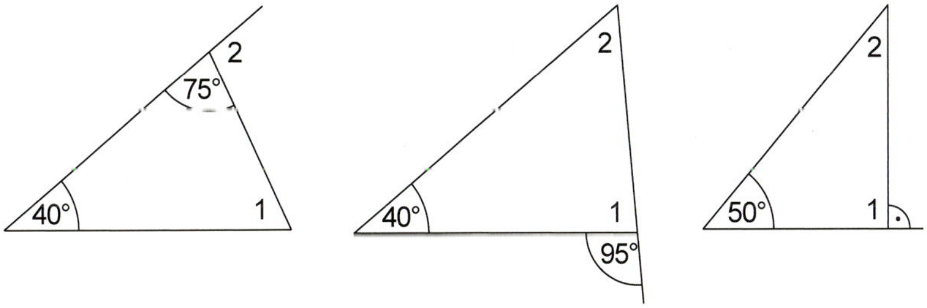

9.

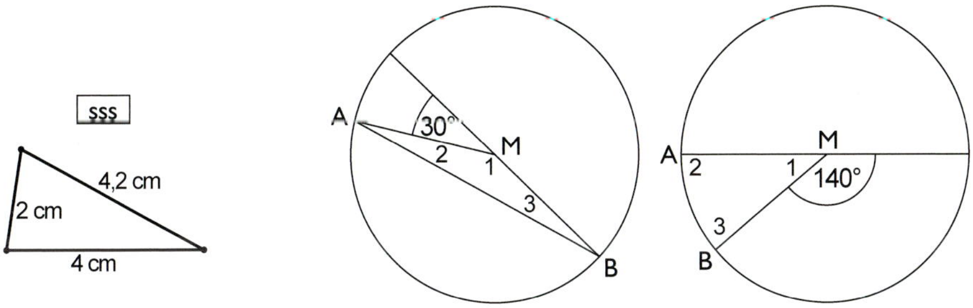

a) Warum sind hier die Dreiecke ABM jeweils gleichschenklig?
b) Was gilt in dem Mittelpunktsdreieck ABM jeweils für die Winkel bei A?
c) Berechne jeweils die drei nicht gegebenen Winkel.

10.

a) Berechne die nummerierten Winkel und addiere alle sechs (neun) Winkel. Was muss jeweils herauskommen?

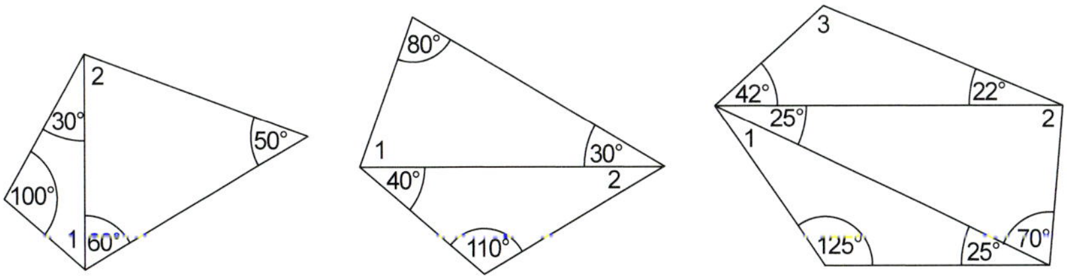

b) Ergänze: Im Viereck beträgt die Winkelsumme $2 \cdot$ ____° = ____°
Im Fünfeck beträgt die Winkelsumme $3 \cdot$ ____° = ____°

Kongruenz

Was heißt kongruent?

Geometrische Figuren heißen **kongruent**, wenn sie deckungsgleich sind, d.h. wenn sie durch eine **Spiegelung, Drehung, Parallelverschiebung** oder durch eine **Hintereinanderschaltung** solcher Abbildungen zur Deckung gebracht werden können.

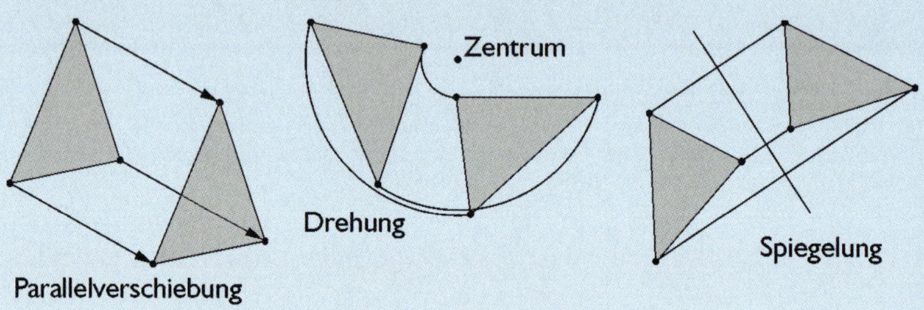

Wann ist ein Dreieck konstruierbar?

Schreiben wir s für Seite, w für Winkel, so muss von einem Dreieck Folgendes bekannt sein, damit es eindeutig konstruierbar ist:

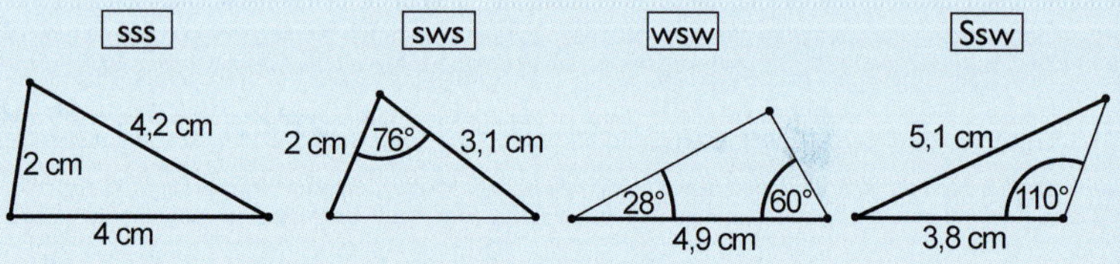

Diese Kongruenzsätze musst du unterscheiden:

Paarweise Übereinstimmung

1) **sss** (in drei Seiten)
2) **sws** (in zwei Seiten und dem eingeschlossenen Winkel)
3) **wsw** (in einer Seite und den beiden anliegenden Winkeln)
4) **Ssw** (in zwei Seiten und dem Gegenwinkel der größeren Seite)

1.

Gib jeweils den entsprechenden Kongruenzsatz an, zeichne und miss die fehlenden Seiten und Winkel:

a) $c = 9{,}5$ cm, $a = 7{,}4$ cm, $\beta = 110°$

b) $a = 6$ cm, $\beta = 70°$, $\gamma = 64°$

c) $a = 6$ cm, $b = 8$ cm, $c = 10$ cm

d) $c = 7$ cm, $\beta = 30°$, $\gamma = 40°$

2.

Wenn wie in der letzten Aufgabe 1d) zwei Winkel gegeben sind, so kannst du den dritten berechnen. Deshalb brauchst du keinen Kongruenzsatz sww. Du kannst mit dem Satz wsw arbeiten. Zeichne, miss die fehlenden Größen und schreibe jeweils zwei Ungleichungen wie in der Abbildung.

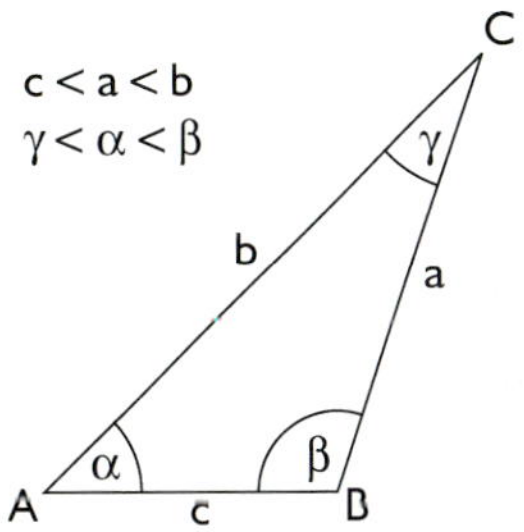

a) $c = 5$ cm, $\beta = 47°$, $\gamma = 57°$

b) $b = 4$ cm, $\alpha = 77°$, $\beta = 33°$

c) $a = 9$ cm, $\alpha = 100°$, $\beta = 30°$

d) $b = 9$ cm, $\beta = 130°$, $\gamma = 25°$

3.

Zeichne, miss die Winkel und gib an, ob das Dreieck spitz-, recht- oder stumpfwinklig ist. Welche Aufgabe ist nicht lösbar? Begründe.

a) $c = 7$ cm, $a = 6$ cm, $b = 2$ cm

b) $c = 13$ cm, $a = 5$ cm, $b = 12$ cm

c) $c = 9$ cm, $a = 3$ cm, $b = 6$ cm

d) $c = 8$ cm, $a = 5$ cm, $b = 6$ cm

4.

Überlege vor der Konstruktion.

a) Zeichne ein gleichseitiges Dreieck mit $a = b = c = 6$ cm. Wie groß sind die drei Winkel?

b) Zeichne daneben ein Dreieck mit $c = 6$ cm und $a = b = 7$ cm. Was erwartest du für γ?

c) $a = b = 6$ cm. Wie musst du c wählen, damit γ größer als α und β wird? Wähle aus: $c = 5$ cm oder $c = 9$ cm.

Warum gibt es keinen Kongruenzsatz www?

Hier sind die drei Winkel eines Dreiecks gegeben: $\alpha = 48°$, $\beta = 80°$ und $\gamma = 52°$.

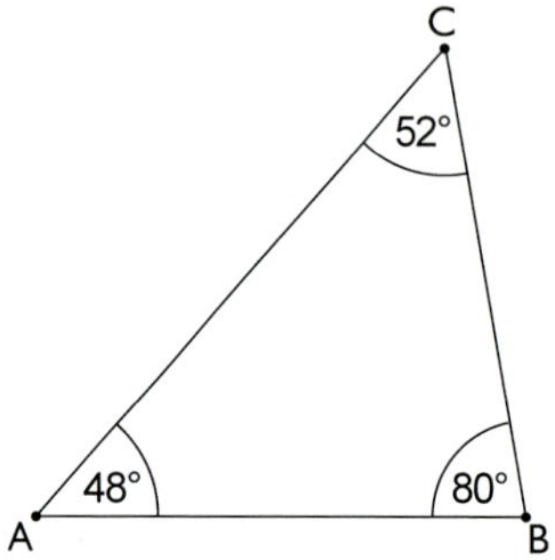

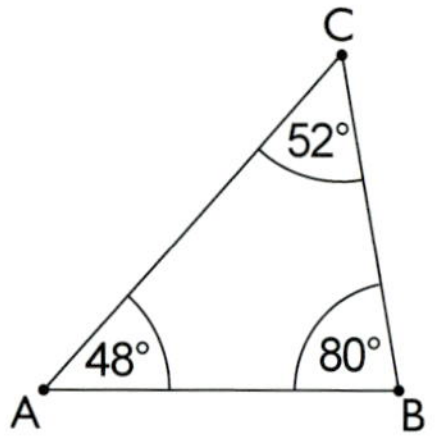

Und da sind die Lösungen von zwei Schülern. Diese Dreiecke sind aber nicht deckungsgleich. Sie sind nur ähnlich.

Was sind ähnliche Dreiecke?

Dreiecke heißen **ähnlich**, wenn sie in den Winkeln übereinstimmen.

Die drei Winkel sind also keine **unabhängigen** Größen. Deshalb gibt es keinen Kongruenzsatz www.
Wenn zwei Winkel gegeben sind, so kannst du den dritten berechnen.
Deshalb lässt sich ein Fall **wws** auf **wsw** zurückführen.

1.

Gegeben sei ein Dreieck mit $\alpha = 60°$, $\beta = 70°$ und $\gamma = 50°$.

a) Kannst du ein solches Dreieck zeichnen?

b) Haben alle Schüler, die solch ein Dreieck zeichnen, deckungsgleiche Dreiecke?

c) Die Lösung ist also nicht eindeutig. Zeichne zum Ausschneiden zwei nicht deckungsgleiche Dreiecke mit diesen Winkeln. Schneide sie aus und klebe sie so aufeinander, dass sie im Winkel α genau übereinander liegen.

2.

a) Zeichne ein Dreieck aus $c = 7$ cm, $\beta = 50°$ und $\gamma = 80°$.
Welcher Kongruenzsatz liegt vor?
Welche Sonderform hat das Dreieck?

b) Zeichne ein rechtwinkliges Dreieck. Die Seite $c = 8$ cm sei die längste Seite; $\alpha = 45°$. Antworte wie oben.

c) Zeichne ein Dreieck mit $c = 8$ cm, $\alpha = \beta = 60°$. Löse wie oben.

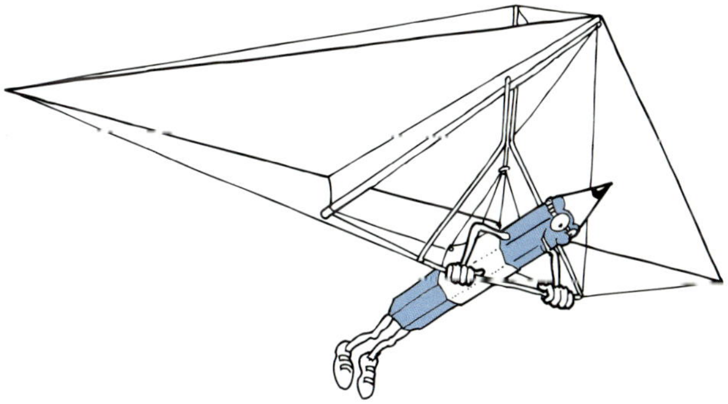

Rechtwinklige Dreiecke

Beziehungen zwischen Winkel und Gegenseite:

Im Dreieck liegt der kürzesten Seite der spitzeste Winkel gegenüber. Entsprechendes gilt für die längste bzw. mittlere Seite.

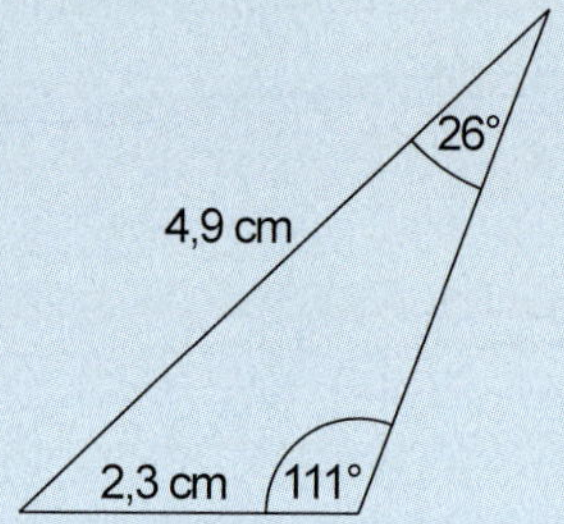

Das musst du vom rechtwinkligen Dreieck wissen:

Du hast das rechtwinklige Dreieck als halbes Rechteck kennen gelernt. Deshalb weißt du:

Der Mittelpunkt des Umkreises liegt auf der längsten Seite.

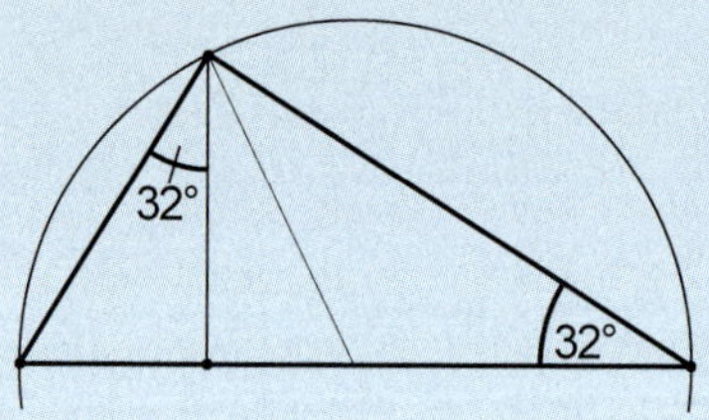

Wir nennen diese längste Seite **Hypotenuse**.
Die Hypotenuse ist der Durchmesser des Umkreises.
Die Schenkel des rechten Winkels heißen **Katheten**.
Das Lot vom Scheitel des rechten Winkels auf die Hypotenuse zerlegt das Dreieck in zwei rechtwinklige Dreiecke. Alle drei Dreiecke sind zueinander ähnlich.

1.

a) Ein Dreieck mit den Seitenlängen a = 3 cm, b = 4 cm und c = 5 cm ist rechtwinklig. Welches ist der rechte Winkel? Überlege vorher und zeichne.

b) Zeichne ein Dreieck mit doppelt so langen Seiten wie in a). Vergleiche die Winkel der beiden Dreiecke.

c) Ein rechtwinkliges Dreieck soll die gleichen Winkel wie in a) und b) haben. Die längste Seite c soll 7,5 cm lang sein. Wie lang sind die anderen Seiten? Zeichne.

d)* Wenn du von dem (3; 4; 5)-Dreieck (d. h. ein Dreieck mit den Seitenlängen a = 3 cm, b = 4 cm, c = 5 cm) auf das (7,5; 10; 12,5)-Dreieck schließen willst, musst du für $(3 \cdot x;\ 4 \cdot x;\ 5 \cdot x)$ ein passendes x finden. Dann muss gelten: x = 2,5. Für x = 2 erhältst du das Tripel (6; 8; 10). Welches Tripel erhältst du für x = 3? Zeichne das Dreieck und miss die Winkel.

2.

a) Zeichne ein rechtwinkliges Dreieck c = 10 cm, a = 6 cm, b = 8 cm. Zeichne es auf ein zweites Blatt noch einmal. Fälle von C das Lot auf c. Miss die Winkel und die Teilwinkel bei C. Bezeichne sie mit den entsprechenden Namen.

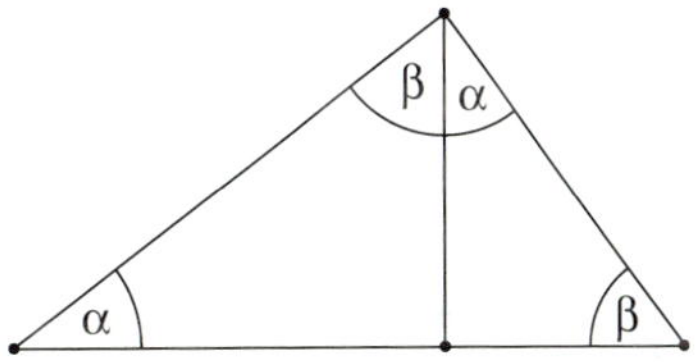

Schneide das zweite Dreieck aus und zerlege es in die Teildreiecke. Klebe die beiden Teildreiecke mit dem rechten Winkel auf dein erstes Dreieck so, dass die längsten Seiten parallel sind. Wie musst du die beiden kleinen Dreiecke kleben?

b) Die Dreiecke sind alle dem (3; 4; 5)-Dreieck ähnlich. Finde wie in Aufgabe 1 ein passendes x für die Tripel der Teildreiecke.

3.

a) Du weißt, dass ein (3; 4; 5)-Dreieck rechtwinklig ist. Was weißt du über den Winkel γ in einem (3; 4, 6)-Dreieck? Schreibe deine Vermutung, zeichne und überprüfe deine Vermutung.

b) Was weißt du über γ in einem (6; 8; 9)-Dreieck? Schreibe auf, zeichne und miss die Winkel.

Vermischte Aufgaben zur Kongruenz

1.

In einem Dreieck sei $b = 4$ cm, $c = 7$ cm, $\alpha = 52°$.

a) Welcher Kongruenzsatz ermöglicht dir die Konstruktion?

b) Ist $\beta < \gamma$ oder umgekehrt?

c) Zeichne und miss. Überprüfe deine Aussage in b).

2.

Im Dreieck ABC ist $c = 7$ cm, $\alpha = 35°$, $\beta = 45°$.

a) Gib die längste und kürzeste Seite an, bevor du konstruierst.

b) Planskizze, Zeichnung, Messung.

3.

Überlege, ob du die Seiten vor der Konstruktion der Größe nach ordnen kannst. Schreibe eine Ungleichung der Form $a < c < b$.
Zeichne die Dreiecke (Planskizze nicht vergessen) und gib an, welcher Kongruenzsatz die Konstruktion ermöglicht (sws) oder (wsw). Miss die fehlenden Größen.

a) $\alpha = 90°$, $c = 12$ cm, $b = 5$ cm

b) $\alpha = 70°$, $\beta = 70°$, $c = 5$ cm

c) $a = 5$ cm, $b = 7$ cm, $\gamma = 40°$

d) $b = 6$ cm, $\alpha = 55°$, $\gamma = 100°$

e) $c = 8$ cm, $\alpha = 60°$, $\beta = 60°$

f) $c = 5$ cm, $\beta = 130°$, $a = 3$ cm

4.

Im Dreieck ABC sei γ ein rechter Winkel, $c = 8$ cm und $\beta = 30°$. Kannst du das Dreieck konstruieren, ohne den Winkel α zu benutzen? Denke an das „halbe" Rechteck und seinen Umkreis. Miss a und b.

5.

Der 4. Kongruenzsatz sagt etwas über Dreiecke aus, die in zwei Seiten und einem nicht eingeschlossenen Winkel übereinstimmen.

a) Drücke diesen Sachverhalt mit s und w aus.

b) Gib zwei Seiten und einen nicht eingeschlossenen Winkel an wie z. B. a, b, β. Liste alle sechs Möglichkeiten auf.

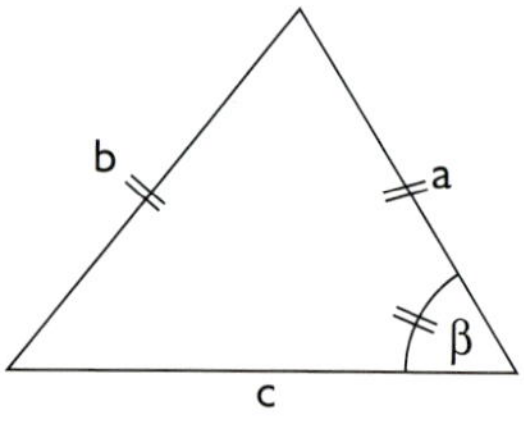

6.

Leider heißt der 4. Kongruenzsatz nicht einfach ssw. Nicht jede mögliche Angabe ssw führt zu einer eindeutigen Konstruktion: Zeichne ein Dreieck ABC mit c = 8 cm, b = 6 cm und β = 40°. Es gibt zwei Möglichkeiten. Zeichne beide und miss die fehlenden Größen.

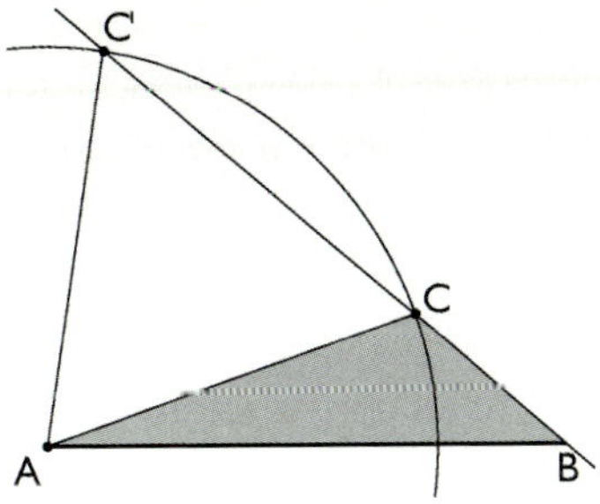

7.

Entscheide **vor** der Konstruktion über die Eindeutigkeit. Zeichne beide Möglichkeiten, falls die Konstruktion nicht eindeutig ist. Planskizze, Vermutung, Zeichnung, Messung.

a) c = 7 cm, b = 5,5 cm, β = 45°
b) c = 7 cm, b = 5,5 cm, γ = 73°
c) a = 5,2 cm, b = 8 cm, β = 110°
d) b = 7 cm, c = 4,6 cm, γ = 40°

8.

Die „Konstruierbarkeitssätze“, d. h. die Kongruenzsätze sind wichtig, weil fast alle Konstruktionen geometrischer Figuren auf die Konstruktion von Teildreiecken hinauslaufen.

a) Zeichne das erste Teildreieck, das bei der Konstruktion eines Rechtecks aus der Grundseite a = 5 cm und Diagonalen e = 6 cm entsteht. Gib den Winkel ∢ (a, e) und die Länge $\overline{BC}$ an. Ergänze es zu einem Rechteck und schraffiere das erste Teildreieck. Gib den entsprechenden Kongruenzsatz an.
b) Verfahre so bei einer Raute mit a = 5 cm, e = 8 cm. Teildreieck konstruieren, schraffieren, zur Raute ergänzen, f messen, Kongruenzsatz angeben.
c) Auch bei einem Parallelogramm aus a = 7 cm, b = 3 cm, β = 42° entsteht erst ein Teildreieck. Zeichne das Teildreieck, schraffiere, ergänze zum Parallelogramm, miss e und f. Gib den Kongruenzsatz an.
d) Löse wie oben: Parallelogramm mit a = 7,3 cm, e = 9,5 cm, α = 33°. Miss f und b. Gib den Kongruenzsatz an.

Zusammenfassung

<table>
<tr><th>Begriffe</th><th>Erläuterungen</th><th>Beispiele</th></tr>
<tr>
<td>Benennung der Punkte und Strecken eines n-Ecks</td>
<td>Punkte werden durch große Buchstaben,
Strecken durch kleine Buchstaben gekennzeichnet.
Üblich ist dabei die Benennung nach der Reihenfolge des Alphabets. Im Prinzip ist aber die Wahl der Buchstaben beliebig. Besonders bei Teildreiecken muss man die Buchstaben benutzen, die das n-Eck bereits bezeichnen. Im Dreieck liegt dem Punkt A die Strecke a gegenüber.
Im Viereck ist $\overline{AB} = a$.</td>
<td>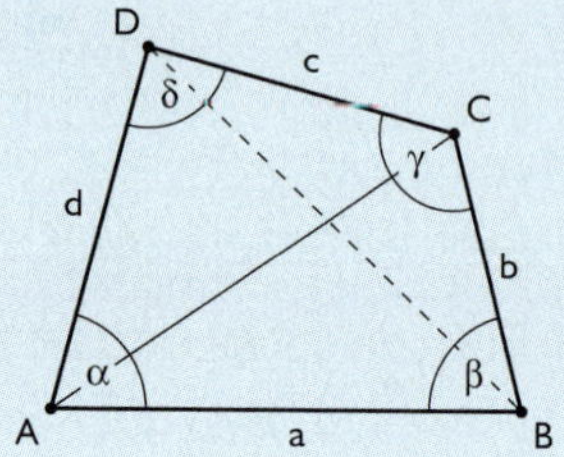

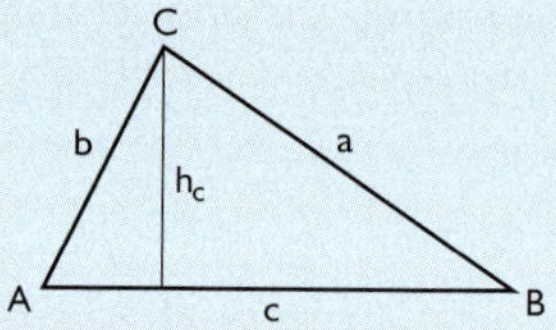
</td>
</tr>
<tr>
<td>Geeignete Konstruktionsgrößen

Ähnliche Dreiecke

Unabhängige Größen</td>
<td>Drei geeignete Größen legen ein Dreieck fest. Sind drei Winkel gegeben, so ist das Dreieck aber nicht eindeutig bestimmt.
Solche Dreiecke mit verschiedenen Größen aber gleichen Winkeln heißen ähnliche Dreiecke.
Die drei Winkel eines Dreiecks sind eben keine unabhängigen Größen (s. Winkelsumme im Dreieck).</td>
<td>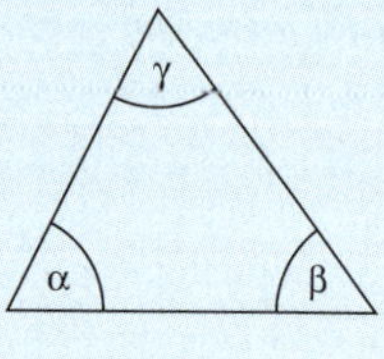

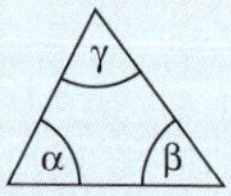
</td>
</tr>
</table>

Begriffe	Erläuterungen	Beispiele
Winkelsumme im Dreieck	Ist in einem Dreieck ein Winkel stumpf (also größer als 90°), so bleiben für die beiden anderen Winkel weniger als 90° übrig. Es gilt: $\alpha + \beta + \gamma = 180°$	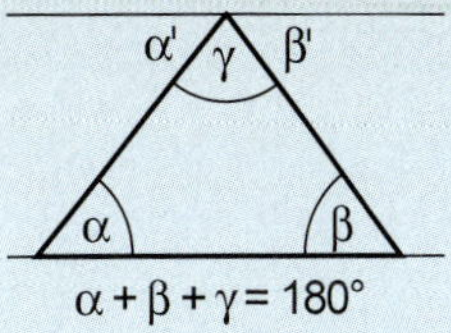
stumpfwinklig **rechtwinklig** **spitzwinklig**	Im **stumpfwinkligen Dreieck** sind also zwei Winkel spitz. Das gleiche gilt für das **rechtwinklige Dreieck**. Nur wenn alle drei Winkel spitz sind, heißt das Dreieck **spitzwinklig.**	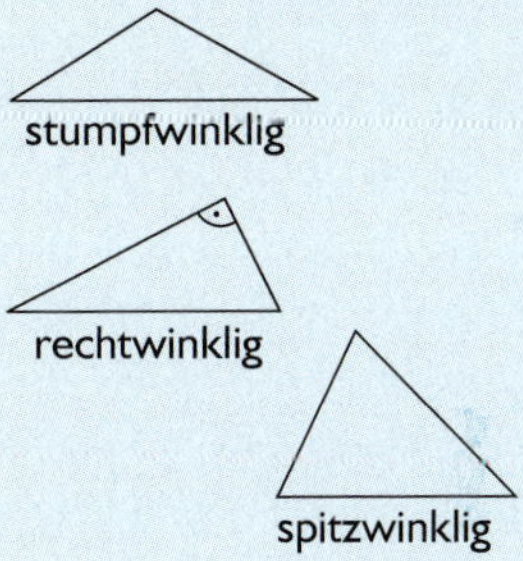
Winkelsumme im n-Eck	Jedes Viereck lässt sich durch eine Diagonale in zwei Dreiecke zerlegen. Daher ist die Winkelsumme im Viereck $2 \cdot 180° = 360°$. Für jede weitere Ecke kommt ein Dreieck, d.h. 180° hinzu. Im Fünfeck beträgt die Winkelsumme also $3 \cdot 180° = 540°$.	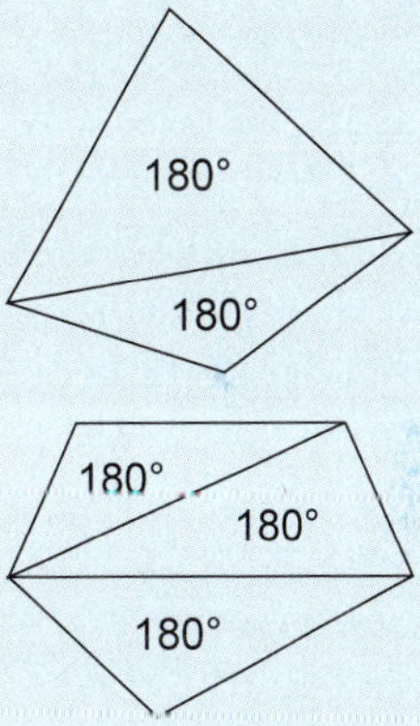

Begriffe	Erläuterungen	Beispiele
Kongruenz	Geometrische Figuren heißen **kongruent** (deckungsgleich), wenn sie durch eine **Spiegelung, Drehung, Verschiebung** oder durch eine Hintereinanderschaltung solcher Abbildungen zur Deckung gebracht werden können.	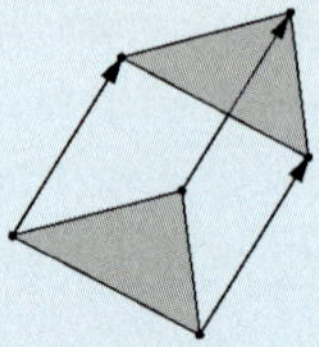 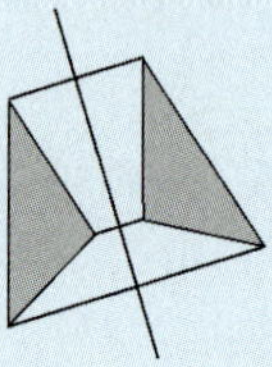
Kongruenzsätze	Schreiben wir **s für Seite** und **w für Winkel**, dann heißen die Kongruenzsätze:	
	Zwei Dreiecke sind kongruent, …	
sss	**…** wenn sie in den drei Seiten paarweise übereinstimmen.	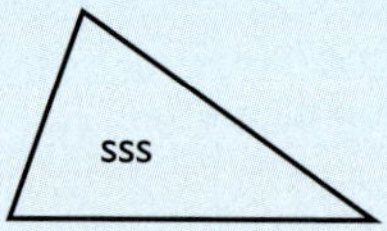
sws	… wenn sie in zwei Seiten und dem eingeschlossenen Winkel paarweise übereinstimmen.	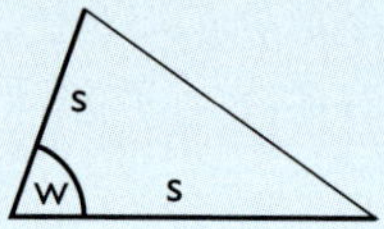
wsw	**…** wenn sie in einer Seite und den anliegenden Winkeln paarweise übereinstimmen.	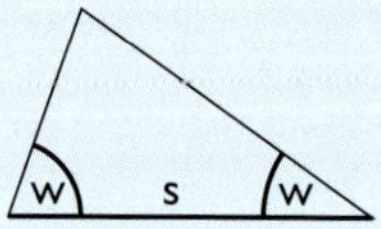
Ssw	**…** wenn sie in zwei Seiten und dem Gegenwinkel der größeren Seite paarweise übereinstimmen.	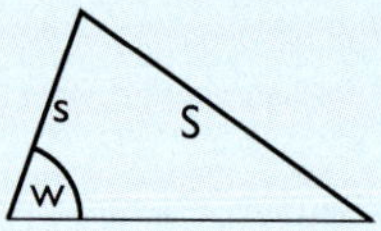
wws	Der Fall wws lässt sich immer auf wsw zurückführen: (Winkelsumme im Dreieck: $\alpha + \beta + \gamma = 180°$).	

Test

Test 1

Gegeben sei ein Dreieck aus $c = 6$ cm, $\alpha = 70°$, $\gamma = 50°$. Welches ist die längste Seite? Begründe, warum du das sagen kannst, ohne das Dreieck zu zeichnen. Zeichne! Nach welchem Kongruenzsatz arbeitest du? Miss die längste Seite.

Test 2

Zeichne ein Dreieck aus $a = 5$ cm, $c = 7$ cm, $\alpha = 40°$. Welcher Kongruenzsatz kommt in Frage? Was ist zur Lösung zu sagen?

Test 3

Zeichne ein Dreieck aus $a = 6$ cm, $c = 8$ cm, $\beta = 70°$. Welcher Kongruenzsatz gilt? Verschiebe das Dreieck in Richtung der Winkelhalbierenden w_α um 9 cm. Vergleiche den Umlaufsinn der Dreiecke. Miss zur Kontrolle die Länge $\overline{AC'}$.

Test 4

Wie groß sind die Winkel α, β, γ?

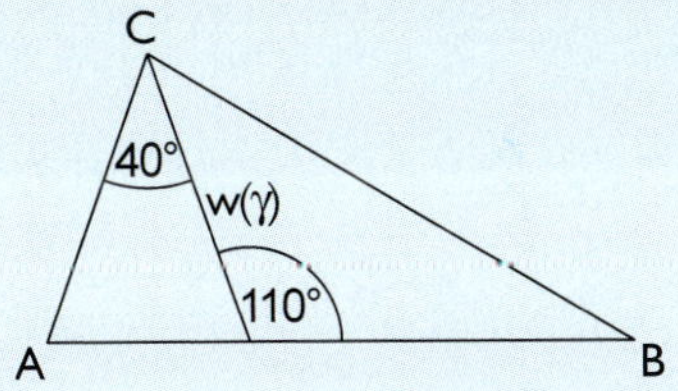

Test 5

α ist doppelt so groß wie β, β ist doppelt so groß wie γ. Wie groß sind die Winkel? Runde und zeichne ein Dreieck, das diesem ähnlich ist.

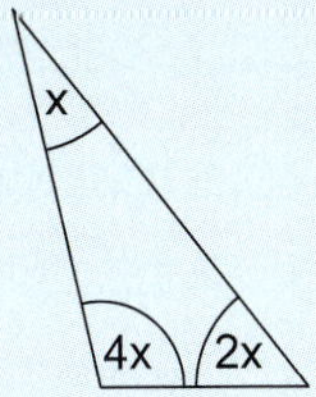

Test 6

Zeichne Dreiecke. Welche Aufgaben sind nicht lösbar, welche nicht eindeutig lösbar? Miss die fehlenden Größen von a, b, c, α, β, γ.

a) $a = 5$ cm, $b = 6$ cm, $c = 4$ cm
b) $\alpha = 50°$, $c = 6$ cm, $\beta = 70°$
c) $\alpha = 50°$, $c = 6$ cm, $\beta = 70°$, $b = 9$ cm
d) $c = 7$cm, $\alpha = 50°$
e) $\alpha = 45°$, $\beta = 60°$, $\gamma = 75°$
f) $a = 3$ cm, $b = 4$ cm, $c = 8$ cm

7 Besondere Punkte und Linien im Dreieck

Besondere Linien im Dreieck

Diese besonderen Linien musst du kennen:

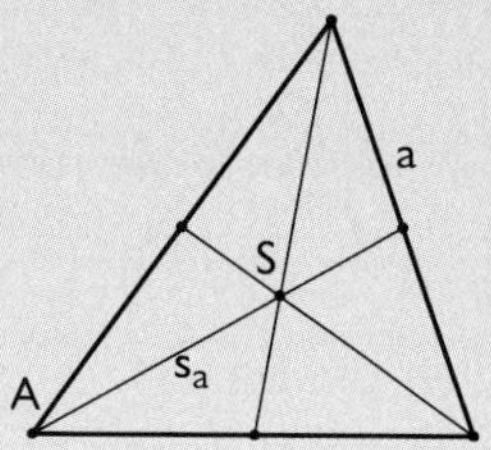

Verbindet man den Dreieckspunkt A mit der Mitte der Gegenseite a, so heißt diese Linie **Seitenhalbierende** s_a (entsprechend s_b, s_c). Die Seitenhalbierenden heißen auch **Schwerelinien.** Diese schneiden sich in einem Punkt, dem **Schwerpunkt S**.

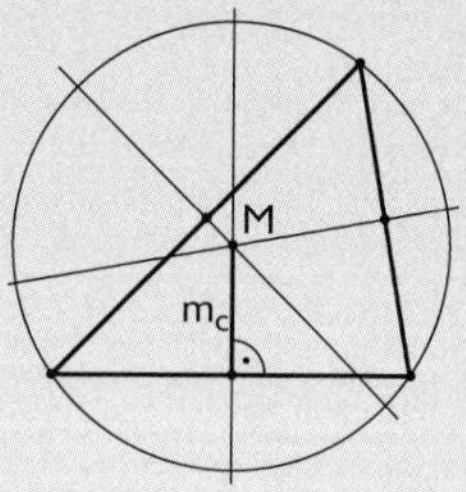

Errichtet man in der Mitte der Dreiecksseite c die Senkrechte, so heißt diese Linie **Mittelsenkrechte** m_c (entsprechend m_b, m_a).
Die drei Mittelsenkrechten eines Dreiecks schneiden sich in einem Punkt, dem **Mittelpunkt M des Umkreises.**

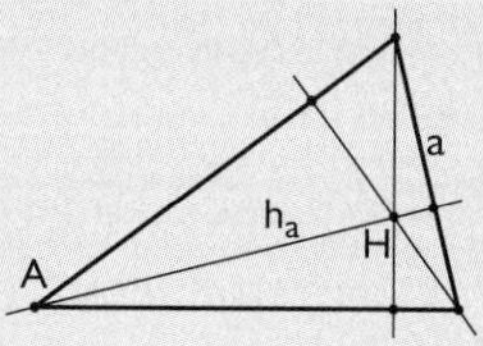

Fällt man vom Punkt A das Lot auf die Seite a, so heißt diese Linie **Höhe** h_a (entsprechend h_b, h_c). Die drei Höhen im Dreieck schneiden sich in einem Punkt, dem **Höhenschnittpunkt H.**

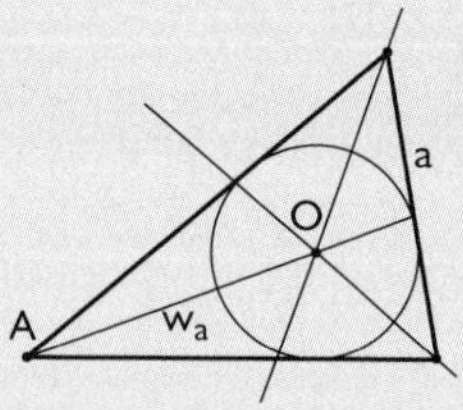

Halbiert man den Dreieckswinkel α bei A, so heißt diese Linie von A bis zur Gegenseite a **Winkelhalbierende** w_α (entsprechend w_β, w_γ). Die drei Winkelhalbierenden schneiden sich in einem Punkt, dem **Mittelpunkt O des Inkreises.**

Tipp

Die so genannten **Grundkonstruktionen** hast du bereits gelernt: **Strecke halbieren, Senkrechte errichten, Lot fällen** und **Winkel halbieren**. Diese solltest du eigentlich immer im Kopf haben, wenn du diese Aufgaben mit dem Geodreieck löst.

1.

Zeichne ein Dreieck mit c = 10 cm, $\alpha = 70°$ und $\beta = 60°$. Halbiere die Dreiecksseiten mit dem Geodreieck und zeichne die drei Seitenhalbierenden ein. Miss die Längen dieser Seitenhalbierenden und die jeweils durch S bestimmten Abschnitte. Was fällt dir auf?

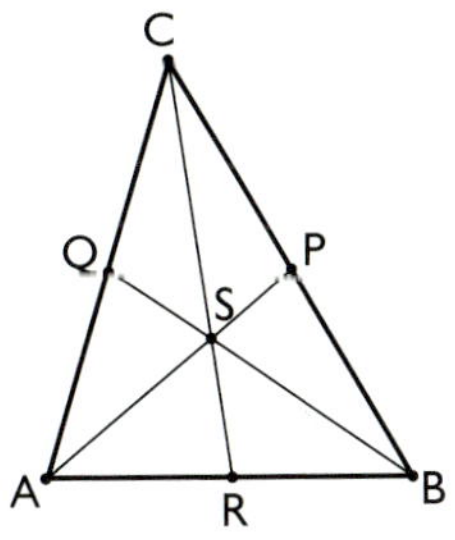

2.*

Zeichne ein Dreieck mit c = 10 cm, $\alpha = 70°$ und $\beta = 60°$, halbiere die Seiten und errichte mit dem Geodreieck die Mittelsenkrechten. Nenne den Schnittpunkt M. Schlage mit $\overline{AM}$ einen Kreis um M. Geht er auch durch die beiden Punkte B und C? Miss den Radius.

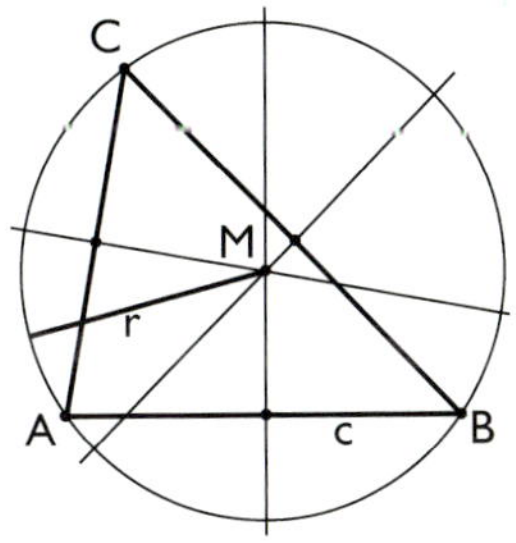

3.*

Zeichne das Dreieck wie oben und zeichne mit dem Geodreieck die drei Höhen ein (Mittelpunktsenkrechte des Geodreiecks so auf die Seite a legen, dass die Linealseite durch den Punkt A geht).

Rechne zur Kontrolle: $a \cdot h_a$; $b \cdot h_b$; $c \cdot h_c$.

Was fällt auf? Zeichne in deine Zeichnung ein Rechteck mit $c \cdot h_c$.

4.*

Zeichne das Dreieck aus Aufgabe 2 und mit dem Geodreieck die drei Winkelhalbierenden (miss den Winkel, halbiere ihn und trage die Hälfte an). Fälle vom Schnittpunkt O das Lot auf eine Dreiecksseite und zeichne den Inkreis. Miss dessen Radius ρ.

Schwerelinien im Dreieck

Zeichne auf Pappe ein Dreieck, zeichne eine Seitenhalbierende ein und balanciere es auf dieser Linie mit einem Bleistift. Das Dreieck ist im labilen Gleichgewicht. Die Teildreiecke links und rechts der Schwerelinie sind **gleich schwer**.

Verfahre entsprechend mit den beiden anderen Schwerelinien.
Diese drei Schwerelinien schneiden sich in einem Punkt. Balanciere das Dreieck auf diesem Punkt. Nun weißt du, warum dieser Punkt **Schwerpunkt** heißt.

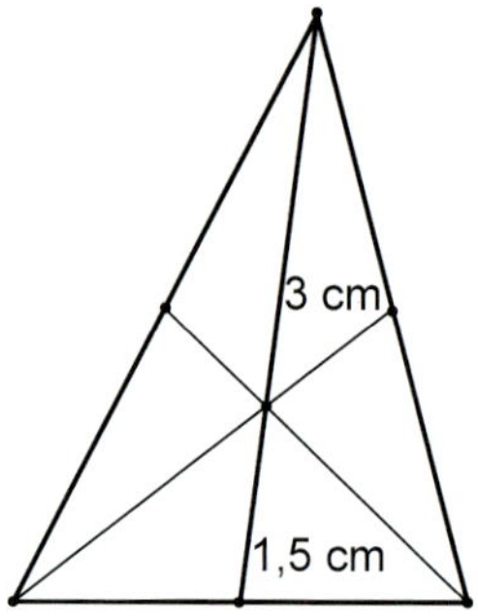

Wenn du die Abschnitte einer Schwerelinie ausmisst, so stellst du Folgendes fest:

Die Seitenhalbierenden eines Dreiecks teilen einander im **Verhältnis 1 : 2**.

Die Seitenhalbierenden im gleichseitigen Dreieck:

In einem **gleichseitigen Dreieck** ist jede **Seitenhalbierende** Spiegelachse der Figur. Sie ist gleichzeitig **Winkelhalbierende**, **Mittelsenkrechte** und **Höhe**.
Im gleichschenkligen Dreieck gilt dies nur für die Seitenhalbierende der Basis.

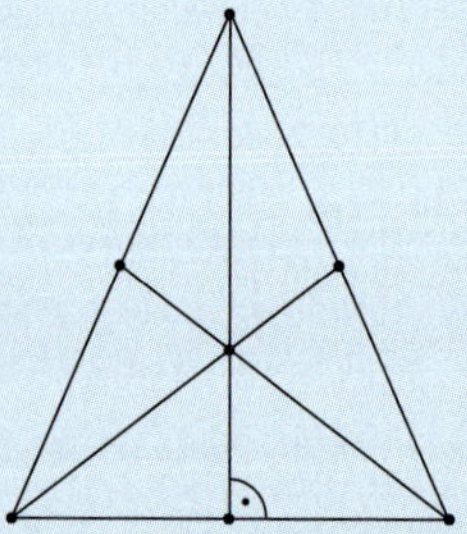

1.

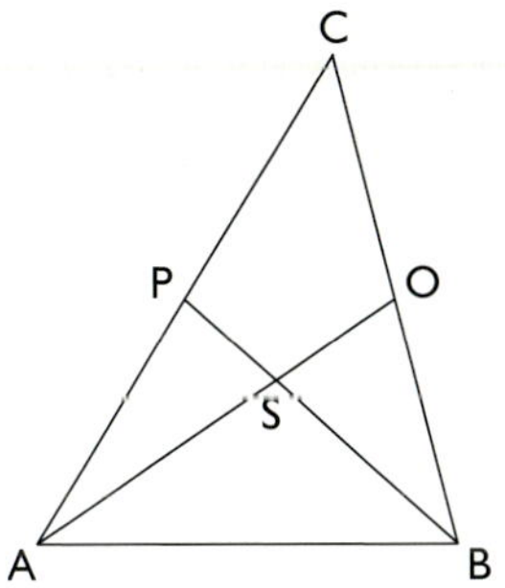

a) Zeichne ein Dreieck mit $a = 8$ cm, $b = 7$ cm, $c = 6$ cm und halbiere a und b in O bzw. P. Nenne den Schnittpunkt der Schwerelinien S. Miss und vergleiche $\overline{PS}$ und $\overline{SB}$. Miss und vergleiche $\overline{OS}$ und $\overline{SA}$. Was fällt dir auf?

b) Halbiere $\overline{AS}$ in Q und $\overline{BS}$ in R. Miss $\overline{PO}$ und $\overline{QR}$ und vergleiche mit der Seite c.

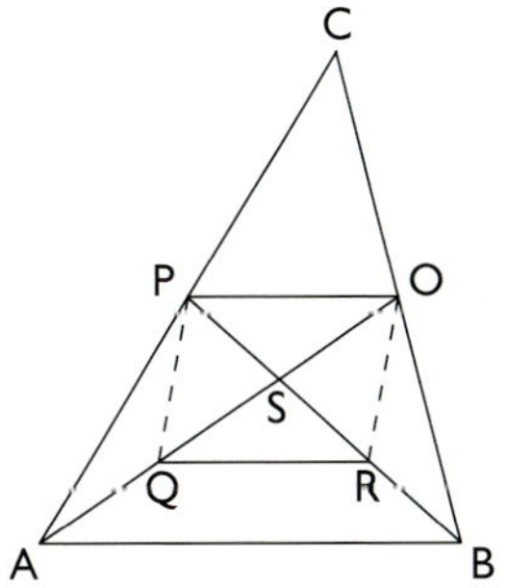

c) $\overline{PO}$ ist Mittellinie im Dreieck ABC und deshalb halb so lang wie $\overline{AB}$. Schreibe einen entsprechenden Satz für $\overline{QR}$:

$\overline{QR}$ ist Mittellinie im Dreieck ______________

d) Was für ein Viereck ist OPQR?

e) Was macht S mit der Strecke $\overline{QO}$? Was macht Q mit $\overline{AS}$? Begründe.

2.

Konstruiere die Dreiecke, finde den Schwerpunkt S und miss zur Kontrolle die Abschnitte $\overline{CS}$ und $\overline{SQ}$ von s_c. Versuche zunächst, ohne die in der Lösung stehenden Hilfen auszukommen.

a) $c = 4$ cm, $s_c = 6$ cm, $h_c = 5$ cm

b) $a = 6$ cm, $c = 7$ cm, $s_c = 8$ cm

c) $\alpha = 52°$, $\beta = 72°$, $s_c = 7{,}2$ cm

d) $c = 8$ cm, $s_a = 9$ cm, $s_b = 7{,}5$ cm

e) $b = 5{,}5$ cm, $s_a = 4{,}8$ cm, $h_a = 4{,}6$ cm

f) $a = 3$ cm, $c = 7$ cm, $s_a = 6{,}5$ cm

3.

Zeichne ein gleichschenkliges Dreieck (c ist Basis) mit $c = 5{,}2$ cm und $s_c = 8{,}4$ cm und konstruiere den Schwerpunkt. Miss s_a und s_b.

4.

Zeichne ein **gleichseitiges** Dreieck mit $s_c = 9$ cm auf verschiedenen Wegen:

a) Beginne mit γ, halbiere den Winkel, trage $s_c = \overline{CQ}$ ab und errichte die Senkrechte in Q.

b) Beginne mit $s_c = \overline{CQ}$, Senkrechte im Fußpunkt Q, Kreisbogen mit $\frac{2}{3}s_c$.

Mittellinien und Mittenviereck

Was ist eine Mittellinie im Dreieck?

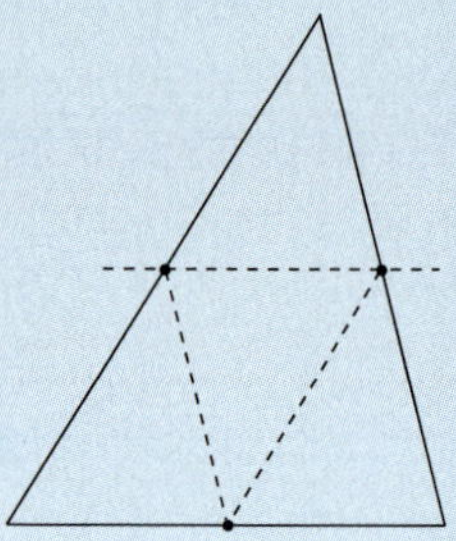

Verbindet man zwei Seitenmitten eines Dreiecks, so heißt diese Linie **Mittellinie im Dreieck**. Im Streifen halbiert die Mittelparallele jede Querstrecke. Daher gilt:
Jede Mittellinie im Dreieck ist halb so lang wie die Gegenseite und dazu parallel.
Die drei Mittellinien zerlegen das Dreieck in vier kongruente Teildreiecke. Du kannst diese Teildreiecke in den Ecken verschieben bzw. in die Mitte hineindrehen (s. Kongruenzsatz wsw).

Was ist ein Mittenviereck?

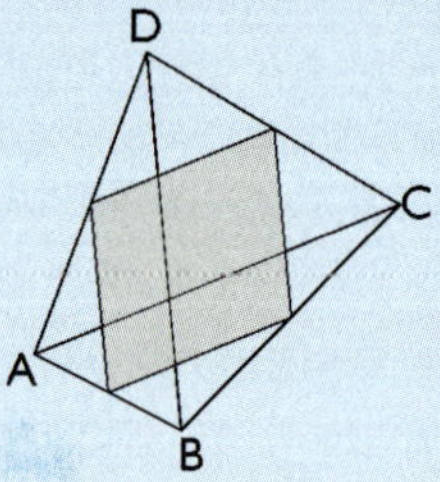

Verbindet man die Seitenmitten eines Vierecks, so heißt das so entstandene Viereck **Mittenviereck**. Es ist immer ein Parallelogramm. Stehen die Diagonalen **lotrecht** aufeinander ist es ein **Rechteck**, sind die Diagonalen **gleich lang**, dann ist es eine **Raute**. Sind sie gleich lang und stehen sie lotrecht aufeinander, so ist es ein **Quadrat**.

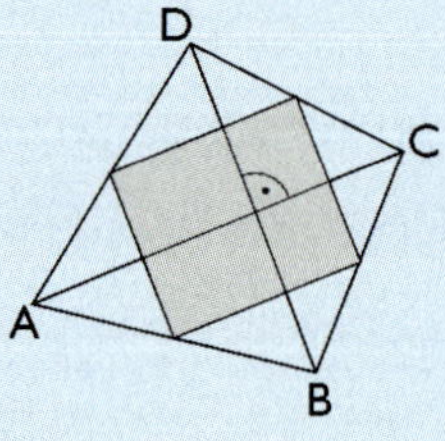

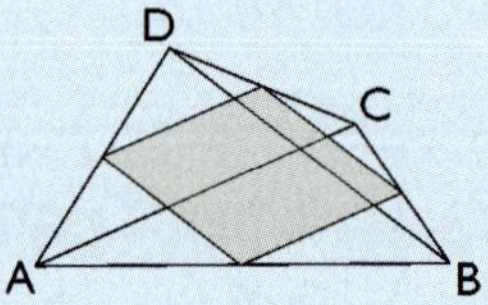

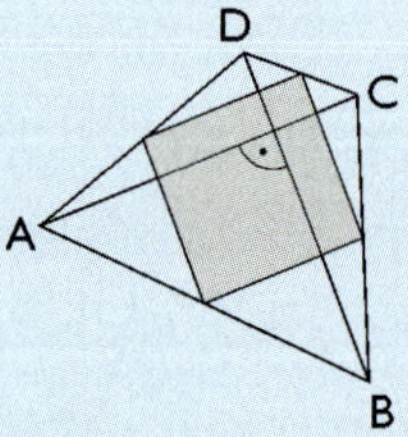

Beweis

So kannst du dies begründen:

Hier siehst du ein Viereck ABCD, das durch die Diagonale AC in zwei Teildreiecke zerlegt ist. In diese Teildreiecke sind die Mittellinien eingezeichnet. Diese sind im Dreieck halb so lang wie die Diagonale und dazu parallel. Für die andere Diagonale gilt Entsprechendes.

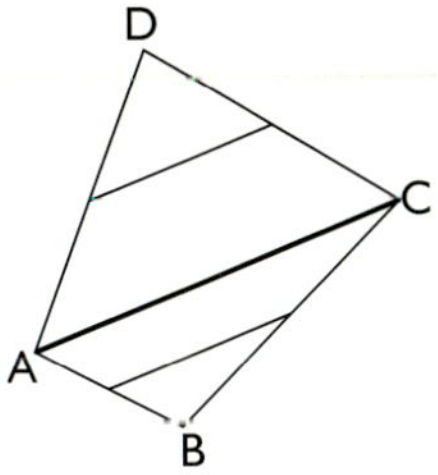

1.

a) Zeichne ein Dreieck mit $\overline{AB} = c = 10$ cm, $\alpha = 30°$, $\beta = 53°$. Zeichne die Höhe h_c, miss diese und berechne den Flächeninhalt des Dreiecks.

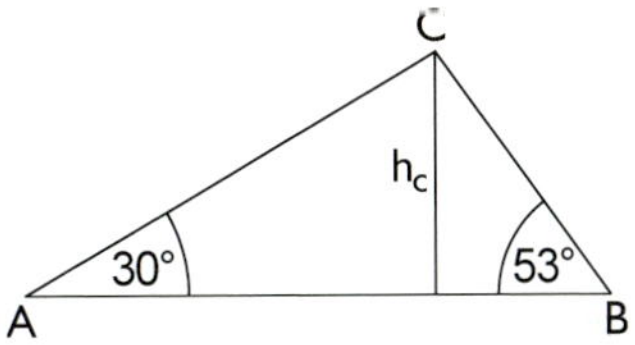

b) Ergänze zum Rechteck mit den Seiten c und h_c und gib die Flächeninhalte der vier rechtwinkligen Dreiecke an.

2.

a) Zeichne auf die linke Seite deines Blattes (Blatt 1) untereinander drei Parallelogramme mit $\overline{AB} = a = 7$ cm, $\overline{DA} = d = 6$ cm und den Winkeln $\alpha_1 = 30°$, $\alpha_2 = 42°$ und $\alpha_3 = 56°$. Miss jeweils die Breite des Streifens (Höhe des Punktes D über der Seite a) und berechne den Flächeninhalt des Parallelogramms.

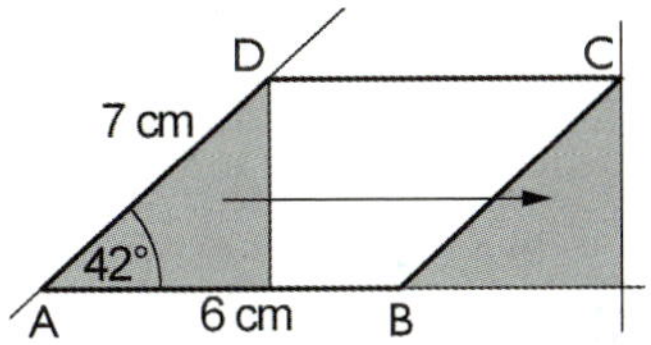

b) Zeichne auf einem zweiten Blatt die drei Figuren noch einmal, fälle wieder das Lot von D auf c. Schneide die Figuren aus und schneide das linke rechtwinklige Dreieck ab. Klebe die Dreiecke zum Rechteck neben das entsprechende Parallelogramm auf Blatt 1.

3.

Zeichne Parallelogramme, miss g und h und berechne $A_{\square}$.

a) $h = 4$ cm, $b = 6$ cm, $e = 9$ cm
b) $a = 6$ cm, $\alpha = 70°$, $b = 5$ cm
c) $a = 8$ cm, $e = 10$ cm, $f = 8$ cm
d) $a = 9$ cm, $\alpha = 65°$, $e = 12$ cm

Hilfe zu c): denke an $\frac{e}{2}$ und $\frac{f}{2}$.

4.

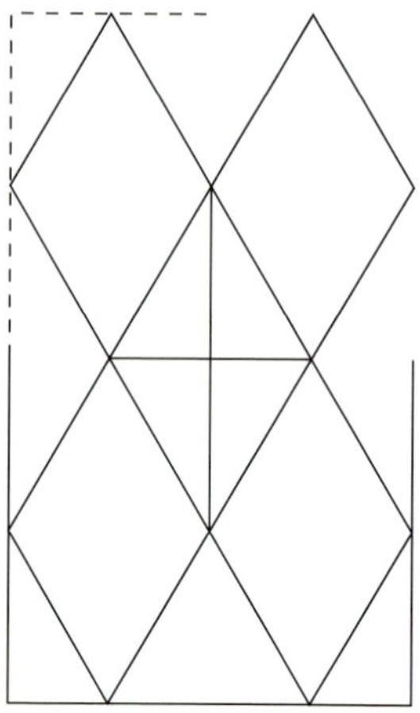

a) Zeichne eine Raute aus e = 5 cm und f = 3 cm und füge an jede der vier Seiten eine weitere Raute an. Ergänze die Figur durch geeignete Dreiecke zu einem Rechteck.

b) Wie viele Rauten müsstest du für deine Randdreiecke zerschneiden? Wie viele Rauten benötigst du also für die gesamte Figur?

c) Zeichne das große Rechteck und berechne A_{Re}.

5.

a) Zeichne ein Viereck ABCD aus $a = \overline{AB} = 7$ cm, $b = \overline{BC} = 3{,}2$ cm, $e = \overline{AC} = 8$ cm, $d = \overline{DA} = 2$ cm und $f = \overline{BD} = 6$ cm.
Zeichne erst das Teildreieck ABC, dann das Teildreieck ABD.

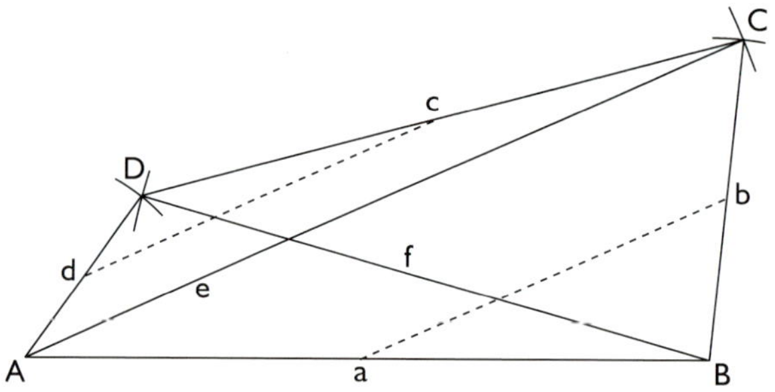

b) Verbinde die Seitenmitten von a und b und die Seitenmitten von c und d. Miss und vergleiche mit e. Was sind diese Linien in den Teildreiecken ABC bzw. CDA? Begründe die Längenverhältnisse.

6.

a) Die Diagonalen eines Vierecks seien e = 6 cm und f = 10 cm. Zeichne ein solches Viereck möglichst beliebig so, dass die Diagonalen e und f nicht senkrecht aufeinander stehen und sich nicht halbieren. Halbiere die Viereckseiten und verbinde benachbarte Seitenmitten zum **Mittenviereck**.

b) Zeichne nun das Viereck so, dass e = 6 cm und f = 10 cm sich rechtwinklig schneiden, aber nicht halbieren. Was gilt für das Mittenviereck?

c) Nun seien e = f = 8 cm die Diagonalen eines Vierecks, die sich nicht halbieren und sich nicht rechtwinklig schneiden. Was für ein Mittenviereck entsteht? Zeichne!

d) Zeichne ein Viereck e = f = 8 cm und $e \perp f$ (e senkrecht auf f). Zeichne das Mittenviereck und begründe das Ergebnis.

Zusammenfassung

Begriffe	Erläuterungen	Beispiele
Mittellinie im Dreieck	Verbindet man zwei Seitenmitten eines Dreiecks, so entsteht eine **Mittellinie im Dreieck**, die **parallel** zur dritten Seite und **halb so lang** wie diese ist. Zeichnet man alle drei Mittellinien, so entstehen vier zum Ausgangsdreieck ähnliche Dreiecke mit halb so langen Seiten.	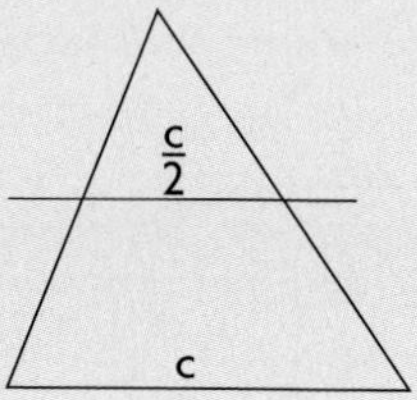 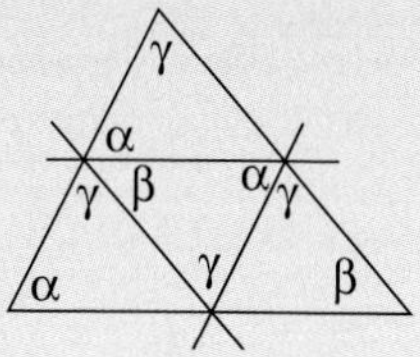
Seitenhalbierende	Verbindet man einen Eck punkt mit der Seitenmitte der Gegenseite, so entsteht eine **Seitenhalbierende** oder **Schwerelinie**. Die drei Schwerelinien schneiden sich in einem Punkt, dem **Schwerpunkt S**, und teilen einander im Verhältnis 1 : 2.	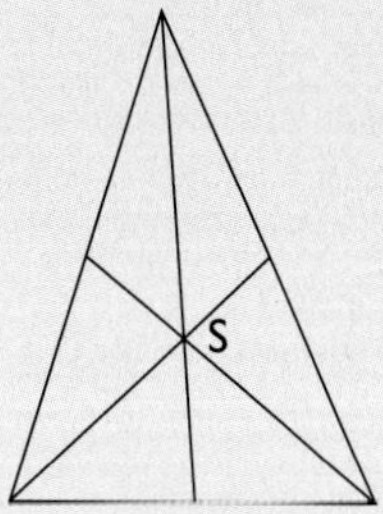
Mittenviereck eines Vierecks	Verbindet man alle benachbarten Seitenmitten eines Vierecks, so entsteht das Mittenviereck. Dies ist immer ein Parallelogramm. Sind die Diagonalen gleich lang, so ist es ein Rechteck, stehen sie lotrecht, so ist es eine Raute. Trifft beides zu, ist es ein Quadrat.	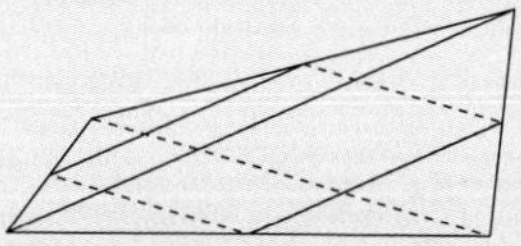 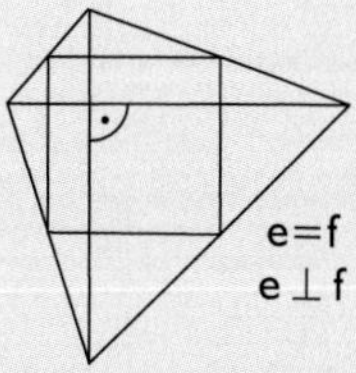

Test

Test 1

Zeichne ein Dreieck mit $c = 7$ cm, $\beta = 55°$, $b = 8{,}7$ cm. Welchen Kongruenzsatz wendest du hier an? Zeichne die drei Schwerelinien, miss s_c und gib die Längen der Teilabschnitte $\overline{CS}$, $\overline{SM}$ an.

Test 2

Zeichne ein Dreieck im Streifen mit $h_c = 5$ cm, $s_c = 6$ cm, $c = 6$ cm. Es gibt zwei Lösungen. Nimm den rechten Punkt. Zeichne die beiden anderen Schwerelinien. Miss s_a und deren Abschnitte $\overline{AS}$, $\overline{SM_c}$.

Test 3

Zeichne ein rechtwinkliges Dreieck (rechter Winkel bei C) mit $c = 8$ cm und $\alpha = 60°$. Zeichne s_a und s_b und miss deren Länge. Wie lang ist s_c?

Test 4

Zeichne ein Dreieck mit $c = 8$ cm, $s_a = 9$ cm, $s_c = 8{,}7$ cm. Bedenke: Der Schwerpunkt drittelt die Seitenhalbierenden. Miss s_b.

Test 5

Zeichne ein Dreieck mit $c = 7$ cm, $s_a = \overline{AD} = 7{,}5$ cm, $s_b = \overline{BE} = 6{,}3$ cm. Färbe das Viereck ABDE ein, in dem s_a und s_b Diagonalen sind. Was für ein Viereck hast du erhalten? Vergleiche die Seitenlängen des Vierecks mit denen des Dreiecks:

$\overline{BD}$ = ______; $\overline{DE}$ = ______; $\overline{EA}$ = ______.

Test 6

Zeichne ein Viereck aus $a = 9{,}5$ cm, $b = 6$ cm, $d = 5$ cm und den Diagonalen $e = 9$ cm und $f = 8$ cm. Wie lang sind die Seiten des Mittenvierecks?

8 Dreieck und Umkreis

Der Satz des Thales

Wie kommst du vom Rechteck zum Thalessatz?

Ein Rechteck hat zwei Spiegelachsen. Der Abstand des Schnittpunktes M von den Ecken A, B, C und D ist aus Symmetriegründen gleich r. Deshalb kann man um jedes Rechteck einen Umkreis schlagen mit dem Radius $r = \frac{1}{2}d$.

Das Dreieck BCD ist rechtwinklig. Jedes rechtwinklige Dreieck kann man so als halbes Rechteck auffassen.

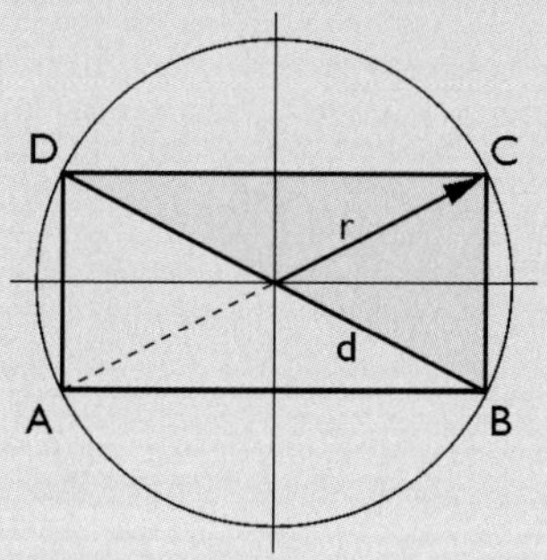

Deshalb gilt der **Satz des Thales**:
Über dem Durchmesser eines Kreises ist jeder Umfangswinkel ein rechter Winkel.

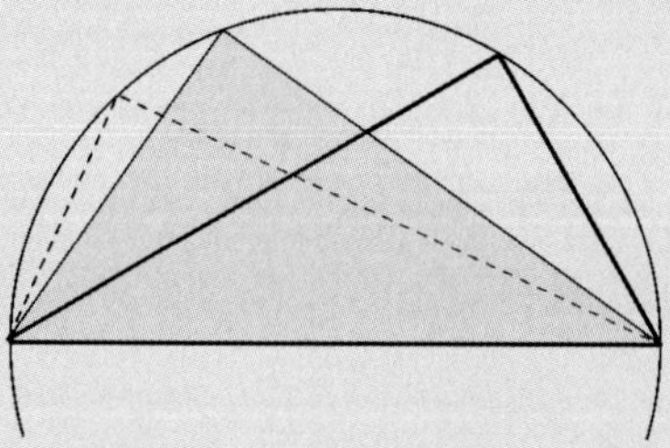

1.

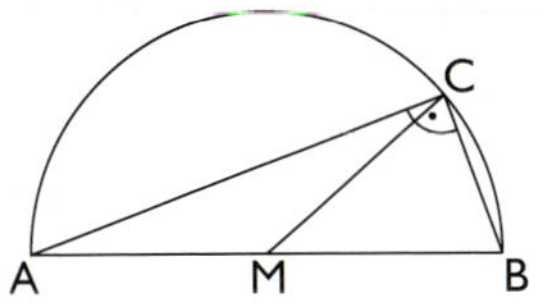

a) Das Dreieck ABC soll ein halbes Rechteck sein mit $c = 7{,}2$ cm, $\gamma = 90°$ und $a = 2{,}5$ cm. Zeichne es mit Hilfe des Umkreises.

b) Zeichne die Seitenhalbierende s_c und hebe die drei in der Figur zu findenden Radien des Umkreises farbig hervor.

c) Schraffiere das Dreieck ABC und ergänze es zum Rechteck.

2.

a) Zeichne einen Kreis mit $r = 6$ cm und einen Durchmesser $\overline{AB}$. Finde C_1 auf dem Kreis so, dass $\overline{BC_1} = 2$ cm ist. Schraffiere $\triangle\ ABC_1$ und ergänze es zum Rechteck. Miss die zweite Rechteckseite.

b) Zeichne in die Zeichnung ein weiteres Dreieck ABC_2 mit $\overline{BC_2} = 4$ cm und löse wie in a).

c) Verfahre entsprechend mit $\overline{BC} = 6$ cm (8 cm).

3.

a) Konstruiere ein Dreieck aus $c = 6{,}8$ cm, $h_c = 3$ cm und $\gamma = 90°$. Beginne mit dem 3 cm breiten Streifen, Strecke c, Thaleskreis über c. Es gibt zwei Lösungen. Zeichne die Figur zweimal, miss jeweils α und β und vergleiche.

b) Löse entsprechend: $a = 9$ cm, $h_a = 4$ cm, $\alpha = 90°$.

Die Mittelpunktsdreiecke des Dreiecks

Was sind Mittelpunktsdreiecke?

Zeichne einen Kreis um M und lege auf dem Umfang drei Punkte A, B, C fest. Zeichne das Dreieck ABC und verbinde die drei Punkte mit dem Mittelpunkt. Du erhältst drei gleichschenklige Mittelpunktsdreiecke mit den Schenkeln r.

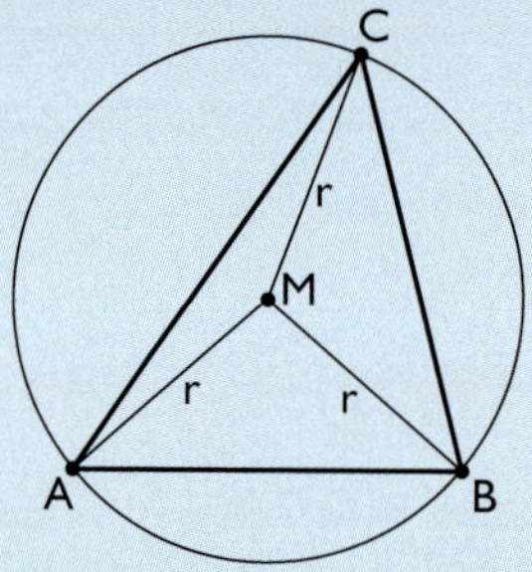

Wie viele Mittelpunktsdreiecke gibt es?

Beim rechtwinkligen Dreieck findest du nur zwei, beim stumpfwinkligen Dreieck kannst du aber auch drei Mittelpunktsdreiecke finden.

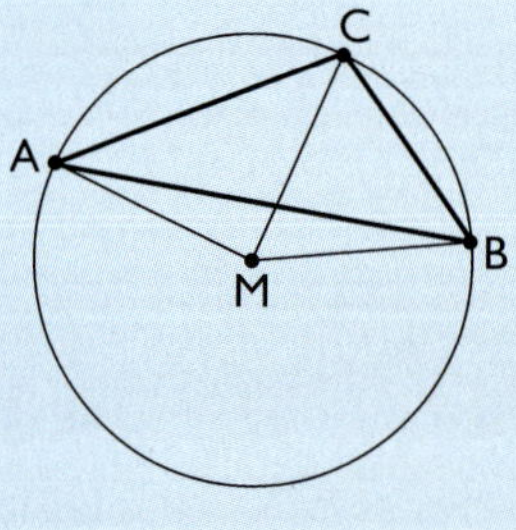

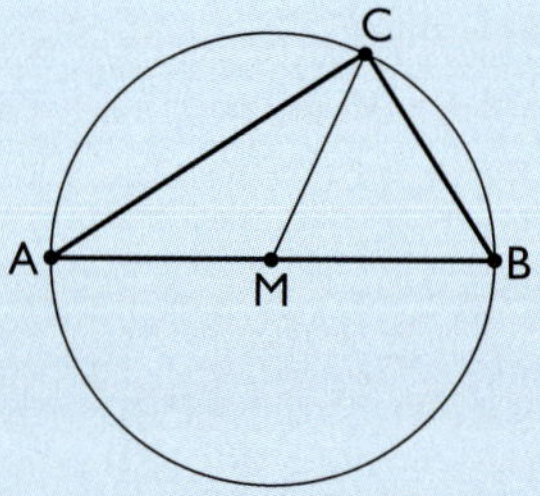

Denk nach Was fällt dir zur Lage des Mittelpunktes auf?
Die Mittelpunkte können auch außerhalb des Dreiecks liegen.

n1.

a) Berechne die nummerierten Winkel in der Reihenfolge 1 bis 7.

b) Zeichne ein ähnliches Dreieck mit diesen Winkeln und überprüfe deine Rechnung:
Beginne mit dem (beliebigen) Kreis, zeichne einen Mittelpunktswinkel von 80°, dann den Winkel 1 = ...

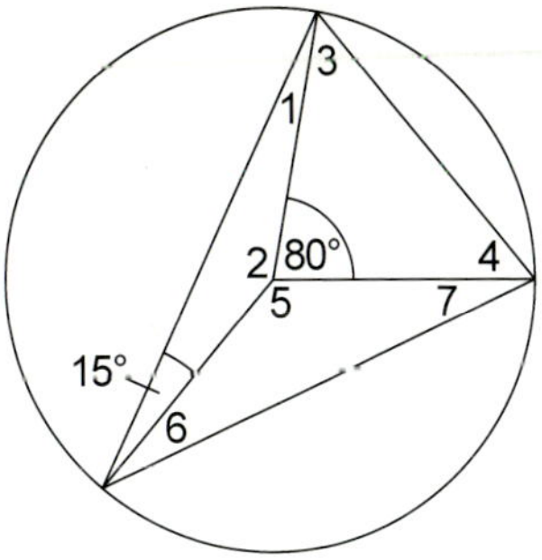

2.

Gegeben sind die zwei Teilwinkel bei A, $\alpha_1 = 20°$ und $\alpha_2 = 30°$. Löse wie oben: Winkel berechnen, Zeichnung (erst die beiden Winkel, Mittelpunkt des Kreises auf dem gemeinsamen Schenkel beliebig...), Kontrolle durch Messung.

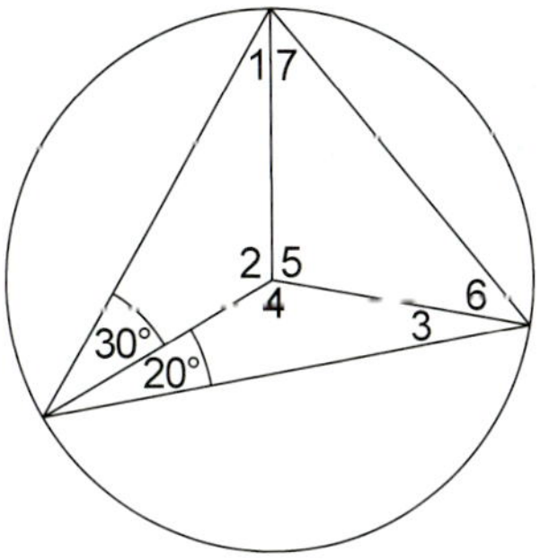

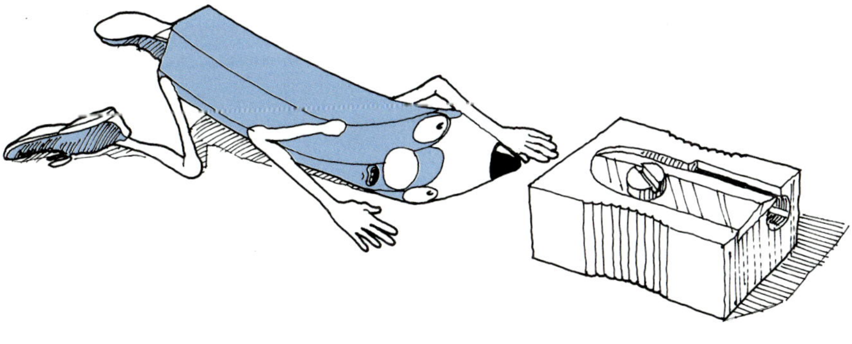

Der Umkreis

Wie findest du den Umkreis eines Dreiecks?

Jedes Dreieck hat einen Umkreis, in dem die Dreiecksseiten Sehnen sind. Der Umkreismittelpunkt liegt auf dem **Schnittpunkt der Mittelsenkrechten**.

Beweis

Der geometrische Ort (g. O.) für die Mittelpunkte aller Kreise, die durch zwei gegebenen Punkte A und B gehen, ist die Mittelsenkrechte auf $\overline{AB}$.

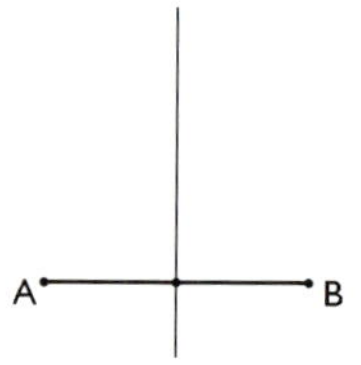

Hier ist noch eine zweite Strecke $\overline{BC}$ angehängt. Dort, wo die Mittelsenkrechten sich schneiden, liegt der Mittelpunkt des Kreises, der durch alle drei Punkte A, B, C geht. $\overline{AB}$ und $\overline{BC}$ sind Sehnen eines Kreises. Der Mathematiker will aber noch beweisen, dass die dritte Mittelsenkrechte auf $\overline{AC}$ auch durch diesen Punkt geht.

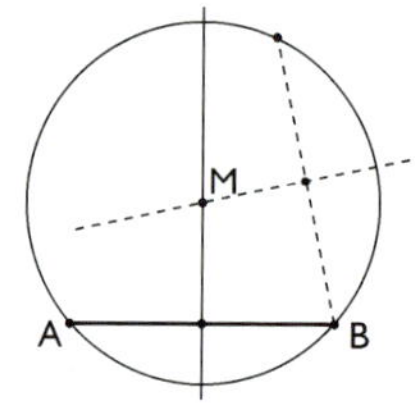

Wir zeichnen zunächst nur m_c und m_a.
Es gilt: m_c ist Mittelsenkrechte von $\overline{AB}$, m_a ist Mittelsenkrechte von $\overline{BC}$. Weil M auf m_c liegt, ist $\overline{MA} = \overline{MB}$. Weil M auf m_a liegt, ist $\overline{MB} = \overline{MC}$.
Also gilt $\overline{MA} = \overline{MC}$ und somit **liegt M auf m_b.**

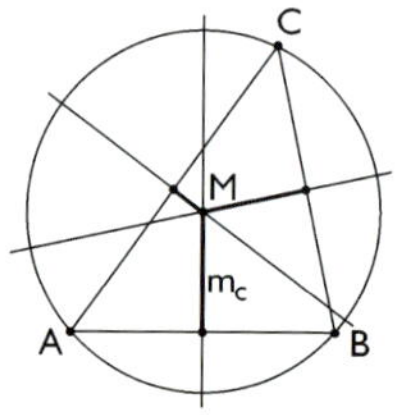

Merke

Der Mittelpunkt eines Umkreises kann innerhalb, auf der längsten Dreiecksseite oder außerhalb des Dreiecks liegen.

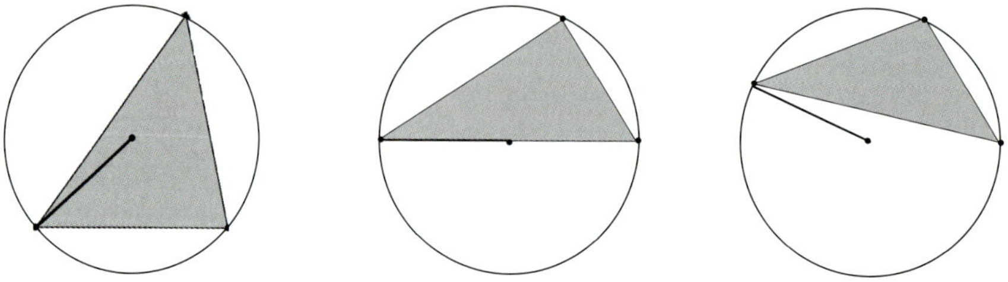

1.

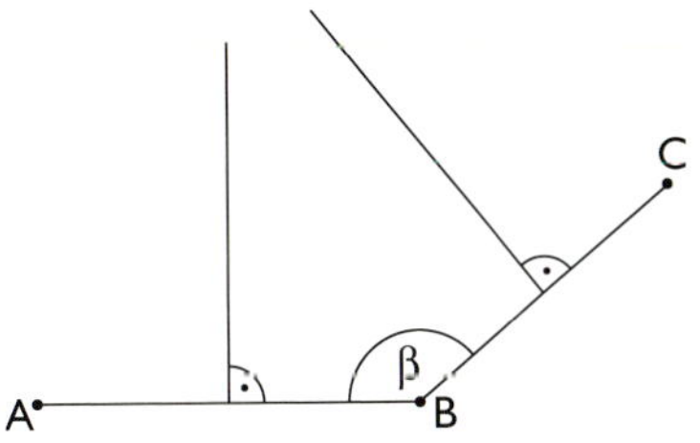

a) Zeichne die Figur ABC mit $\overline{AB} = 7$ cm, $\overline{BC} = 6$ cm und $\beta = 140°$. Errichte die zwei Mittelsenkrechten und zeichne einen Kreisbogen durch A und B mit $r_1 = 5$ cm und einen zweiten Kreis durch B und C mit $r_2 = 7$ cm.

b) Wo liegt der Mittelpunkt des Kreises, der durch alle drei Punkte geht? Zeichne und miss dessen Radius.

2.

Zeichne einen Kreis mit r = 7 cm, die Sehnen $\overline{AB} = 13$ cm, $\overline{BC} = 7$ cm und errichte die drei Mittelsenkrechten des Dreiecks ABC. Miss die drei Abstände Mittelpunkt – Dreiecksseite.

3.

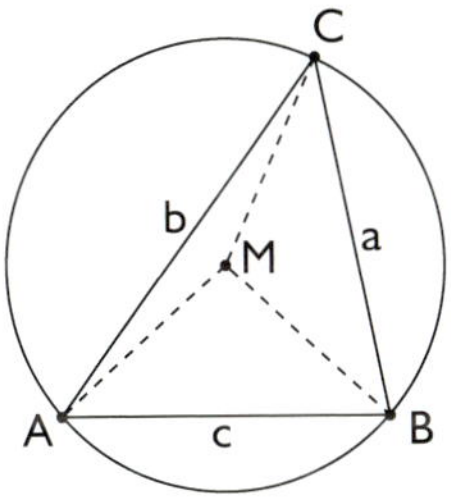

Vervollständige:

a) m_c ist Mittelsenkrechte von $\overline{AB}$,

m_a ist ______________________.

b) Weil M auf m_c liegt, ist $\overline{MA} = \overline{MB}$.

Weil M auf m_a liegt, ist ______ = ______.

c) Also gilt $\overline{MA}$ = ______ = ______.

d) Umgekehrt gilt: Weil $\overline{MA} = \overline{MC}$ ist, liegt M auch auf der ______ von $\overline{AC}$.

4.

Zeichne ein Dreieck mit den Seitenlängen a = 8 cm, b = 7 cm und c = 9 cm. Errichte die drei Mittelsenkrechten. Zeichne den Umkreis und trage die drei Radien $\overline{MA}$, $\overline{MB}$ und $\overline{MC}$ farbig ein. Miss r.

5.

Zeichne rechtwinklige Dreiecke und miss die Seiten und die Winkel. Denke an den Thalessatz (c ist Hypotenuse).

a) c = 8 cm, a = 3 cm

b) $s_c = 5$ cm, $\beta = 70°$ (Was sagt dir Thales zu s_c?)

c) c = 9 cm, $h_c = 3$ cm (Denke an den Streifen.)

d) $h_c = 5$ cm, $s_c = 7$ cm (Denke an den Streifen.)

6.

a) Zeichne nebeneinander drei Kreise mit r = 4 cm (Querformat). Diese Kreise sollen Umkreise der folgenden Dreiecke sein.

1. c = 7,5 cm, b = 4 cm (Seite c unterhalb von M)
2. c = 8 cm, b = 4 cm
3. c = 7,5 cm, b = 4 cm (Seite c oberhalb von M)

b) Miss jeweils den Winkel γ. Zu welcher Winkelart gehört jeweils γ?

c) Wo liegt jeweils der Mittelpunkt des Umkreises?

7.

Vervollständige (rechtwinklig, stumpfwinklig, spitzwinklig):

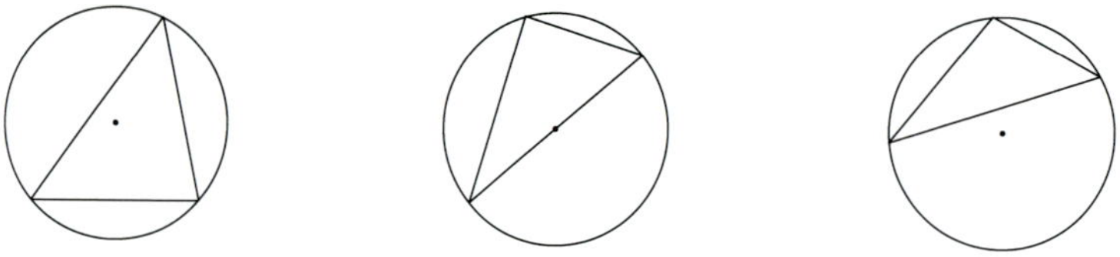

a) Der Mittelpunkt des Umkreises liegt innerhalb des Dreiecks, wenn das Dreieck ______________________ ist.

b) Der Mittelpunkt des Umkreises liegt auf einer Dreiecksseite, wenn das Dreieck ______________________ ist.

c) Der Mittelpunkt des Umkreises liegt außerhalb des Dreiecks, wenn das Dreieck ______________________ ist.

8.

Du weißt, dass ein (3; 4; 5)-Dreieck rechtwinklig ist. Gib ohne zu zeichnen an, wo der Mittelpunkt des Umkreises jeweils liegt:

a) a = 6 cm, b = 8 cm, c = 10 cm
b) a = 7 cm, b = 9 cm, c = 10 cm
c) a = 6 cm, b = 8 cm, c = 12 cm
d) a = 4,5 cm, b = 6 cm, c = 7,5 cm
e) a = 4 cm, b = 6 cm, c = 7,5 cm
f) a = 5 cm, b = 6 cm, c = 7,5 cm

9.

Ein (5; 12; 13)-Dreieck ist ebenfalls rechtwinklig. Löse wie oben:

a) a = 2,5 cm, b = 6 cm, c = 6,5 cm
b) a = 3 cm, b = 6 cm, c = 6,5 cm
c) a = 2,5 cm, b = 6 cm, c = 7 cm
d) a = 2,5 cm, b = 6 cm, c = 6 cm

10.

a) Die Höhe eines gleichseitigen Dreiecks beträgt 9 cm. Zeichne sie. Wie kannst du mit dem Lineal auf dieser Höhe den Mittelpunkt des Umkreises finden? Bedenke: Die drei Höhen im **gleichseitigen** Dreieck sind hier gleichzeitig **Seitenhalbierende** (Mittelsenkrechte und Winkelhalbierende). Zeichne den Umkreis und das Dreieck.

b) Ein gleichseitiges Dreieck habe einen Umkreisradius r = 5 cm. Wie lang muss die Höhe sein? Zeichne Umkreis, Radius, Höhe (bzw. Seitenhalbierende oder Mittelsenkrechte) und das Dreieck.

11.

a) Zeichne ein gleichseitiges Dreieck mit a = 10 cm und seinen Umkreis. Miss den Radius.

b) Wie groß müsste der Radius des Umkreises eines gleichseitigen Dreiecks mit a = 1 cm (2 cm, 5 cm, 7 cm) sein? Rechne und lege eine Tabelle an.

c) Überprüfe deine Rechnung für a = 7 cm an einer Zeichnung.

12.

a) Zeichne ein Quadrat mit a = 10 cm und miss die Diagonale. Womit musst du die Seitenlänge eines Quadrates multiplizieren, um etwa die Länge der Diagonale zu erhalten (eine Stelle nach dem Komma)?

b) Ein gleichschenklig-rechtwinkliges Dreieck, also ein halbes Quadrat, habe die Schenkellänge 5 cm. Wie lang ist etwa die Basis? Rechne, zeichne das Dreieck in den Umkreis.

c) Ein rechtwinklig-gleichschenkliges Dreieck hat die Basis c = 4,2 cm. Wie lang sind etwa die Schenkel? Rechne und zeichne das Dreieck mit Umkreis.

13.

a) Ist ein (5; 5; 8)-Dreieck (a = 5 cm, b = 5 cm, c = 8 cm) spitzer oder stumpfer als ein rechtwinkliges Dreieck? Wo muss der Mittelpunkt M des Umkreises liegen? Erst überlegen, dann zeichnen. Miss r.

b) Löse entsprechend: (7; 7; 8) Dreieck, (7; 7; 9) Dreieck, (7; 7; 11)-Dreieck, (4; 4; 7)-Dreieck, (6; 6; 9)-Dreieck.

Der Höhenschnittpunkt

Wo liegt der Höhenschnittpunkt?

Da die Mittelsenkrechten eines Dreiecks sich **innerhalb, auf oder außerhalb** des Dreiecks schneiden können (je nachdem ob das Dreieck spitz-, recht- oder stumpfwinklig ist), gilt dies entsprechend für die Höhen.

Im **rechtwinkligen** Dreieck schneiden sie sich im Scheitel des rechten Winkels.

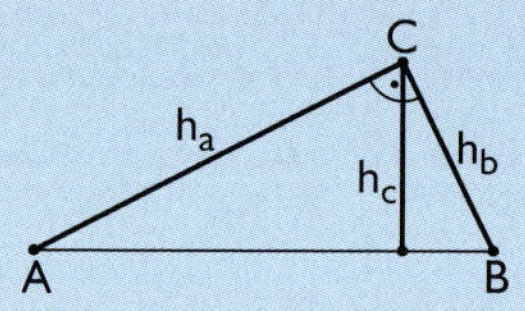

Im **stumpfwinkligen** Dreieck treffen nur zwei Höhen die Geraden der Gegenseiten. Die Höhen selbst schneiden sich nicht, sondern nur die Geraden, auf denen die Höhen liegen. Dennoch nennen wir diesen Punkt den Höhenschnittpunkt.

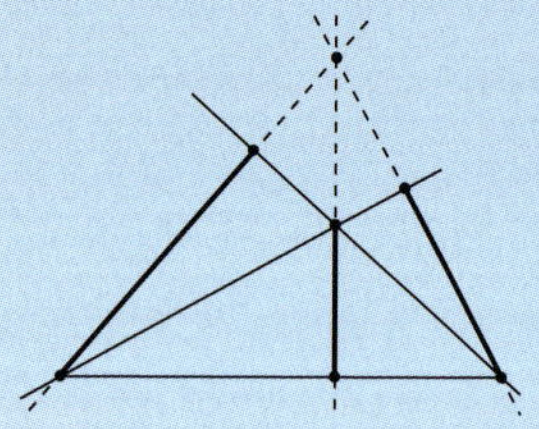

Beweis Über das „Umdreieck“:
Zeichne in der Mitte eines DIN-A4-Blattes das Dreieck ABC mit c = 9 cm, b = 8 cm, a = 6 cm und zeichne die drei Höhen ein. Zeichne durch jeden Dreieckspunkt die Parallele zur Gegenseite. Du erhältst ein „Umdreieck“ PQR mit doppelt so langen Seiten.

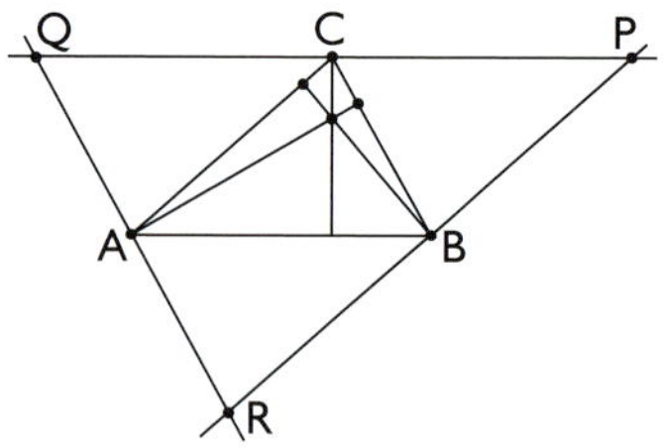

In diesem Dreieck PQR sind die Höhen h_a, h_b, h_c Mittelsenkrechte. Diese schneiden sich in einem Punkt. Also schneiden sich die Höhen im Ausgangsdreieck auch in einem Punkt.

1.

a) Zeichne (DIN-A-4-Blatt) das spitzwinklige (7; 8; 9)-Dreieck (a = 7 cm) mit den drei Höhen, miss die Höhen und berechne den Flächeninhalt auf drei Wegen.

b) Verlängere die Streifen so, dass wieder ein „Umdreieck" PQR entsteht. Zeichne den Umkreis des Umdreiecks. Miss r.

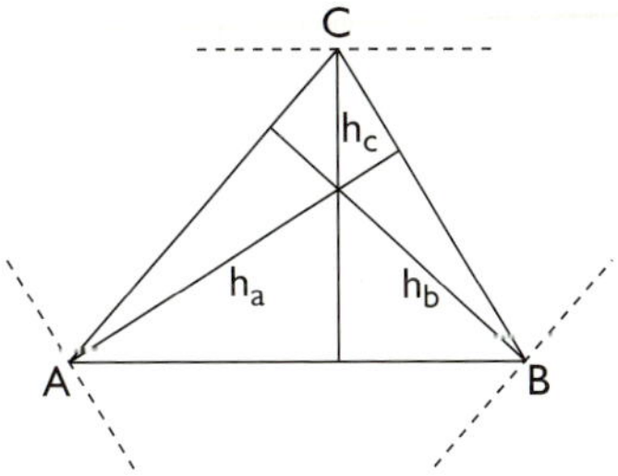

2.

a) Zeichne das rechtwinklige Dreieck aus $a = 4{,}5$ cm, $b = 6$ cm und $c = 7{,}5$ cm. Fälle das Lot von A auf a, von B auf b, von C auf c. Welche Linie musst du nur noch zeichnen?

b) Es gilt also h_a = ________ und h_b = ________.

c) Wo liegt der Schnittpunkt der drei Höhen?

d) Zeichne wie in Aufgabe 1 die drei Streifen und berechne $A_\triangle$ auf verschiedenen Wegen. Warum sind es hier eigentlich nur zwei Möglichkeiten?

e) Zeichne den Umkreis des Umdreiecks. Miss den Radius.

3.

a) Zeichne das stumpfwinklige (3; 4; 6)-Dreieck. Fälle das Lot von C auf c, miss und berechne $A_\triangle$.

b) Zeichne das stumpfwinklige Dreieck noch einmal und fälle das Lot von A auf die Gerade der Gegenseite a. Die Höhe liegt außerhalb!
Berechne den Flächeninhalt $A_\triangle = \frac{1}{2}(a \cdot h_a)$.

c) Zeichne noch einmal und verfahre entsprechend mit B, b und h_b.

d) Zeichne (lass genügend Platz!) das stumpfwinklige Dreieck und alle drei Höhen. Verlängere sie so, dass sie sich schneiden. Wo liegt der Schnittpunkt dieser Verlängerung (der Schnittpunkt der Höhengeraden)?

e) Ergänze die Figur zum „Umdreieck" und zeichne dessen Umkreis. Miss r.

4.

Konstruiere die Dreiecke, zeichne zur Kontrolle auch die nicht gegebenen Höhen ein und miss diese aus. Bei einer gegebenen Höhe hilft dir meistens die Konstruktion eines Streifens weiter. Planskizze nicht vergessen!

a) $h_c = 6$ cm, $\alpha = 50°$, $\beta = 60°$ b) $h_c = 6$ cm, $s_c = 7$ cm, $\alpha = 75°$

c) $h_c = 6$ cm, $s_b = 7$ cm, $\alpha = 72°$ d) $h_c = 6$ cm, $h_b = 6$ cm, $\alpha = 64°$

Zusammenfassung

Begriffe	Erläuterungen	Beispiele
Umkreis des Dreiecks	Jedes Dreieck hat einen Umkreis. Die Seiten sind dann Sehnen im Kreis. Der Mittelpunkt liegt auf dem Schnittpunkt der Mittelsenkrechten.	
Lage des Mittelpunktes im Dreieck	Dieser kann innerhalb (spitzwinkliges Dreieck), auf einer Dreiecksseite (rechtwinkliges Dreieck) oder außerhalb (stumpfwinkliges Dreieck) liegen.	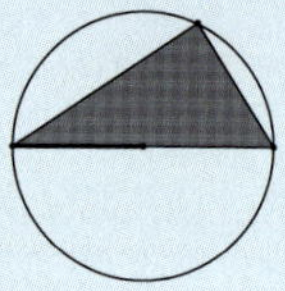 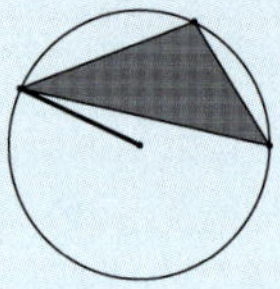
Mittelpunktsdreieck	Zeichnet man im Umkreis eines Dreiecks die drei Radien ein, so entstehen drei gleichschenklige **Mittelpunktsdreiecke**.	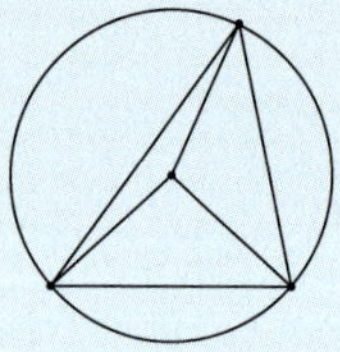
Höhen im Dreieck	Das Lot von einem Dreieckspunkt C auf die Gerade der Gegenseite c heißt Höhe h_c des Punktes C (entsprechend h_a, h_b). Die drei Höhen eines Dreiecks schneiden sich in einem Punkt, dem **Höhenschnittpunkt** H. Dieser kann wie bei dem Mittelpunkt des Dreiecks M innerhalb, auf einer Seite oder außerhalb liegen. Das Dreieck ist dann auch spitzwinklig, rechtwinklig oder stumpfwinklig.	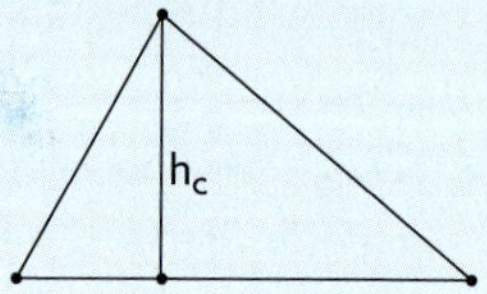 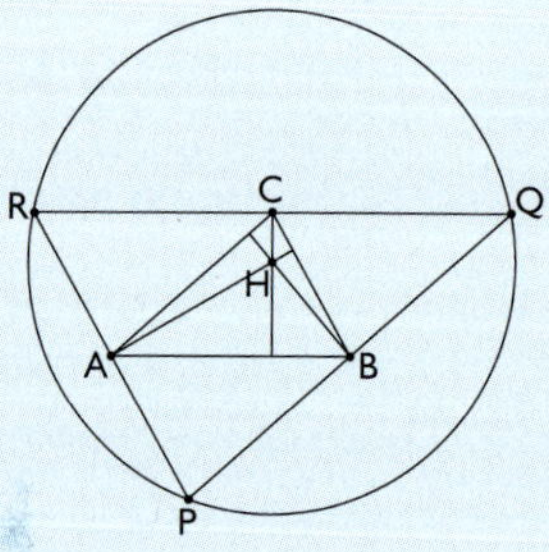

Test

Test 1

Berechne die Winkel. Zeichne ein solches Dreieck mit $r = 5$ cm und miss a, b, c.

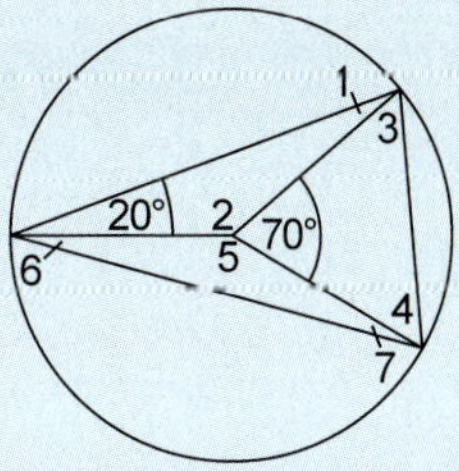

Test 2

Zeichne ein Dreieck mit $a = 7$ cm, $b = 5$ cm, $c = 8$ cm und konstruiere den Umkreis. Zeichne die 3 Mittelpunktswinkel und miss diese. Vergleiche die Mittelpunktswinkel mit den gegenüberliegenden Dreieckswinkeln:

Der Mittelpunktswinkel über a (δ_1) beträgt $\delta_1 =$ _____, der Winkel $\alpha =$ _____.

Der Mittelpunktswinkel über b (δ_2) beträgt $\gamma_2 =$ _____, der Winkel $\beta =$ _____.

Test 3

Zeichne ein Dreieck ABC mit $c = 5$ cm, $a = 6$ cm, $b = 4$ cm. Zeichne die drei Höhen ein und zeichne durch jeden Eckpunkt die Senkrechte zu dieser Höhe. Miss die Seiten des Umdreiecks PQR.

Test 4

Zeichne das stumpfwinklige Dreieck ABC mit $c = 10$ cm, $\alpha = 40°$ und $b = 4$ cm. Zeichne die drei Höhen, miss diese und berechne den Flächeninhalt auf drei Wegen.

9 Sehnenvierecke

Umfangswinkel und das Sehnenviereck

Hat jedes Viereck einen Umkreis?

Ein Dreieck ABC bestimmt **eindeutig** seinen Umkreis. Es gibt keinen anderen Kreis, der durch diese drei Punkte ABC geht. Nimmt man einen vierten Punkt P hinzu, der auf dem Umfang liegt, so bilden die vier Punkte ABPC ein **Sehnenviereck**.
Beachte: Nicht jedes Viereck hat einen Umkreis.

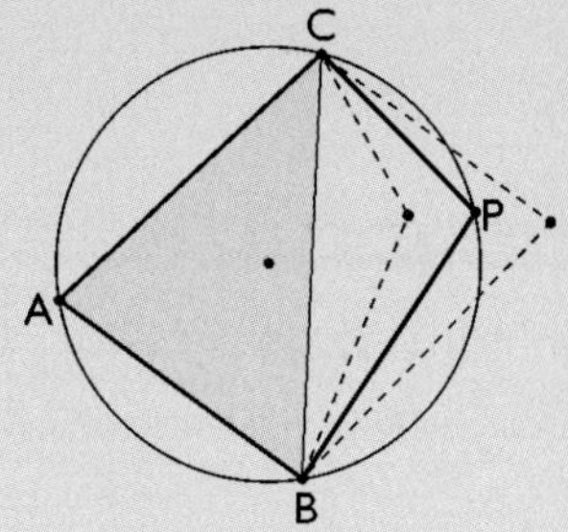

Wann ist ein Viereck ein Sehnenviereck?

Genau dann ist ein Viereck ein Sehnenviereck, wenn sich die vier Mittelsenkrechten in einem Punkt schneiden.

Genau dann ist ein Viereck ein Sehnenviereck, wenn die Summe zweier Gegenwinkel 180° beträgt, also $\alpha + \gamma = \beta + \delta = 180°$.

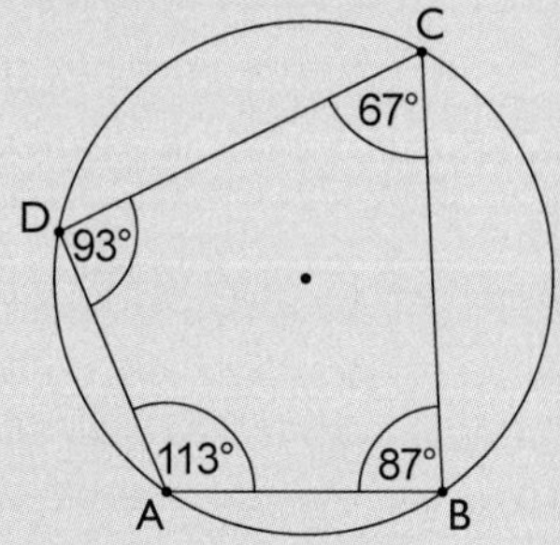

Beachte Zum Beweis benötigt man den **Satz über den Außenwinkel am Dreieck**:
Ein Außenwinkel am Dreieck ist so groß wie die Summe der nicht benachbarten Innenwinkel:
(40° + 60°) + 80° = 180°
(100°) + 80° = 180°

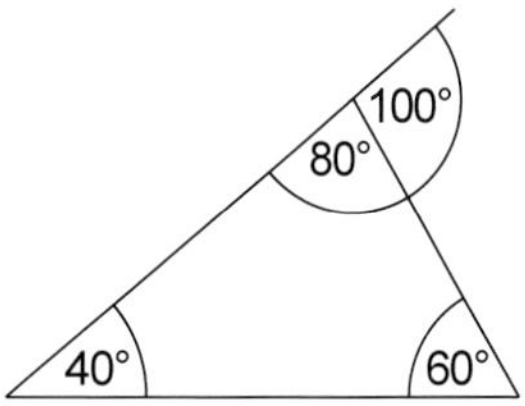

1.

a) Zeichne ein Sehnenviereck. Zeichne einen Kreis mit r = 5 cm, die Sehne $\overline{AB} = a = 7$ cm, die Winkel $\alpha = \sphericalangle DAB = 100°$, $\beta = \sphericalangle ABC = 70°$. Miss γ und δ und schreibe zwei Gleichungen der Form: $77° + 103° = 180°$

b) Löse entsprechend: r = 5 cm, a = 5 cm, $\alpha = 130°$, $\beta = 110°$.

c) Löse entsprechend: r = 5 cm, a = 8 cm, $\alpha = 75°$, $\beta = 65°$.

2.

Zeichne das Viereck ABCD und errichte die vier Mittelsenkrechten. Falls sie sich alle vier in einem Punkt schneiden, so zeichne den Umkreis und miss r. Andernfalls zeichne den Kreis, der durch A, B und C geht.

a) Drachen: a = 7 cm, $\alpha = 40°$, $\beta = 120°$

b) Parallelogramm: a = 8 cm, $\alpha = 70°$, b = 5 cm

c) Viereck: a = 7,6 cm, $\alpha = 94°$, $\beta = 72°$, b = 8,5 cm, $\gamma = 87°$

3.

Kann ein Parallelogramm einen Umkreis haben? Begründe.

4.

Berechne mit Hilfe der Summe der Gegenwinkel im Sehnenviereck:

a)

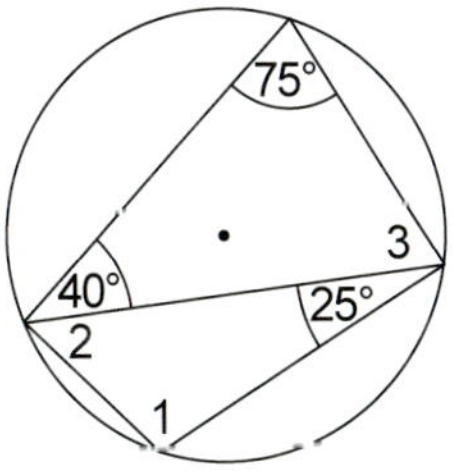

b)

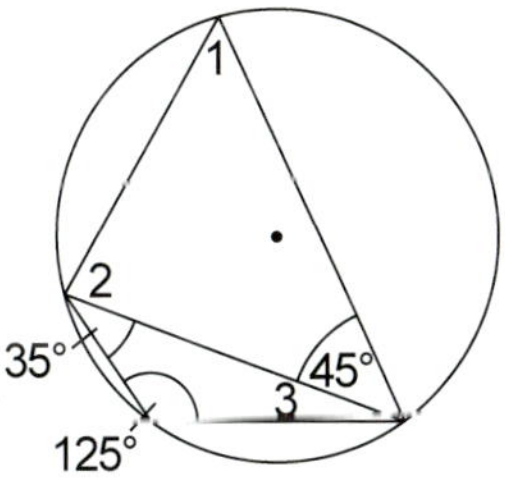

c)

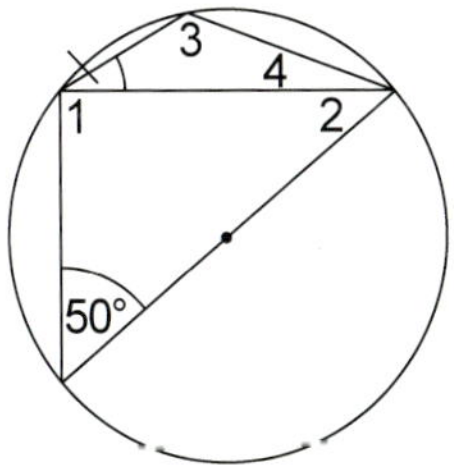

d)

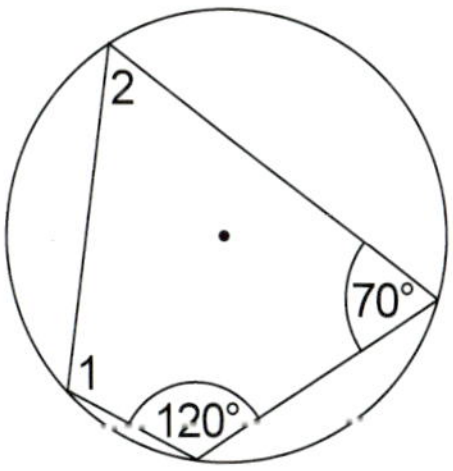

5.

a) Ein Sehnenviereck hat die Winkel $\alpha = 70°$, $\beta = 100°$. Berechne die Winkel γ und δ.

b) Zeichne ein solches Viereck mit a = 7 cm, b = 6 cm. Miss c und d.

c) Errichte die vier Mittelsenkrechten und zeichne den Umkreis. Miss r.

d) Löse wie in a), b), c). Nun soll aber a = 9 cm und b = 6 cm sein.

6.

Du weißt, dass man ein Viereck durch eine Diagonale in zwei Dreiecke zerlegen kann. Deshalb beträgt die Winkelsumme im Viereck $2 \cdot 180° = 360°$. Berechne jeweils den fehlenden Winkel. Welche der Vierecke könnten Sehnenvierecke sein? (Addiere die Gegenwinkel.)

a)

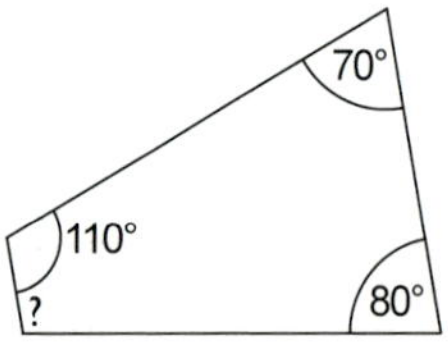

b)

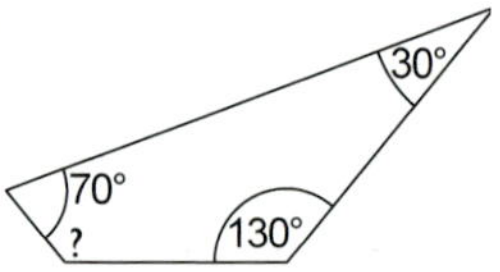

c)

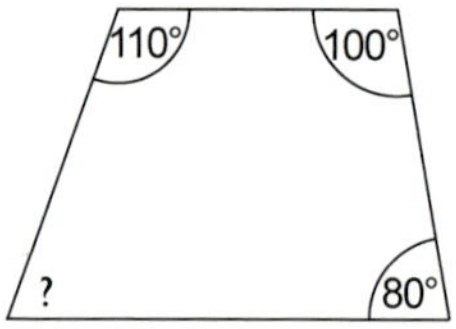

d)

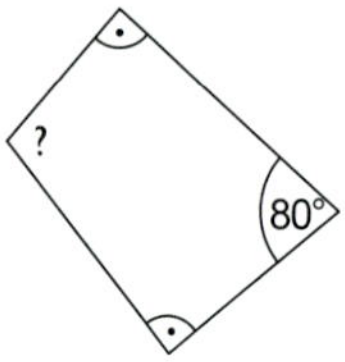

e)

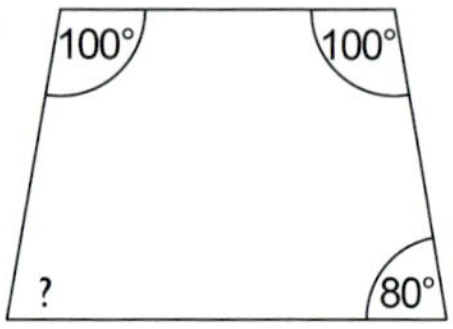

f)

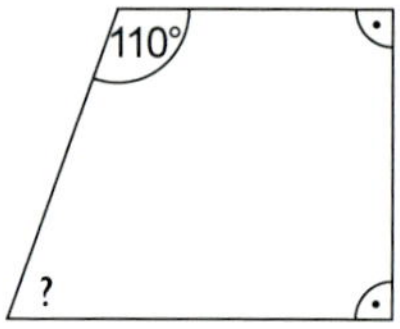

g) Zeichne das erste der obigen Vierecke, dessen Summe der Gegenwinkel 180° beträgt, mit a = 5 cm, b = 6 cm, errichte die vier Mittelsenkrechten und prüfe, ob das Viereck einen Umkreis hat. Wie groß ist dessen Radius?

7.

Berechne die nummerierten Winkel.

a)

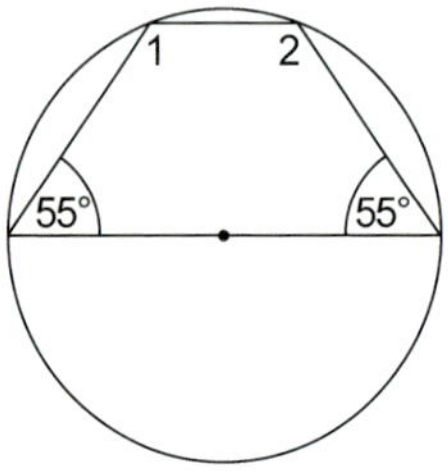

b)

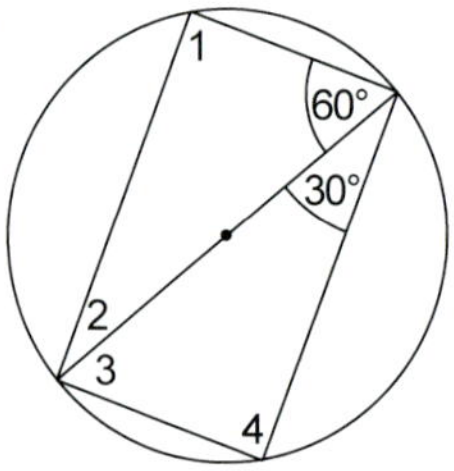

c)

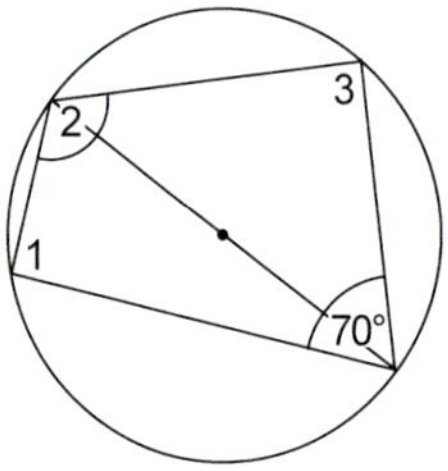

d)

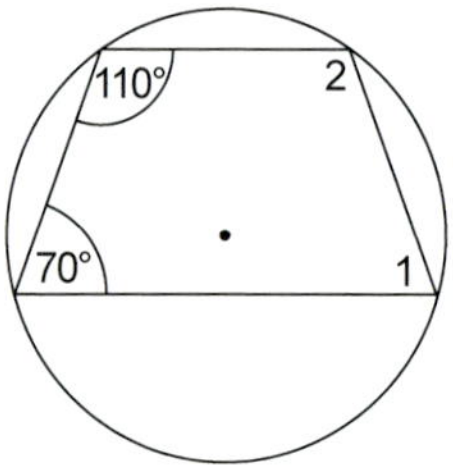

8.

Berechne die nummerierten Winkel.

a)

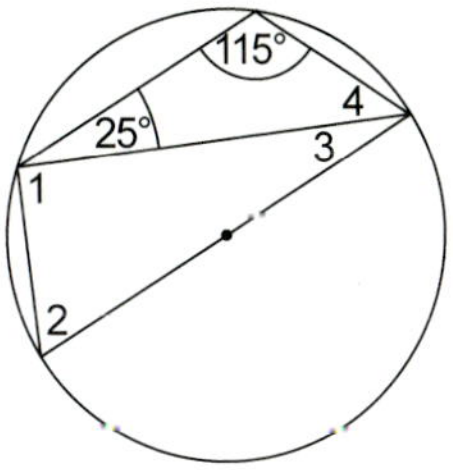

b)

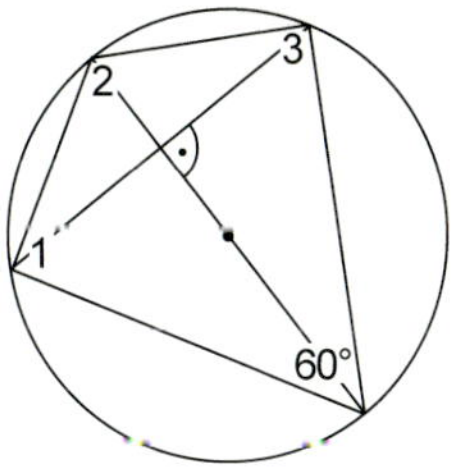

c)

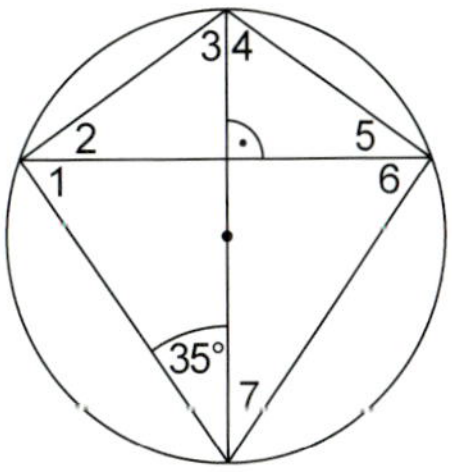

d)

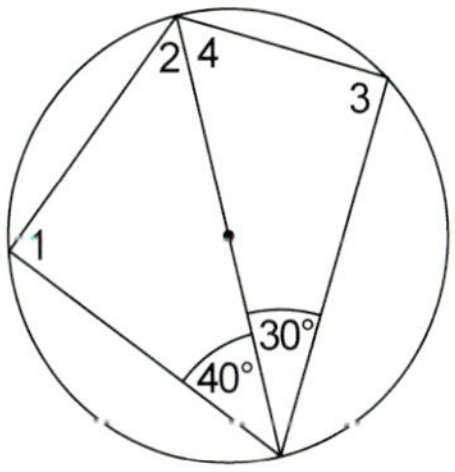

9.

Berechne die nummerierten Winkel.

Bedenke: Der Außenwinkel eines Dreiecks ist so groß wie die Summe der nicht benachbarten Innenwinkel. Die Mittelpunktsdreiecke sind stets gleichschenklig (z. B. △AMC). Im gleichschenkligen Dreieck sind die Basiswinkel gleich groß (z. B. ∢2 und ∢3).

a)

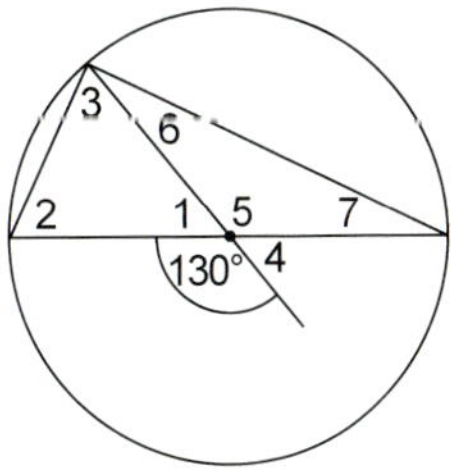

b)

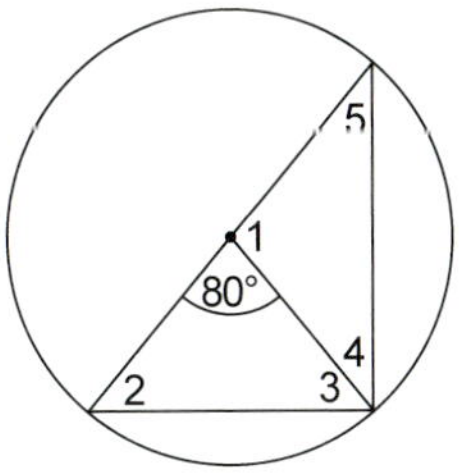

c)

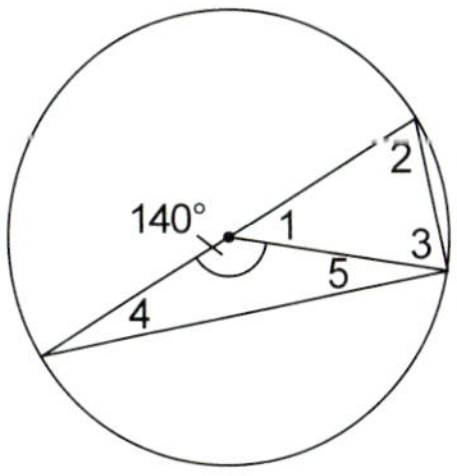

Umfangs- und Mittelpunktswinkel

Was ist der Umfangswinkel über einer Sehne?

Über einer Sehne im Kreis sind alle **Umfangswinkel gleich groß**, und zwar **halb so groß** wie der zugehörige **Mittelpunktswinkel**.

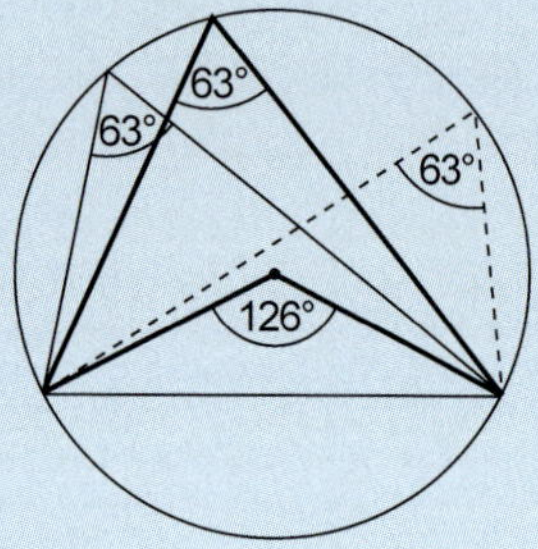

Wenn du die Sehne nach oben bis zum Durchmesser wandern lässt, erhältst du den **Sonderfall des Thalessatzes:**
Über dem Durchmesser eines Kreises sind alle Umfangswinkel rechte Winkel.

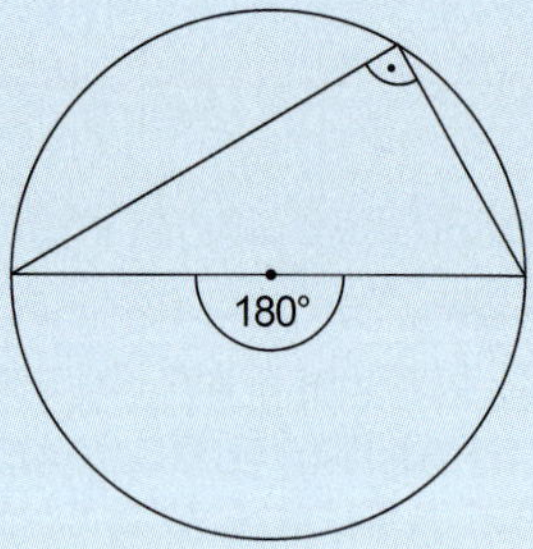

Beweis Zum Beweis zeichnen wir den Durchmesser $\overline{CD}$ ein. Wir erhalten zwei neue Sehnen $\overline{AD}$ und $\overline{DB}$. Dieser Durchmesser $\overline{CD}$ teilt den Umfangswinkel und den zugehörigen Mittelpunktswinkel in zwei Teilwinkel. Der Mittelpunktswinkel $\measuredangle$ AMD ist gleich der Summe der nicht anliegenden Innenwinkel des Mittelpunktsdreiecks AMC, also doppelt so groß wie der Teil des Umfangswinkels.

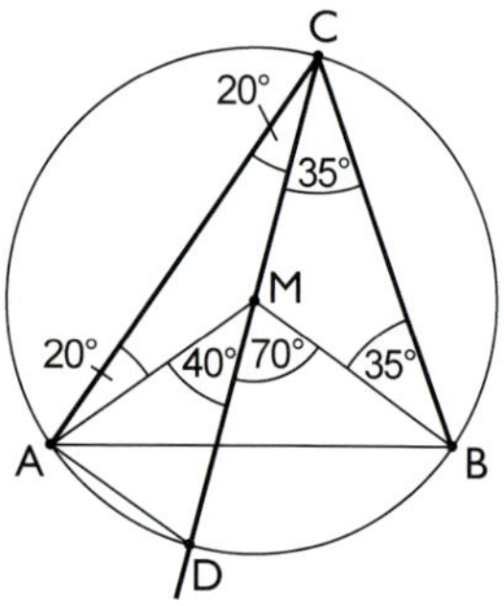

Beispiel: $40° = 20° + 20°$; $40° = 2 \cdot 20°$ oder umgekehrt $20° = \frac{1}{2} \cdot 40°$
Entsprechendes gilt für den rechten Teilwinkel: $70° = 35° + 35°$. Somit gilt für den gesamten Winkel: $20° + 35° = \frac{1}{2} \cdot (40° + 70°) = 55° = \frac{1}{2} \cdot 110°$.

1.

In der Zeichnung gilt (setze die Maßzahlen ein):

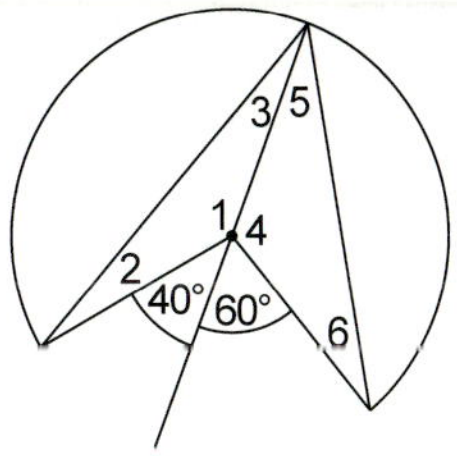

$\sphericalangle 3 + \sphericalangle 2 =$ ________ $\sphericalangle 3 = \frac{1}{2} \cdot$ ____________

$\sphericalangle 5 + \sphericalangle 6 =$ ________ $\sphericalangle 5 = \frac{1}{2} \cdot$ ____________

$\sphericalangle 3 + \sphericalangle 5 = \frac{1}{2} \cdot$ ____________

Daraus folgt der Satz: ____________________

2.

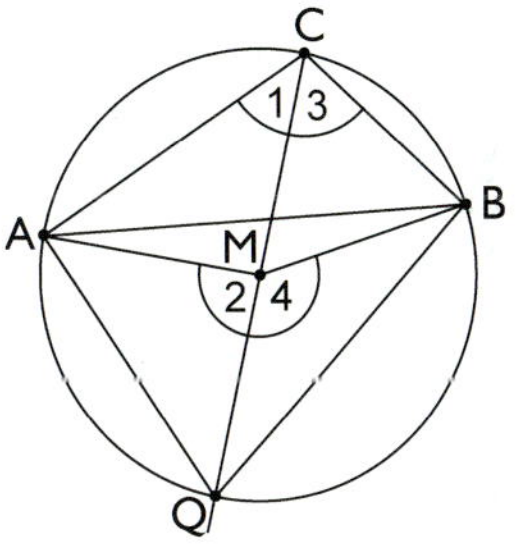

Zeichne einen Kreis mit r = 5 cm und eine Sehne $\overline{AB}$ = 9 cm oberhalb von M. Zeichne oben das stumpfwinklige Dreieck ABC mit $\overline{AC}$ = 7 cm. Zeichne die Gerade CMQ und die Sehnen $\overline{AQ}$ und $\overline{QB}$. Miss die 4 Winkel, vergleiche und schreibe 3 Sätze:

Zum Umfangswinkel 1 über der Sehne $\overline{AQ}$ gehört der Mittelpunktswinkel __.
Zum Umfangswinkel 3 .... Zum Umfangswinkel (1 + 3) ....

3.

Berechne die Winkel und schreibe die Gleichungen.

a)

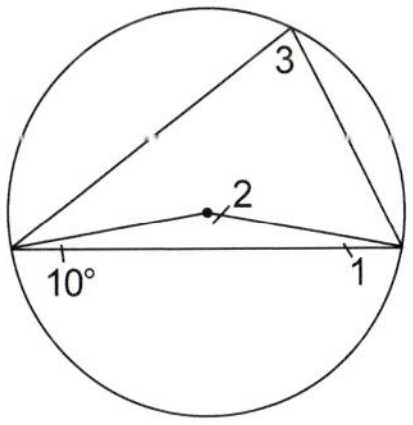

b)

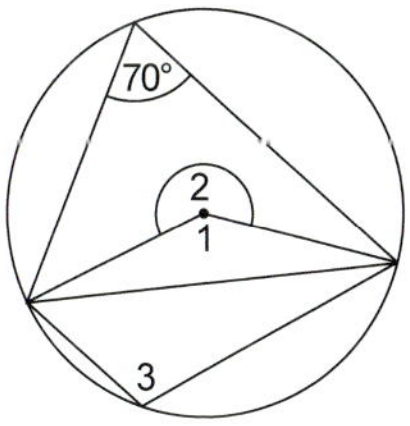

$\sphericalangle 1 + \sphericalangle 2 =$ ______

$\sphericalangle 3 + 70° =$ ______

c)

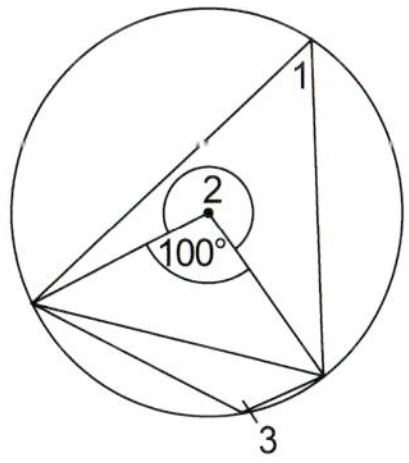

$\sphericalangle 2 + 100° =$ ______

$\sphericalangle 1 + \sphericalangle 3 =$ ______

4.

Ist für eine Dreieckskonstruktion eine Seite und ihr Gegenwinkel gegeben, so hilft dir oft der Satz vom Umfangswinkel weiter. Zeichne dann zunächst das gleichschenklige Mittelpunktsdreieck, dann den Umkreis. Miss den Radius des Umkreises.

a) c = 8 cm, s_c = 5,5 cm, γ = 70° b) c = 5 cm, h_c = 4 cm, γ = 30°

c) c = 7 cm, a = 4 cm, γ = 80° d) a = 6 cm, h_a = 8 cm, α = 40°

Zusammenfassung

Begriffe	Erläuterungen	Beispiele
Umfangswinkel	Winkel in einem Kreis, deren Scheitel auf dem Umfang liegen, heißen **Umfangswinkel**. Zu jedem Umfangswinkel gehört eine Sehne.	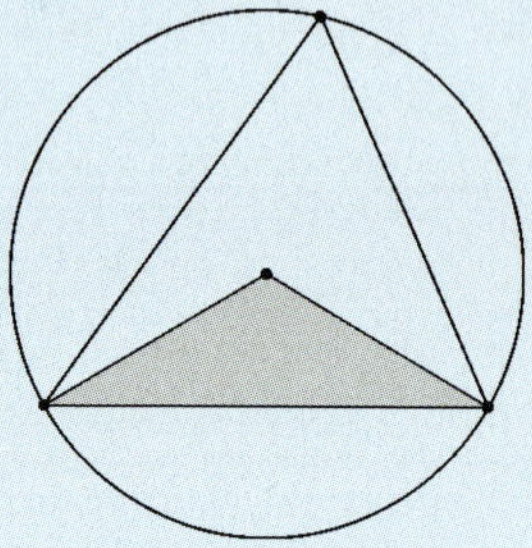
Mittelpunktsdreieck	Zeichnet man das Dreieck aus Sehne und Mittelpunkt, so entsteht ein gleichschenkliges **Mittelpunktsdreieck**.	
Mittelpunktswinkel	Der Winkel des Mittelpunktsdreiecks bei M heißt **Mittelpunktswinkel**. Es gilt der Satz: **Über einer Sehne im Kreis sind alle Umfangswinkel halb so groß wie der zugehörige Mittelpunktswinkel.**	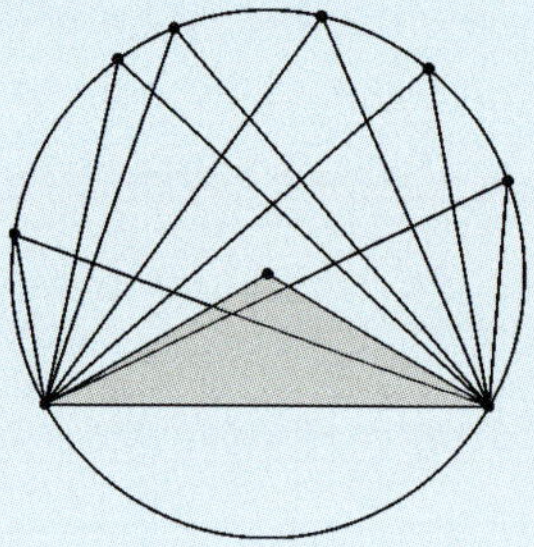
Sehnenviereck	Im Sehnenviereck ergänzen sich bezüglich der Diagonalen die beiden zugehörigen Mittelpunktswinkel zu 360°. Also müssen sich die gegenüberliegenden Umfangswinkel zu 180° ergänzen. **Im Sehnenviereck sind die Summen der Gegenwinkel gleich groß, nämlich jeweils 180°.**	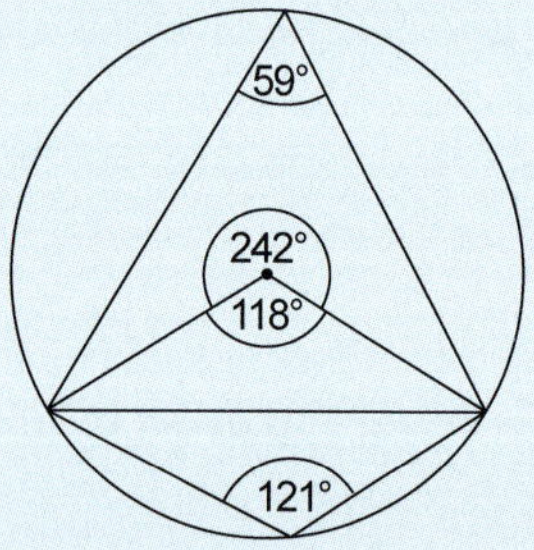
Summen der Gegenwinkel		

Test

Test 1
Zeichne die abgebildeten Vierecke (die Zahlenangaben sind Längen in cm). Errichte die vier Mittelsenkrechten. Welche Vierecke haben einen Umkreis? Zeichne ihn. Miss r.

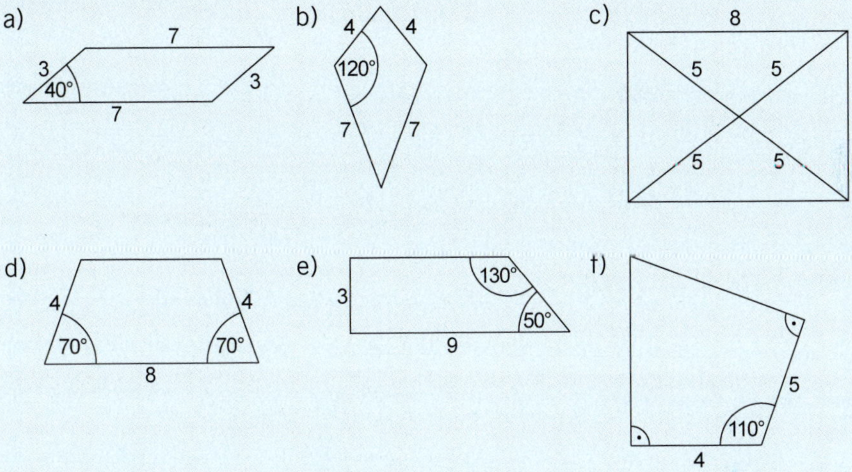

Test 2
Berechne die nummerierten Winkel. Zeichne eine solche Figur mit r = 5 cm und überprüfe dein Ergebnis. Miss $\overline{AB}$.

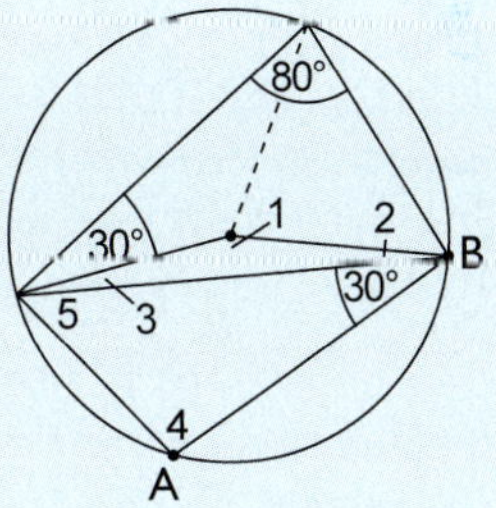

Test 3
Zeichne ein Dreieck aus c = 9 cm, s_c = 6 cm, $\gamma = 70°$. Denke an das Mittelpunktsdreieck. Miss r, a und b.

Test 4
Zeichne ein Sehnenviereck aus a = 5 cm, d = 4 cm, $\alpha = 110°$, $\beta = 100°$. Miss den Radius des Umkreises.

Test 5
Zeichne ein Sehnenviereck aus a = 6 cm, b = 5 cm, f = 7 cm und $\gamma = 90°$. Miss β, δ, c und r.

10 Trapez und Drachen

Das Trapez

So kannst du ein Trapez erzeugen:

Schneidet man einem Dreieck parallel zu einer Seite eine Spitze ab, so entsteht ein **Trapez**.
Schneidet man einem gleichschenkligen Dreieck die Spitze über der Basis ab, so heißt das Trapez **gleichschenklig**.

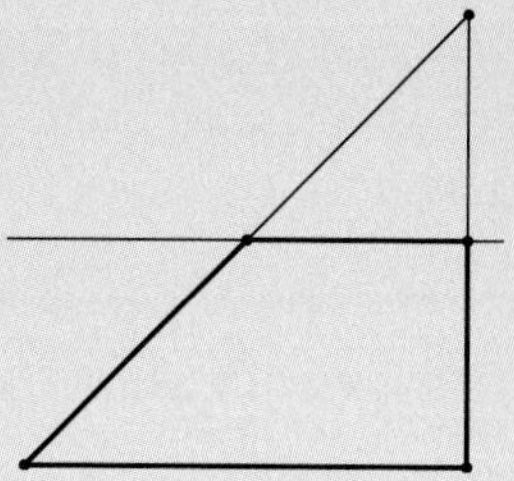

Winkel im Trapez:

2 Paare von Nachbarwinkeln ergänzen sich zu 180°. Die Verbindungsstrecke der Mitten der parallelen Seiten halbiert jede parallele Querstrecke. Sie ist Schwerelinie des Trapezes.

Definition:

Ein Viereck ist genau dann ein Trapez,
... wenn (mindestens) **2 Seiten parallel** sind.
... wenn (mindestens) zwei Nachbarwinkel sich zu 180° ergänzen.
... wenn eine Mittellinie Schwerelinie ist.

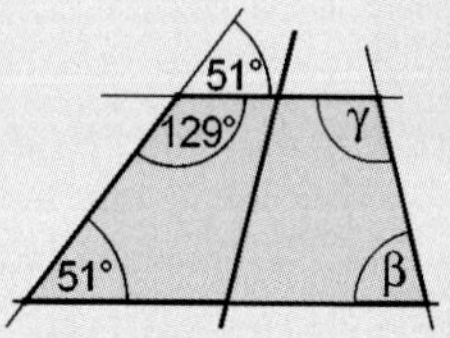

Flächeninhalt des Trapezes:

Dreht man ein Trapez wie in der Abbildung um die Mitte eines Schenkels um 180°, so entsteht ein Parallelogramm mit doppeltem Flächeninhalt:

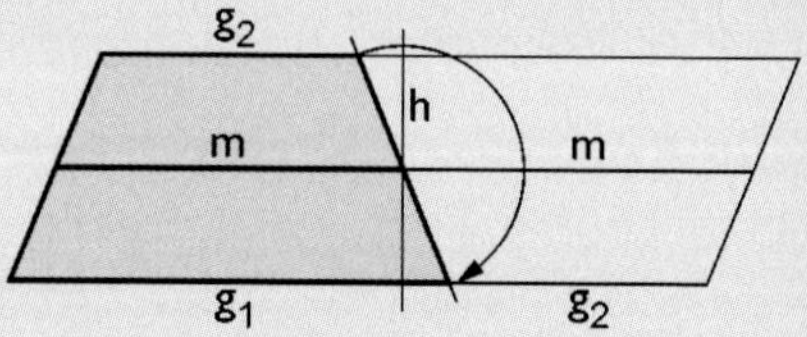

$A_{\square} = (g_1 + g_2) \cdot h = 2m \cdot h$. Das Trapez ist halb so groß:
$A_T = \frac{1}{2} \cdot (g_1 + g_2) \cdot h = m \cdot h$
Die Mittelparallele m heißt auch Mittellinie des Trapezes.
Für m gilt: $m = \frac{1}{2} \cdot (g_1 + g_2)$.

1.

Zeichne ein Dreieck mit c = 10,3 cm, $\alpha = 44°$, $\beta = 80°$. Schneide die Spitze bei C so ab, dass ein Trapez ABC'D mit der Höhe h = 4,3 cm entsteht. Miss die Winkel des Trapezes und schreibe zwei Gleichungen der Form $W_1 + W_2 = 180°$.

2.

Zeichne ein gleichschenkliges Dreieck mit c = 7 cm, a = b = 8 cm und das abgeschnittene Trapez mit h = 3,5 cm. Löse wie oben (Winkel messen, Gleichung schreiben). Miss die Schenkel des gleichschenkligen Trapezes. Zeichne die Spiegelachse ein.

3.

Wir wollen das symmetrische Trapez stets so zeichnen, dass die Seite a parallel zu c liegt, in Zeichen $a \parallel c$.

Gib die Beziehungen an, die im symmetrischen Trapez bestehen zwischen

a) α und β
b) α und δ
c) α und γ
d) a und c
e) b und d
f) e und f

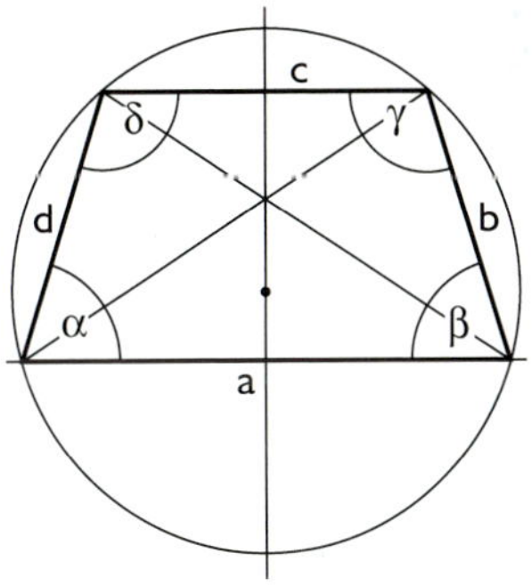

4.

Zeichne ein symmetrisches Trapez (berechne wenn möglich vorher die fehlenden Winkel) und errichte die vier Mittelsenkrechten. Falls sie sich schneiden, so zeichne den Umkreis und miss r.

a) a = 8 cm, d = 4 cm, $\alpha = 75°$
b) a = 5 cm, c = 3 cm, $\gamma = 100°$
c) a = 10 cm, b = 6 cm, e = 12 cm

5.

a) Zeichne ein Trapez (ein Viereck mit $a \parallel c$): Breite des Streifens h = 3 cm, a = 7 cm, $\alpha = 52°$, c = 3 cm. Miss die fehlenden Winkel.
b) Zeichne die zwei Mittelsenkrechten auf a und c. Was folgt daraus für den Mittelpunkt des Umkreises?
c) Welche Beziehung besteht zwischen α und δ, welche zwischen β und γ?

6.

Berechne die nummerierten Winkel der Trapeze (a‖c). Denke an **Wechselwinkel** an geschnittenen Parallelen, an **Außenwinkel** am Dreieck.

a)
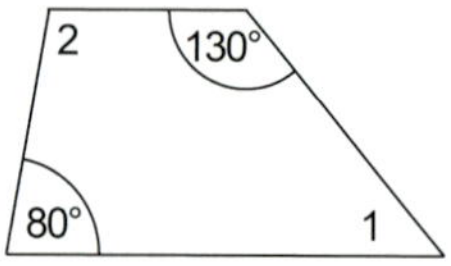

b)
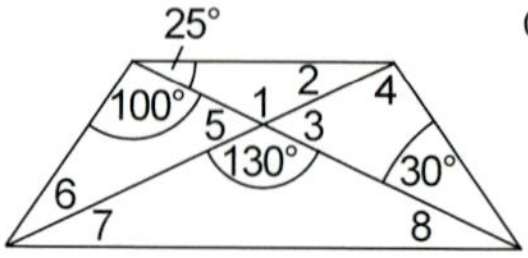

c)
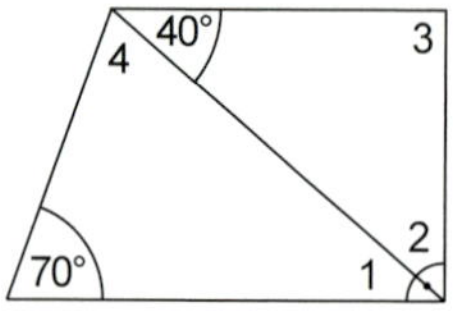

d)
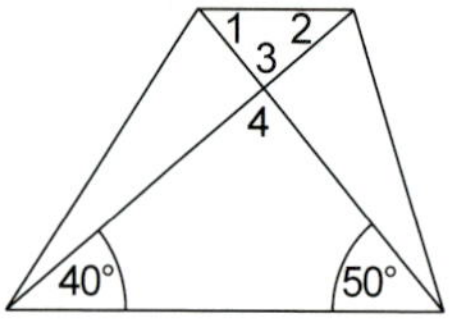

e)
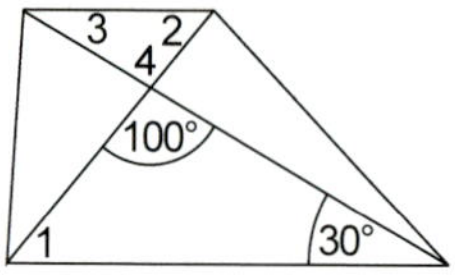

f)
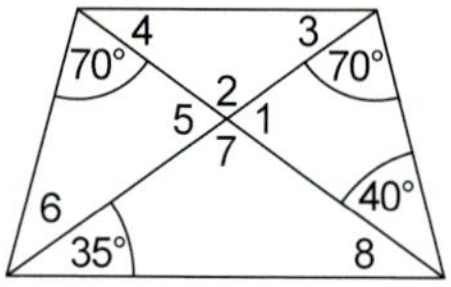

7.

Im Trapez ABCD ist die Mittellinie $m = \overline{PQ}$ parallel zu $\overline{CD}$ bzw. $\overline{AB}$. Die Mittellinie ist eingezeichnet. Berechne die nummerierten Teilstrecken.

a)
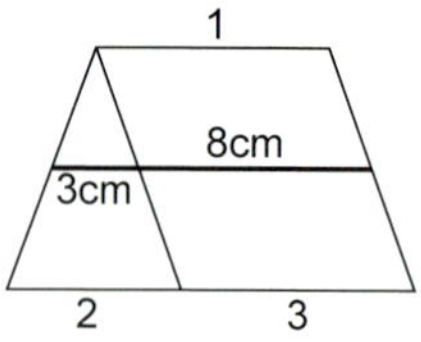

b)
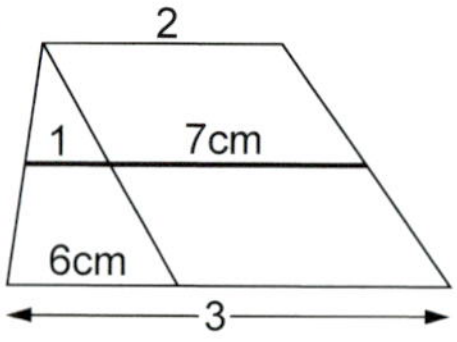

c)
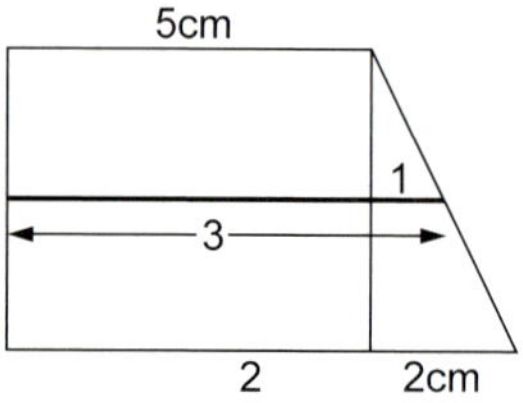

d)
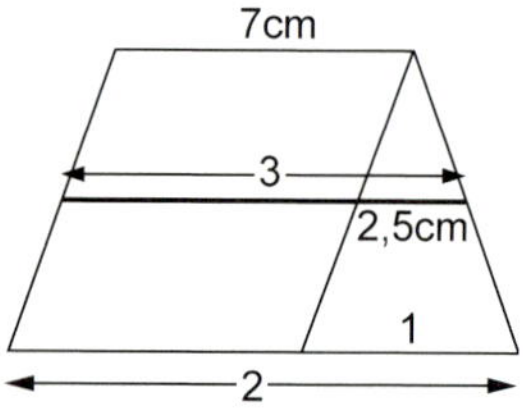

e)
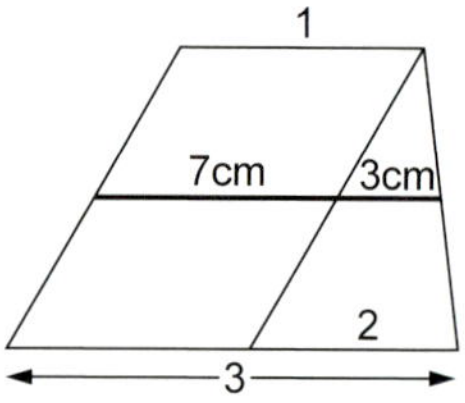

f)
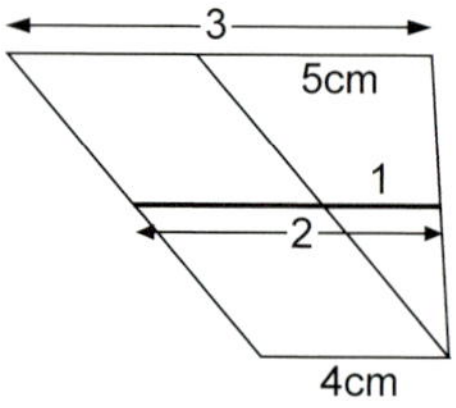

8.

Zeichne zum Ausschneiden ein Trapez (a‖c) aus a = 15 cm, c = 9 cm, d = 7 cm und $\alpha = 70°$. Halbiere die parallelen Seiten a und c und verbinde die Seitenmitten. Balanciere das ausgeschnittene Trapez auf dieser Mittellinie. S ist eine Schwerelinie: Jede zu den parallelen Seiten parallele Querstrecke wird halbiert. Miss diese Schwerelinie.

Im Viereck heißt allgemein die Verbindungslinie der Seitenmitten zweier Gegenseiten **Mittellinie**. Wenn wir beim Trapez von der Mittellinie sprechen, meinen wir meist die in Aufgabe 7 beschriebene Mittellinie (m‖g).

9.

a) Zeichne einen Streifen $h_c = 4$ cm und ein Trapez mit $\alpha = 70°$, a = 7 cm und c = 3 cm. Zerlege wie in der ersten Abbildung in ein Parallelogramm und berechne $A_T = A_\triangle + A_\square$.

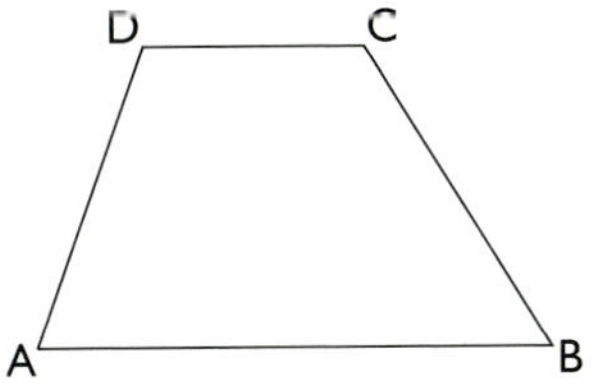

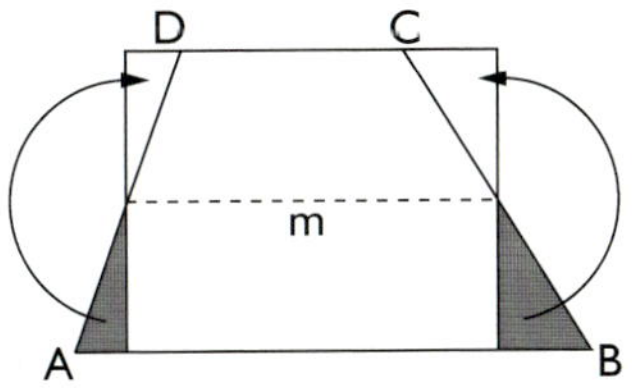

b) Zeichne das Trapez wie in a), halbiere b und d und zeichne durch diese Punkte die Senkrechten zu den Streifengeraden. Berechne die Grundlinien des Rechtecks. Berechne $A_T = A_{Re}$.

10.

Zeichne Trapeze (a‖c), miss die zur Flächenberechnung notwendigen Größen und berechne A_T.

a) a = 6,2 cm, c = 3,7 cm, $\alpha = 72°$, $\beta = 47°$
b) b = 4,3 cm, c = 3,1 cm, $\alpha = 82°$, $\beta = 38°$
c) h = 5 cm, m = 6,3 cm, $\alpha = 78°$, $\beta = 57°$
d) a = 7,3 cm, m = 5,2 cm, $\alpha = 102°$, $\beta = 37°$

Der Drachen

Was ist ein Drachen?

Ein Viereck, in dem eine Diagonale Spiegelachse ist, heißt **Drachen**.

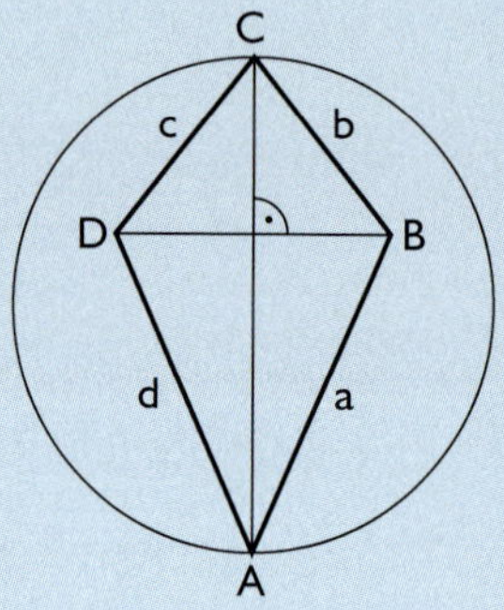

Genau dann ist ein Viereck ein Drachen, wenn

... es zwei Paare gleich großer Nachbarseiten gibt.

... die Diagonalen lotrecht aufeinander stehen und eine Diagonale halbiert wird.

Beachte: Im Drachen sind die „Ohrenwinkel" gleich groß. Wenn nichts anderes verlangt wird, benennen wir die Größen wie in der obigen Abbildung.

Kann ein Drachen einen Umkreis haben?

Ein Drachen hat nur dann einen Umkreis, wenn die „Ohrenwinkel" rechte Winkel sind (s. Thalessatz). Der Mittelpunkt des Umkreises halbiert dann die lange Diagonale.

Tipp **Dieser Tangentendrachen hilft dir später bei der Tangentenkonstruktion:**

Zeichne einen Winkel und die Winkelhalbierende.

Fälle von einem Punkt der Winkelhalbierenden die Lote auf die Schenkel und zeichne den Kreis. Du erhältst ein Drachenviereck mit rechtwinkligen Ohren.

Wir nennen es **Tangentendrachen**.

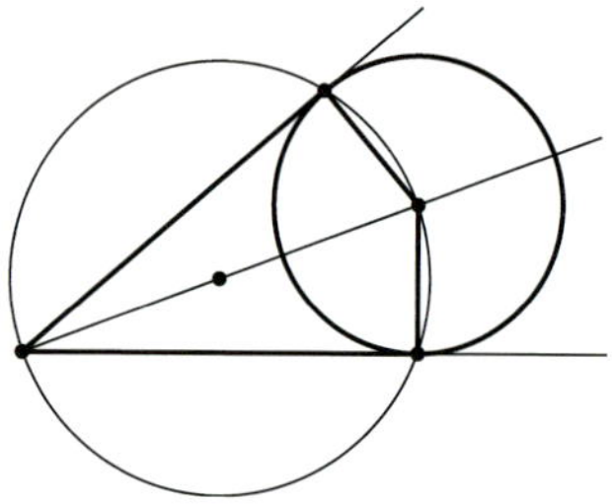

1.

Berechne erst die nummerierten Winkel und kontrolliere deine Berechnung durch eine Konstruktion. Miss zur Kontrolle $e = \overline{AC}$ und $f = \overline{BD}$.

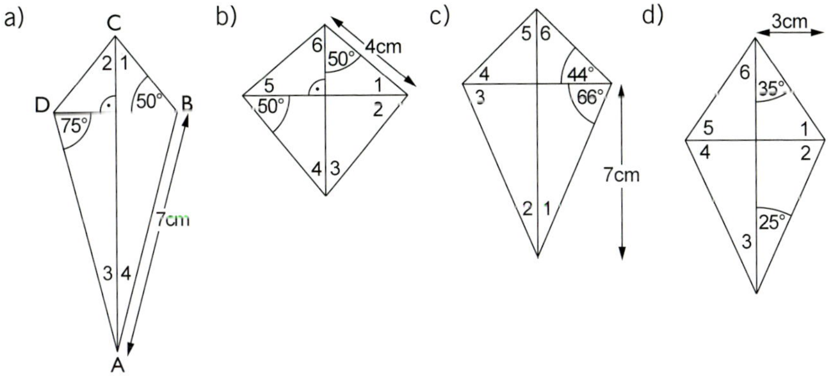

2.

Konstruiere Drachenvierecke ($e = \overline{AC}$ ist Symmetrieachse) und miss jeweils die fehlenden Größen von a, b, e, f.

a) $\alpha = 40°$, a = 6 cm, b = 4 cm. Beginne mit α, halbiere den Winkel und zeichne das Teildreieck aus $\frac{1}{2}\alpha$, a und b.

b) a = 5 cm, b = 3 cm, f = 4 cm. Zeichne erst das obere gleichschenklige Dreieck.

c) e = 8 cm, $\alpha = 40°$, $\gamma = 100°$. Das Dreieck aus e, $\frac{1}{2}\alpha$ und $\frac{1}{2}\gamma$ ist eine symmetrische Hälfte des Drachens.

d) e = 8 cm, f = 5 cm, $\alpha = 38°$. Beginne mit dem Streifen der Breite f, zeichne die Mittelparallele und auf dieser die Diagonale e. e halbiert den Winkel α.

3.

a) Zeichne einen Drachen mit b = 5 cm, e = 9 cm, f = 6 cm und errichte die vier Mittelsenkrechten. Schneiden sie sich in genau einem Punkt? Hat der Drachen einen Umkreis?

b) Zeichne den Kreis, der durch die oberen drei Punkte geht. Miss r.

4.

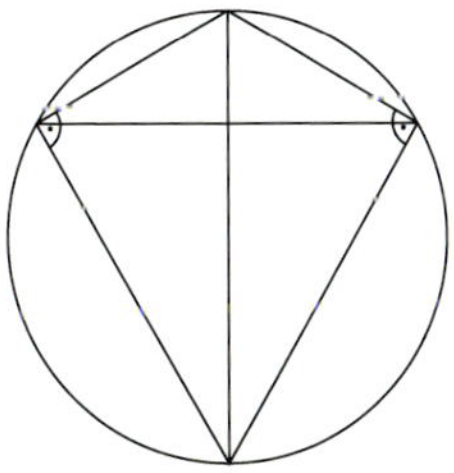

a) Es gibt aber Drachen, die einen Umkreis haben. Zeichne einen solchen mit e = 8 cm und a = 7 cm $\left(r = \frac{1}{2}e\right)$.

b) Zeichne entsprechend: e = 8 cm, a = 6 cm und vergleiche β und δ. Was fällt auf? Begründe.

5.

Berechne die nummerierten Winkel.

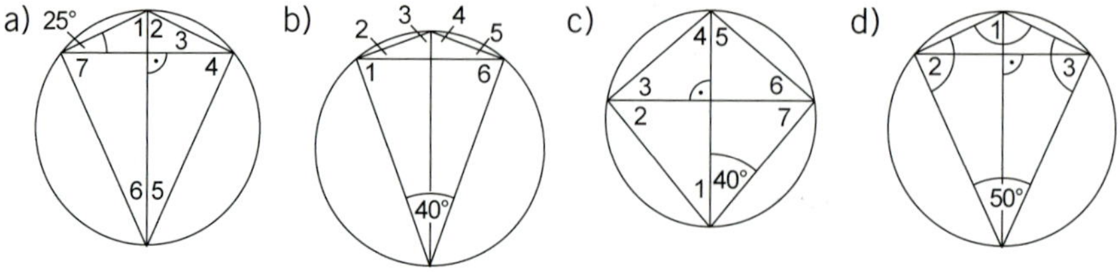

6.

Zeichne Drachen, die einen Umkreis haben (e Symmetrieachse), und miss die fehlenden Größen:

a) e = 8 cm, f = 6 cm
b) e = 8 cm, α = 55°
c) α = 52°, a = 6,3 cm
d) f = 8 cm, α = 66°
e) f = 8,6 cm, b = 5,2 cm
f) a = 7 cm, b = 4 cm

7.

a) Zeichne ein Rechteck mit a = 5 cm, b = 3 cm, die Diagonalen und den Umkreis. Errichte in den Endpunkten der Diagonalen die Senkrechten. Du erhältst vier Tangenten. Der **Umkreis** des Rechtecks ist **Inkreis** des **Tangentenvierecks**.
b) Was für ein spezielles Viereck ist entstanden? Wie lang sind die Seiten?
c) Was sind die Diagonalen des Rechtecks in deinem Tangentenviereck?

8.

Zeichne ein symmetrisches Trapez mit a = 7 cm, α = 64°, b = 3 cm, den Umkreis, die vier Radien zu den Eckpunkten und zeichne in den Eckpunkten die Tangenten an den Umkreis.

9.

a) Zeichne den Tangentendrachen mit $\overline{AB} = 6$ cm, $\overline{BO} = 2{,}5$ cm wie in der Abbildung. Zeichne die zwei Kreise. Miss die Radien.

b) Löse entsprechend:
$\alpha = 60°$, $\overline{AB} = 8$ cm;
$\alpha = 70°$, $\overline{AO} = 9$ cm;
$\overline{AB} = 7$ cm, $\overline{BC} = 7$ cm

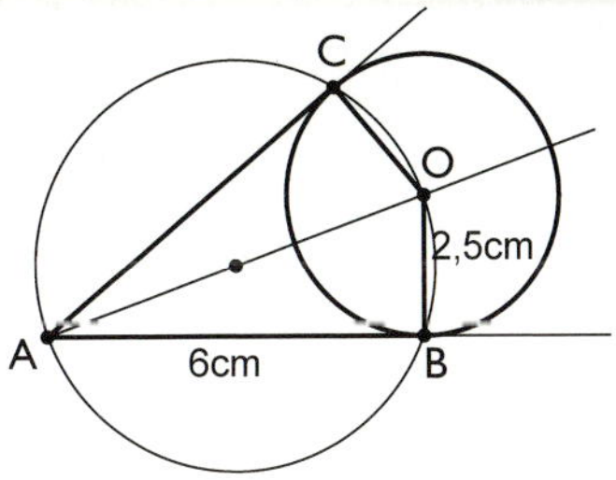

10.*

a) Zeichne das nebenstehende Rechteck und den einbeschriebenen Drachen. Wie groß ist der Flächeninhalt des Rechtecks?

b) Zeichne die Figur noch einmal zum Ausschneiden, schneide die vier Eckdreiecke ab und klebe die fünf Figuren so neben deine erste Zeichnung, dass du noch zwei kongruente Drachenvierecke erhältst.

c) Berechne den Flächeninhalt des Drachens.

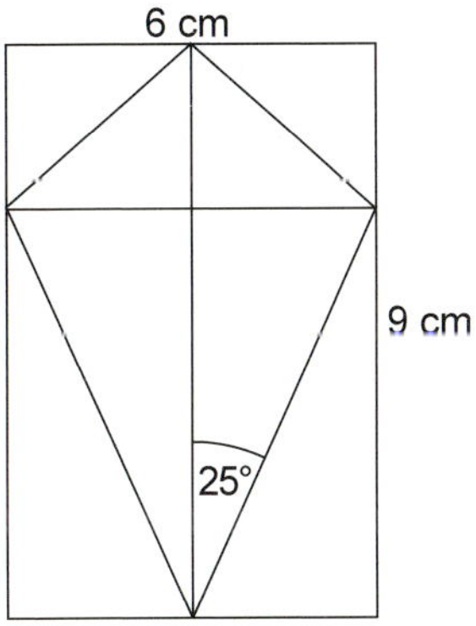

11.*

a) Zeichne einen Kreis mit $r = 6$ cm und drei Drachenvierecke wie in der Abbildung.

b) Miss die zur Flächenberechnung notwendigen Größen und vergleiche die Flächeninhalte.

c) Welcher der drei Drachen hat den größten Flächeninhalt? Begründe.

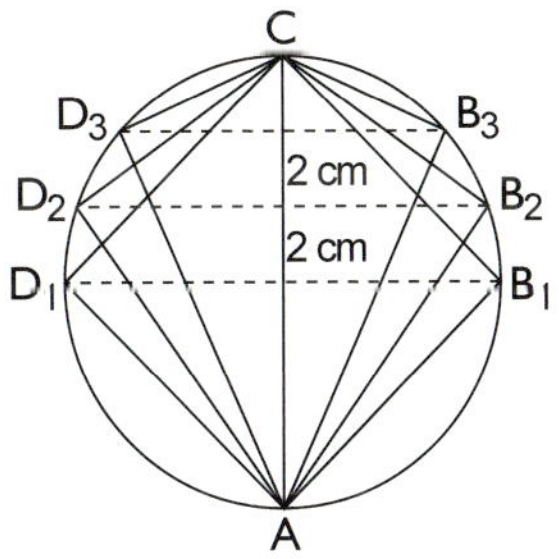

12.*

Zeichne die folgenden Drachen und berechne die Flächeninhalte:

a) Drachen aus $c = 8$ cm, $a = 6$ cm, $b = 4$ cm

b) Raute aus $e = 8$ cm, $a = 6$ cm

c) Quadrat aus $e = 8$ cm

d) Was wird aus der Formel für den Drachen $(e \cdot f) : 2$ beim Quadrat?

Zusammenfassung

Begriffe	Erläuterungen	Beispiele
Trapez	Ein Viereck mit mindestens **zwei parallelen** Seiten heißt **Trapez**.	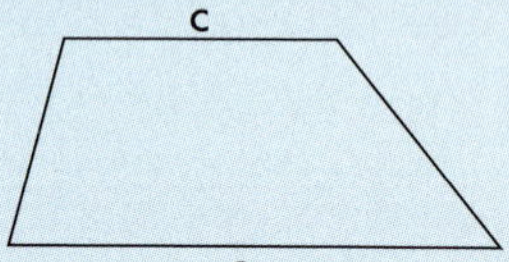
Nachbarwinkel	Gibt es in einem Viereck zwei Nachbarwinkel, die sich zu 180° ergänzen, so ist es ein Trapez.	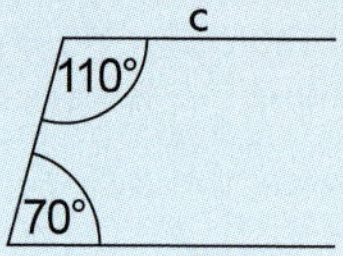
Grundseiten	Die parallelen Seiten eines Trapezes nennen wir auch **Grundseiten** g_1, g_2.	
Schenkel	Die beiden anderen Seiten heißen **Schenkel**.	
gleichschenklig	Hat das Trapez eine **Spiegelachse**, dann heißt es **gleichschenklig**.	
Mittellinie	Die Linie, die die Seitenmitten der Schenkel verbindet, heißt **Mittellinie m** des Trapezes. Diese berechnet sich als arithmetisches Mittel der beiden Grundseiten $\mathbf{m = \frac{1}{2} \cdot (g_1 + g_2)}$.	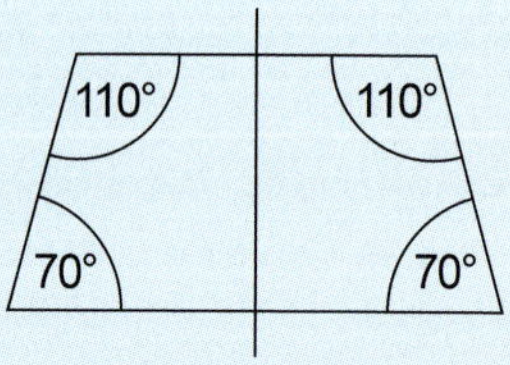
Flächeninhalt	Ein Trapez kann in ein **zerlegungsgleiches** Parallelogramm umgelegt werden. $A_T = \frac{1}{2} \cdot (g_1 + g_2) \cdot h = m \cdot h$	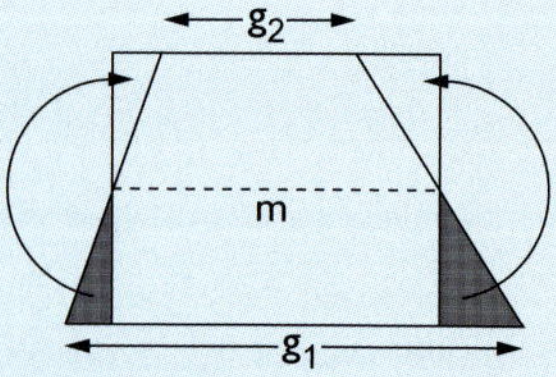

Begriffe	Erläuterungen	Beispiele
Drachen	Ein Viereck, in dem eine **Diagonale Spiegelachse** ist, heißt Drachen. Im Drachen stehen daher die **Diagonalen lotrecht** aufeinander und **eine wird halbiert**. Es gibt zwei Paare gleich langer Nachbarseiten.	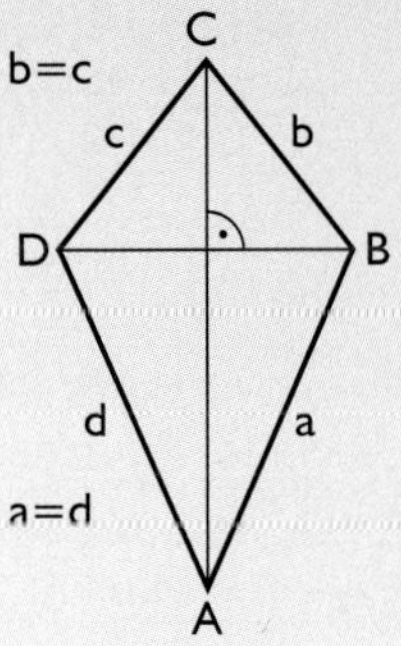
Der rechtwinklige Drachen mit seinem Umkreis	Ein Drachen hat nur dann einen Umkreis, wenn die symmetrisch liegenden Winkel (hier „Ohrenwinkel“ genannt) als Gegenwinkel sich zu 180° ergänzen, also je 90° groß sind (s. Thalessatz). Dieser „rechtwinklige“ Drachen ist für die Tangentenkonstruktion wesentlich.	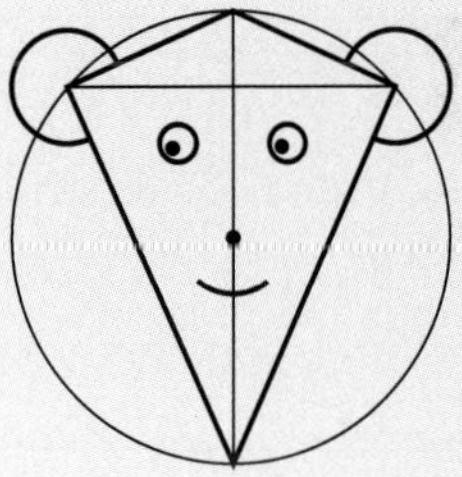
Flächeninhalt des Drachens	Ein Drachen mit den Diagonalen e und f kann zu einem Rechteck mit den Seitenlängen e und f ergänzt werden. Der Drachen ist dann halb so groß wie das Rechteck. Deshalb gilt: $$A_{Dr} = \frac{1}{2} \cdot (e \cdot f)$$	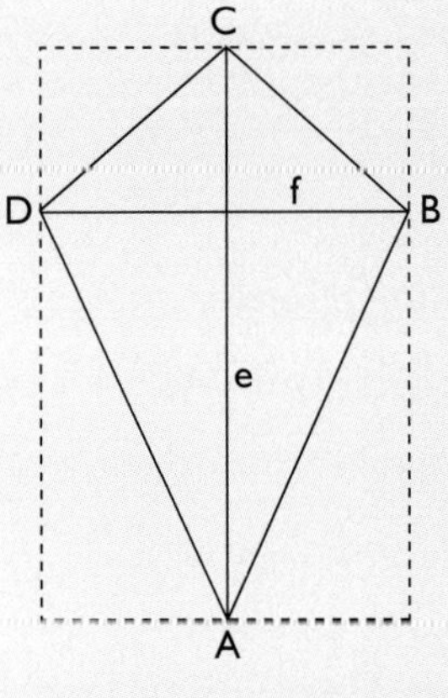

Test

Test 1

a) Zeichne ein gleichschenkliges Dreieck ABS mit $\overline{AB} = 6$ cm, $\overline{BS} = \overline{SA} = 7$ cm. Zeichne eine Parallele zu $\overline{AB}$ im Abstand von 4 cm. Du erhältst ein gleichschenkliges Trapez ABCD. Miss die Winkel und berechne die Summe der Gegenwinkel.

b) Zeichne die vier Mittelsenkrechten, den Umkreis und begründe, warum dieses Trapez einen Umkreis hat. Miss r.

Test 2

a) Zeichne ein Trapez aus $a = 5{,}3$ cm, $b = 3{,}1$ cm, $\alpha = 52°$, $\beta = 48°$. Wie viele Größen sind gegeben? Miss und berechne A_T.

b) Zeichne ein symmetrisches Trapez aus $a = 5{,}3$ cm, $b = 3{,}1$ cm, $\alpha = 52°$. Wie viele Größen sind gegeben? Berechne A_T.

c) Zeichne ein ________ aus $a = 5{,}2$ cm, $b = 3{,}1$ cm. Es soll ein spezielles Trapez sein, das durch diese Angaben vollständig bestimmt ist. Welches Trapez ist mit zwei Größen konstruierbar? Berechne A_T.

Test 3

a) Zeichne ein Trapez ($a \parallel c$) aus $a = 8$ cm, $\alpha = 50°$, $\beta = 80°$ und $c = 5$ cm.

b) Zeichne die zur Flächenberechnung notwendigen Strecken und berechne A_T.

Test 4

Die Mittellinie eines Trapezes ($a \parallel c$) betrage $m = 7$ cm, die Höhe $h_1 = 4$ cm. Ferner sei $a = 9$ cm und $\alpha = 70°$. Berechne und zeichne.

Test 5

Ein Trapez habe einen Umkreis: $a = 8$ cm, $\alpha = 70°$, $d = 5$ cm. Konstruiere und berechne A_T.

Test 6

Zeichne einen rechtwinkligen Drachen mit $e = 8$ cm und $a = 5$ cm mit Hilfe des Umkreises. Miss und berechne A_{Dr}.

Test 7

Zeichne einen rechtwinkligen Drachen mit e = 8 cm und f = 5 cm. Miss die notwendigen Größen, um A_{Dr} mit Hilfe von a und b zu berechnen und rechne.

Test 8

Zeichne einen rechtwinkligen Drachen aus $\alpha = 50°$, a = 6 cm. Welche Länge hat b?

Test 9

Zeichne einen Drachen mit Umkreis r = 5 cm, f = 6 cm. Berechne A_{Dr} auf zwei Wegen.

Test 10

a) Zeichne einen Tangentendrachen ABOC mit $\overline{AB} = 8$ cm, $\overline{BO} = 6$ cm wie in der Abbildung. Zeichne die zwei Kreise. Miss die Radien.

b) Löse entsprechend:
$\overline{AB} = 6$ cm, $\sphericalangle BAC = \alpha = 65°$.
$\overline{BC} = 7$ cm, $\sphericalangle BOC = \gamma = 130°$.

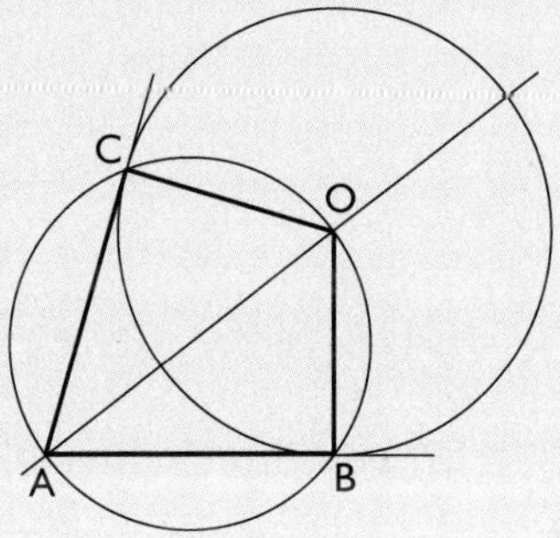

11 Inkreis und Tangenten

Der Inkreis des Dreiecks

Alle Punkte, die von zwei sich schneidenden Geraden gleich weit entfernt sind, liegen auf der Winkelhalbierenden.
Alle Kreise, die zwei sich schneidende Geraden berühren, haben ihren Mittelpunkt auf der Winkelhalbierenden der beiden Geraden.

Wo liegt der Mittelpunkt des Inkreises?

Die Winkelhalbierenden eines Dreiecks schneiden sich in einem Punkt, dem Mittelpunkt O des Inkreises.

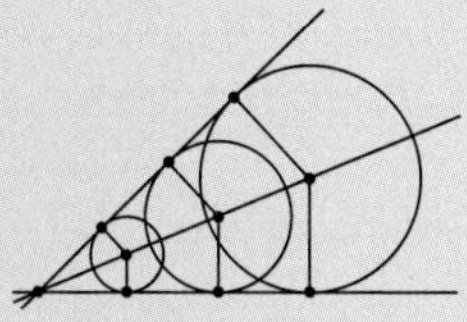

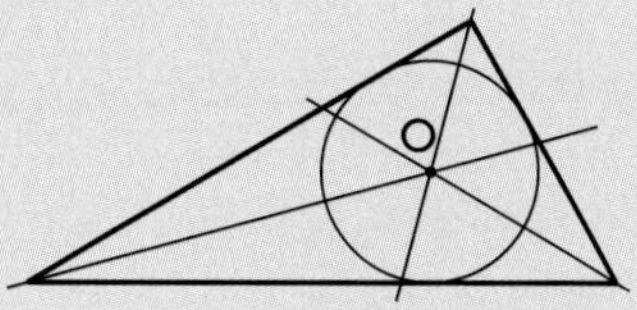

So zeichnest du Tangenten:

Gegeben sei ein Punkt A und der Kreis um P mit Radius r. Zeichne die Gerade AP. Halbiere die Strecke $\overline{AP}$ in M. Schlage einen Kreis mit $\frac{1}{2}\overline{AP} = \overline{PM}$ um M. Nenne die Schnittpunkte B und C und verbinde A mit B und C.

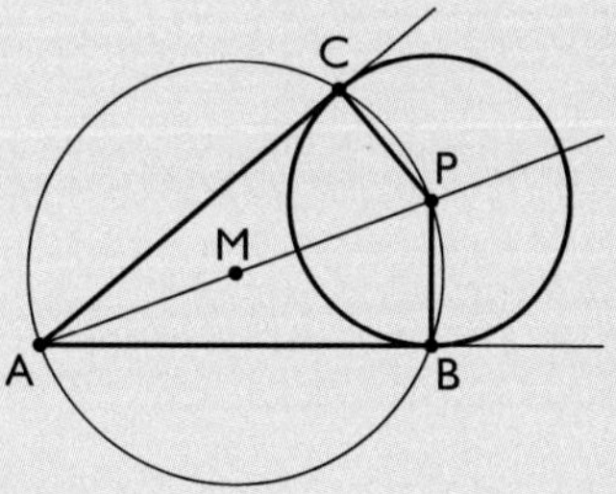

Tangentendrachen im Dreieck:

Im Dreieck zerlegen die drei Berührungsradien des Inkreises das Dreieck in drei Tangentendrachen.

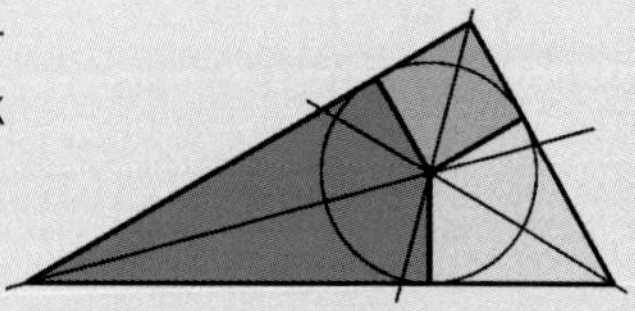

1.

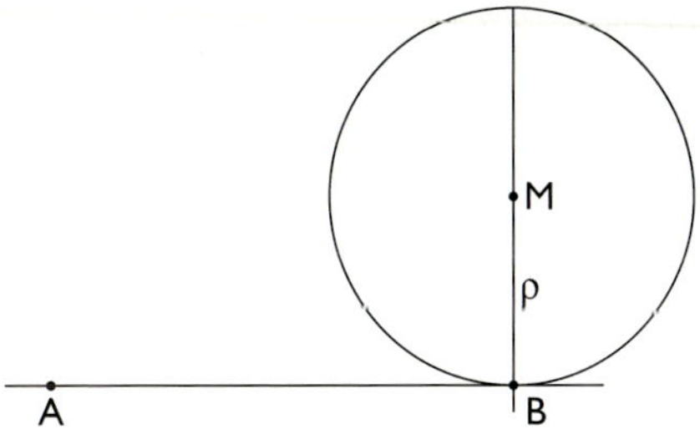

a) Gegeben sei eine Strecke $\overline{AB} = 10$ cm und ein Kreis um M mit Radius $\rho = 4$ cm, der die Gerade AB in B berührt. Konstruiere mit Hilfe des Tangentendrachens die zweite Tangente an diesen Kreis. (Strecke $\overline{AM}$, halbieren, Umkreis des Drachens). Miss den zweiten Tangentenabschnitt.

b) Zeichne die Figur noch einmal und spiegele sie an der Geraden AM. Welche Funktion hat die Strecke $\overline{BB'}$ in dem Tangentendrachen?

c) Es gibt noch eine dritte Möglichkeit mit der Strecke $\overline{AB}$. Ein Zirkelschlag genügt. Zeichne und begründe.

2.

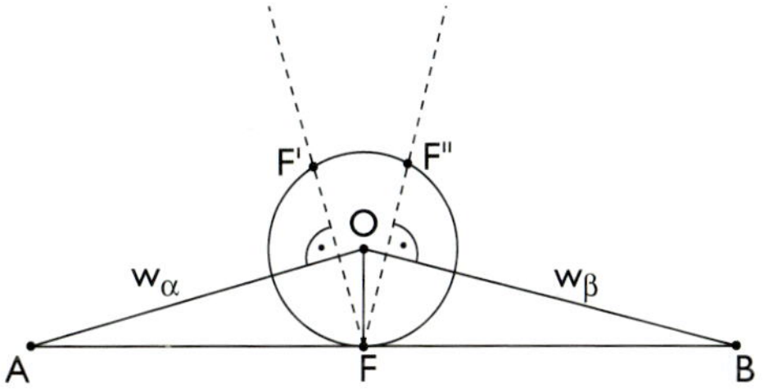

a) $\overline{AF} = 7$ cm, $\overline{FB} = 8$ cm, $\overline{FO} = 3$ cm. Konstruiere auch hier die fehlenden Tangentenberührungspunkte durch Spiegelung an den Winkelhalbierenden w_α und w_β. (Hinweis: Die Winkelhalbierenden schneiden sich in O.) Zeichne die Tangenten.

b) Wie lang ist $\overline{AF'}$ bzw. $\overline{BF''}$?

c) Du erhältst ein Dreieck ABC. Wie lang ist $\overline{CF'}$ bzw. $\overline{CF''}$?

3.

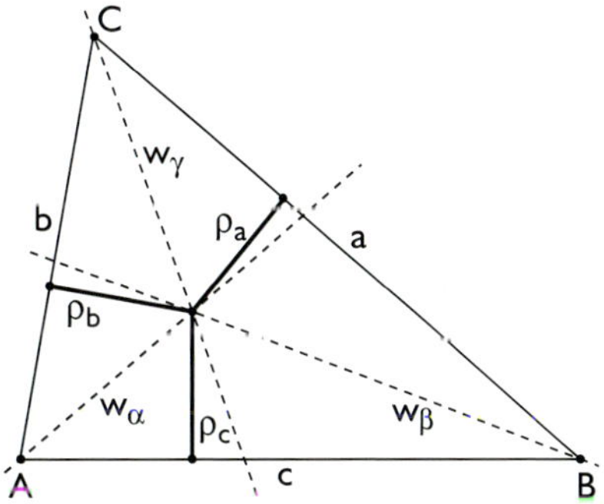

Zeichne ein Dreieck mit den Seitenlängen $a = 11$ cm, $b = 12$ cm, $c = 14$ cm, konstruiere w_α und w_β. Fälle die drei Lote vom Schnittpunkt der Winkelhalbierenden auf die Dreiecksseiten und miss diese. Zeichne den Inkreis und die drei Tangentendrachen. Zeichne die Umkreise der drei Tangentendrachen. Wo schneiden sich diese?

4.

Vervollständige:

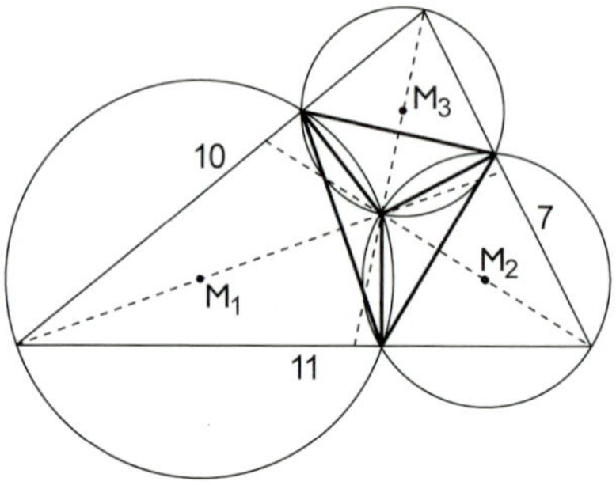

a) w_α ist Winkelhalbierende von α.

w_β ist ______________________.

b) Weil O auf w_α liegt, ist $\rho_c = \rho_b$.

Weil O auf w_β liegt, ist __________

c) Also gilt $\rho_a =$ ________________

d) Umgekehrt gilt:
Weil $\rho_a = \rho_b$ ist, liegt O auch auf der ____________________________ von γ.

5.

a) Zeichne ein (7; 10; 11)-Dreieck. Konstruiere die drei Winkelhalbierenden, fälle die drei Lote vom Schnittpunkt auf die Dreiecksseiten. Verbinde die Lotfußpunkte. Was sind diese Linien in den Drachenvierecken?

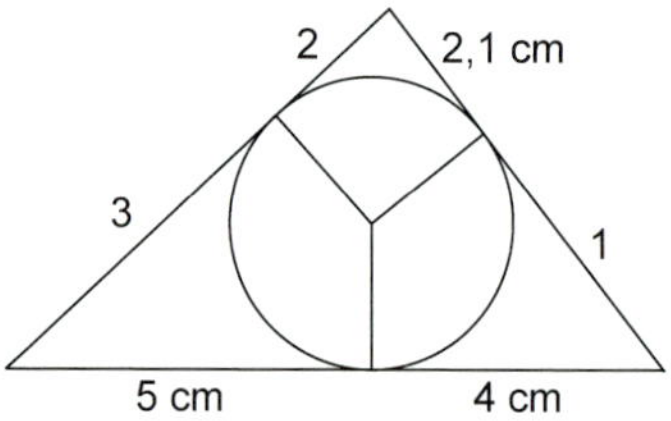

b) Zeichne die Umkreise dieser rechtwinkligen Drachenvierecke. Miss die Radien.

6.

Löse die folgenden Aufgaben wie folgt: Berechne zunächst die nummerierten Teilstrecken. Zeichne dann das Dreieck, die Winkelhalbierenden, die Lote, den Inkreis und überprüfe deine Überlegungen.

a)

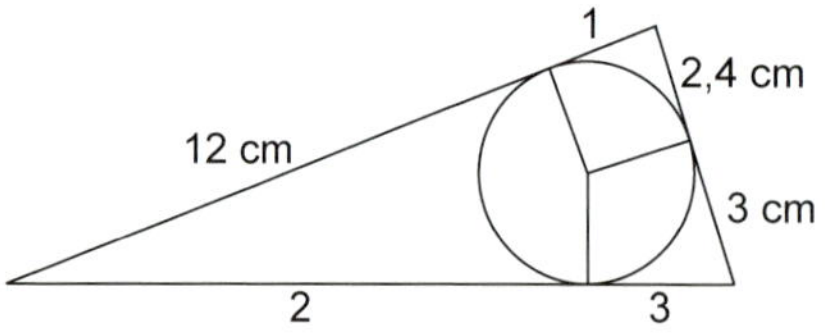

b)

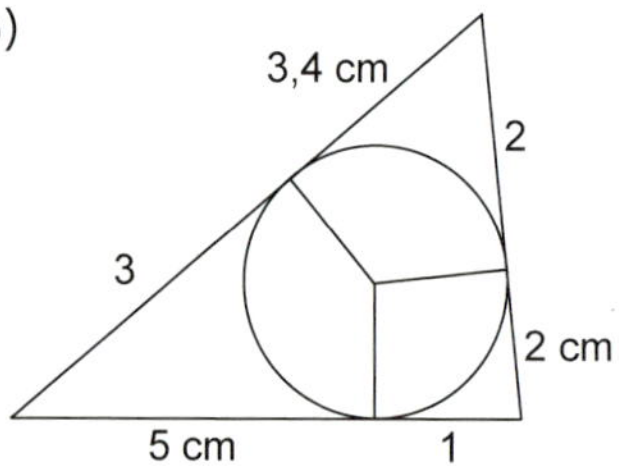

c)

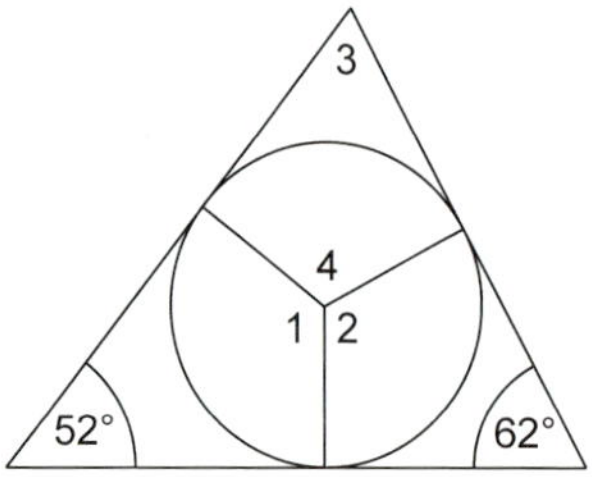

7.

Zeichne die Strecke $\overline{AO} = 8$ cm und den Kreis um O mit $\rho = 3$ cm. Gesucht sind die zwei Tangenten an den Kreis. Fasse $\overline{AO}$ als Diagonale eines rechtwinkligen Drachenvierecks (Tangentendrachen) auf (Thalessatz). Miss die Tangentenabschnitte.

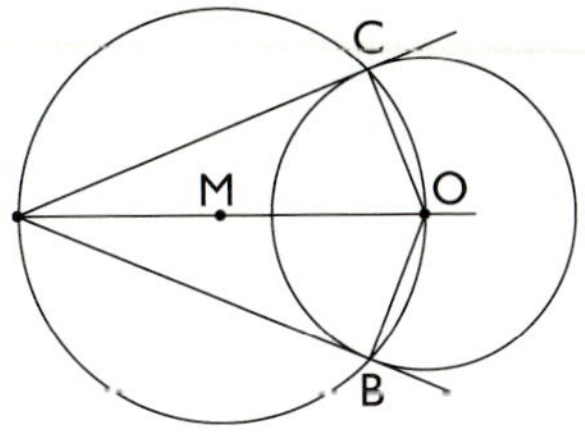

8.

a) Zeichne $\overline{AO} = 9$ cm, $\overline{OC} = 6$ cm und einen Kreis um O mit $\rho = 4$ cm. Konstruiere von A und C die Tangenten an den Kreis. (Mittelpunkte der Strecken $\overline{AO}$ bzw $\overline{CO}$, Thaleskreis)

b) Miss die vier Tangentenabschnitte.

c) Was für ein Viereck entsteht durch den Schnitt der Tangenten?

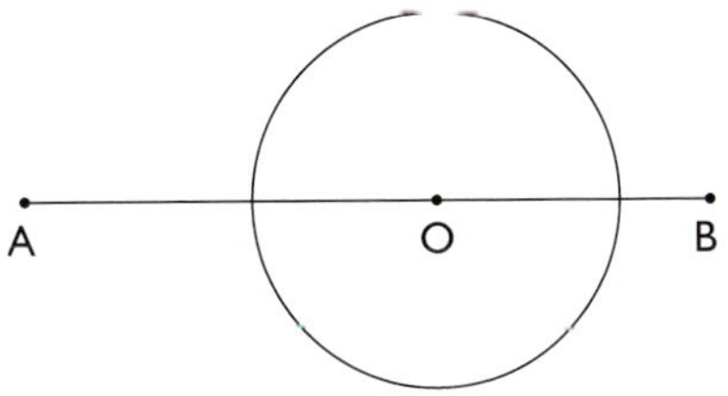

9.*

a) Zeichne die Strecke $\overline{OP} = 12$ cm. Zeichne um O einen Kreis mit $r_1 = 3$ cm und um P einen Kreis mit $r_2 = 5$ cm. Gesucht sind die beiden gemeinsamen äußeren Tangenten an beide Kreise. Zeichne dazu zunächst die Tangente von O an den Kreis um P mit $r = r_2 - r_1 = 2$ cm. Miss zur Kontrolle den Abstand der Tangentenberührungspunkte T_1, T_2. Warum muss $\overline{T_1T_2}$ kleiner sein als $\overline{OP}$?

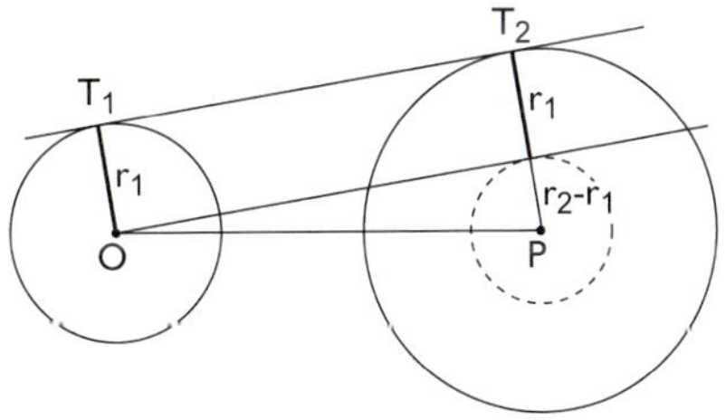

b) Zeichne die Ausgangsfigur wie in a). Nun sollst du die inneren Tangenten zeichnen, die zwischen den Kreisen hindurchgehen. Zeichne dazu zunächst die Tangente von O an den Kreis um P mit $r_2 + r_1$. Parallel dazu findest du nun die Tangente, die beide Kreise in T_1 und T_2 berührt. Miss den Abstand der Tangentenberührungspunkte T_1 und T_2.

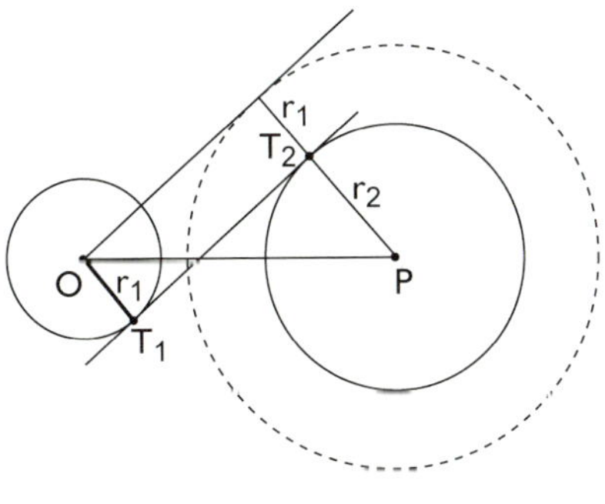

Das Tangentenviereck

Welche Vierecke haben einen Inkreis?

Ein Viereck hat genau dann einen Inkreis, wenn sich die vier Winkelhalbierenden in einem Punkt schneiden. Das Viereck heißt dann **Tangentenviereck**. Die Berührungsradien zerlegen dann das Tangentenviereck in vier Tangentendrachen.

Was heißt: Summe der Gegenseiten?

Im Tangentenviereck sind die Summen der Gegenseiten $a + c$ und $b + d$ gleich groß.
Für die Tangentenabschnitte gilt:
$a_1 = d_2$; $a_2 = b_1$; $c_1 = b_2$; $c_2 = d_1$
$a_1 + a_2 + c_1 + c_2 = d_2 + d_1 + b_1 + b_2$

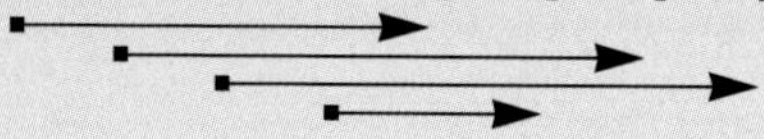

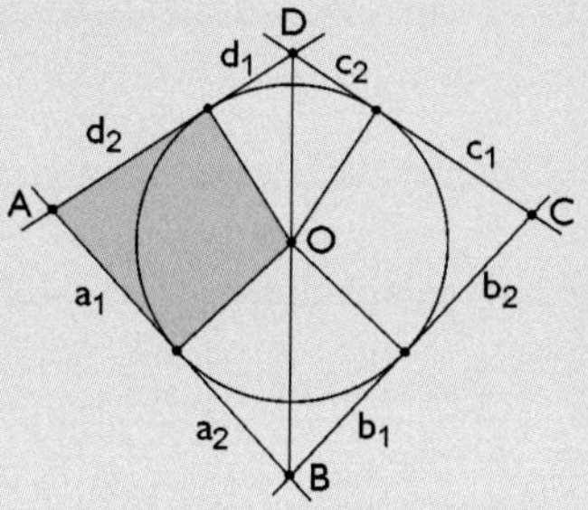

Genau dann ist ein Viereck ein Tangentenviereck, wenn die Summen der Gegenseiten gleich groß sind.

Welche speziellen Vierecke haben einen Inkreis?

Jeder Drachen hat einen Inkreis, damit auch jede Raute und jedes Quadrat. Ein Rechteck hat nur dann einen Inkreis, wenn es ein Quadrat ist. Ein Trapez kann einen Inkreis haben, wenn die obige Bedingung erfüllt ist (Summe der Gegenseiten). Dann ist es gleichschenklig.

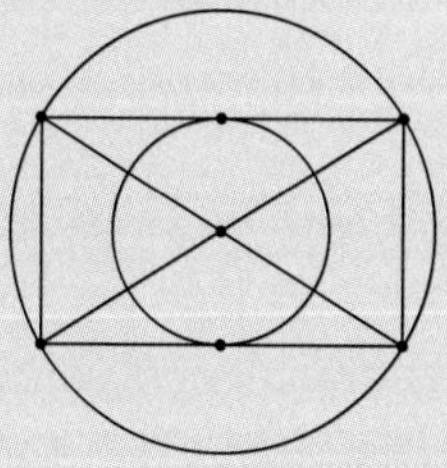

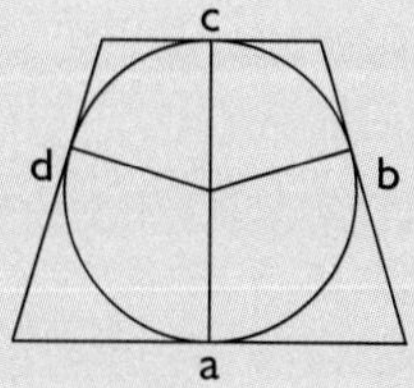

$a+c=b+d$

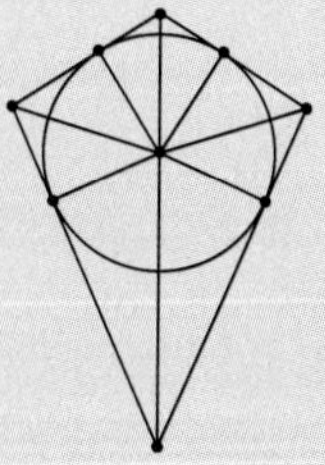

1.

Es sind die drei Tangentenvierecke eines Dreiecks gezeichnet.

a) Berechne die nummerierten Winkel.

b) Zeichne ein solches Dreieck mit $\rho = 4$ cm. Deine Zeichnung kann etwas ungenau werden! Miss dennoch die Seitenlänge und die Winkel.

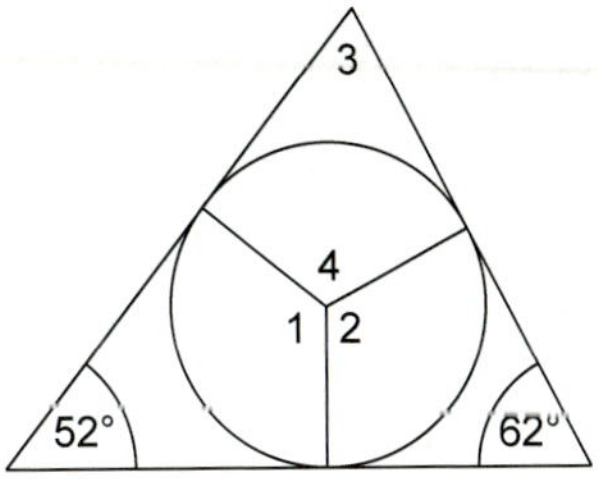

2.

Zeichne einen Kreis mit $\rho = 5$ cm und vier Radien so, dass diese wie in der Zeichnung die Winkel 70°, 120°, 40° einschließen. Was bleibt für δ übrig? Zeichne in den Eckpunkten der Radien die Senkrechten und nenne die Schnittpunkte A, B, C und D. Miss die Tangentenabschnitte und bilde die Summen der Gegenseiten.

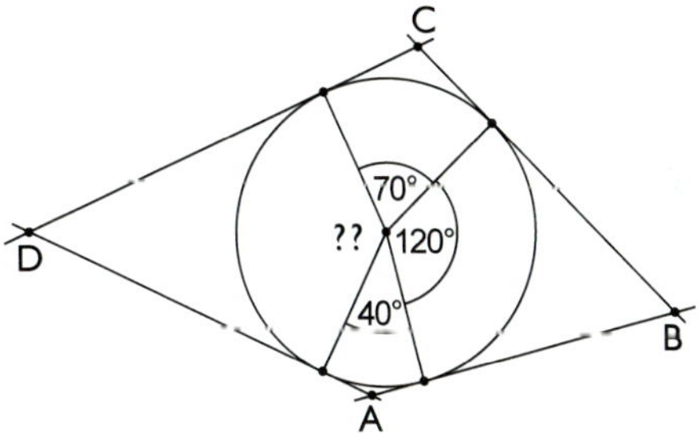

3.*

Zeichne ein gleichschenkliges Trapez, das einen Inkreis hat, also auch ein Tangentenviereck ist, mit a = 10 cm, b = 7 cm. Wie groß müssen die anderen beiden Seiten sein? Zeichne c in die Mitte von a und verschiebe nach oben. Zeichne den Inkreis und den Umkreis. Miss die Radien.

4.

Zeichne einen Drachen mit e = 10 cm, $\alpha = 50°$ und f = 6 cm und zeichne den Inkreis. Miss ρ.

5.*

Zeichne einen Drachen mit e = 10 cm und f = 6 cm, der auch einen Umkreis hat. Zeichne den In- und Umkreis. Miss r und ρ.

Zusammenfassung

Begriffe	Erläuterungen	Beispiele
Tangenten-drachen	Ein Kreis, der zwei sich schneidende Geraden berührt, erzeugt durch die Berührungsradien und die Tangentenabschnitte einen Tangentendrachen.	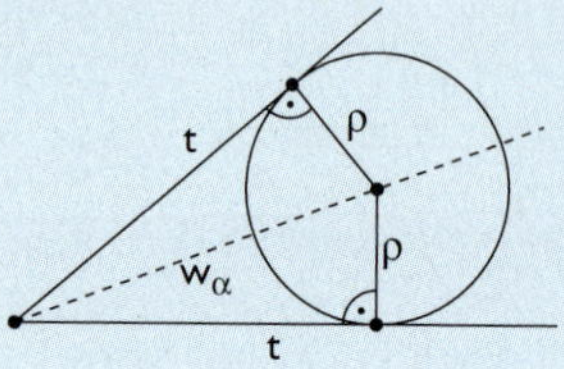
Schnittpunkt der Winkel-halbierenden Mittelpunkt des Inkreises	Die drei Winkelhalbierenden eines Dreiecks schneiden sich in einem Punkt, dem Mittelpunkt O des **Inkreises**. Die Dreiecksseiten sind dann Tangenten an diesen Kreis. Die **Berührungsradien** zerlegen das Dreieck in drei Tangentendrachen.	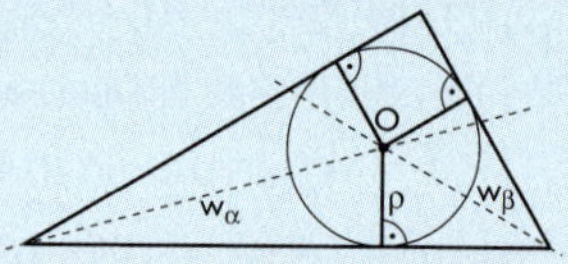
Tangentenviereck	Vierecke haben nur in Sonderfällen einen Inkreis. Die vier Winkelhalbierenden müssen sich in einem Punkt schneiden. Ein solches Viereck heißt dann Tangentenviereck. Im Tangentenviereck sind die Summen der Gegenseiten gleich groß.	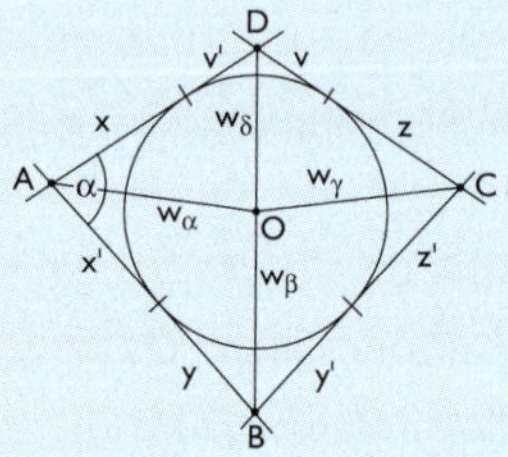 x = x′ y = y′ z = z′ …
Tangenten-konstruktion	Gegeben sei ein Punkt P und ein Kreis mit r um O. Man verbindet P mit O, halbiert $\overline{PO}$ und schlägt den Thaleskreis. Die Schnittpunkte ergeben die Tangentenberührungspunkte.	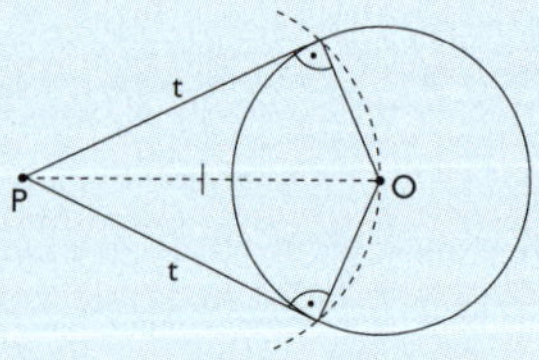

Test

Test 1

Zeichne ein symmetrisches Trapez ($a \| c$) aus $a = 6$ cm, $\alpha = 65°$, $b = 4$ cm und seinen Umkreis. Zeichne die Tangenten an diesen Umkreis in den Punkten A, B, C, D. Miss die zur Flächenberechnung dieses Umvierecks notwendigen Größen und rechne.

Test 2

Zeichne die Strecke $\overline{AOC}$ mit $\overline{AO} = 6$ cm, $\overline{OC} = 4$ cm. Zeichne um O einen Kreis mit $\rho = 2{,}5$ cm. Konstruiere die Tangenten von A und C an diesen Kreis (O, ρ). Was für ein Viereck entsteht? Miss die Diagonalen dieses Vierecks und berechne den Flächeninhalt.

Test 3

Zeichne einen rechtwinkligen Drachen mit $a = 8$ cm, $\alpha = 50°$, $\beta = 90°$ und zeichne dann einen Kreis um C, der durch B geht. Welche Funktion haben die Geraden, auf denen a bzw. d liegen, für diesen Kreis? Miss r.

Test 4

Zeichne ein symmetrisches Trapez, das einen Inkreis hat. $a = 10$ cm, $b = d = 7$ cm. Berechne c und zeichne. Beachte die Symmetrie. Miss den Radius ρ des Inkreises.

Lösungen

1 Terme und Termumformungen

Terme

1.

a) $4 \cdot 3 = 12$ b) $4 + 35 = 39$ c) $18 + 9 = 27$

d) 7 e) 3 f) 10

2.

a)

x	$5 \cdot (3x - 1)$	$15 \cdot x - 5$	$15 \cdot x - 1$
1	10	10	14
−2	−35	−35	−31
0	−5	−5	−1
$\frac{1}{3}$	0	0	4

b) Die Terme $5 \cdot (3x - 1)$ und $15 \cdot x - 5$ sind äquivalent.

3.

a)

a	b	$a \cdot (a + b)$	$a^2 + a \cdot b$	$a^2 + b$
3	−1	$3 \cdot (3 - 1) = 6$	$9 + 3 \cdot (-1) = 6$	$9 - 1 = 8$
0	4	$0 \cdot (0 + 4) = 0$	$0 + 0 \cdot 4 = 0$	$0 + 4 = 4$

b) Die Terme $a \cdot (a + b)$ und $a^2 + a \cdot b$ sind gleichwertig.

4.

a)

x	y	$2x \cdot (3x + 2y)$	$6 \cdot x + 2x \cdot 2y$	$4x \cdot y + 6 \cdot x$
1	−2	−2	−2	−2
0	$\frac{1}{2}$	0	0	0
−2	0	24	−12	−12

b) Die Terme $6 \cdot x + 2x \cdot 2y$ und $4x \cdot y + 6 \cdot x$ sind äquivalent.

Summen und Produkte von Termen

1.

a)	$4x - 5y$	$7a - 3b$
b)	$7y - 12$	$10 - 3x$
c)	abc	$3xy$
d)	$2(x - y)$	$4(m + n)$
e)	$3(x - 1)$	$5(y - 3)$
f)	$2xy$	$8ab$

2.

a) Assoziativgesetz
Kommutativgesetz
Assoziativgesetz

b) Assoziativgesetz
Kommutativgesetz
Assoziativgesetz

3.

a) $x + 5y$ b) $-2x + 8y + 12$ c) $6a - 4b$
d) $5a - 9b$ e) $4a - 2b - 2x$ d) $2y + 5$

4.

a) $15xy$ b) $2ab$ c) $2xy$ d) $41ab$ e) $23xy$

Rechnen mit Klammern

1.

a) $4x - 3x - 2y + 2x - y = 3x - 3y$
b) $6a - 4b$
c) $x - 4y$
d) $7x - 3y$
e) $-x + 2y$
f) $5a - 4b$

2.

a) $14x$
b) $14a - 2a - 13b - 15b + a = 13a - 28b$
c) $240 + 20 - 15p - 3p - 120 = 140 - 18p$
d) $11u - 13v + 7u + 8u - v = 26u - 14v$
e) $6{,}31 - 4{,}21 - 5{,}4m + 8{,}8m - 1 = 1{,}1 + 3{,}4m$
f) $2x + [4y - 2x + 5y] = 2x - 2x + 4y + 5y = 9y$
g) $16 - [10c - 19c - 15] - [15d - 17d + 9c + 25]$
$= 16 - 10c + 19c + 15 - 15d + 17d - 9c - 25 = 6 + 2d$
h) $7a - [3b - 4a - b + a] = 7a - 3b + 4a + b - a = 10a - 2b$
i) $5x - \{3y - 6y - 2x + y\} = 5x - 3y + 6y + 2x - y = 7x + 2y$

k) $45m - [9m - 13n - 5m + 4n] - [17m - 3m + 7n + 8m]$
$= 45m - 9m + 13n + 5m - 4n - 17m + 3m - 7n - 8m = 19m + 2n$

l) $8,2a + \{3,1b + [4,6 - 7,6a + 5,8b] - [2,7b - 8,9 - 0,6a]\}$
$= 8,2a + \{3,1b + 4,6 - 7,6a + 5,8b - 2,7b + 8,9 + 0,6a\}$
$= 8,2a + 3,1b + 4,6 - 7,6a + 5,8b - 2,7b + 8,9 + 0,6a$
$= 1,2a + 6,2b + 13,5$

3.

a) $3x - 2y + 4x = 7x - 2y$ b) richtig c) richtig
d) $28x - 4x - 26y - 30y + 2x = 26x - 56y$ e) richtig

Vereinfachen von Produkten

1.

a) $4 \cdot 3x$ $2xy$
$3 \cdot 4ab$ $3 \cdot 0,2a$

b) $xy + xy + xy$ $a + a + a + a$
$2 + 2 + 2 + 2$ $ab + ab + ab + ab + ab$

2.

a) $(2a)^3 = 8a^3$; $\left(\frac{1}{2}x\right)^3 = \frac{1}{8}x^3$; $(3ab)^3 = 27a^3b^3$; $(5xy)^2 = 25x^2y^2$

b) $x \cdot x \cdot x \cdot x$; $3 \cdot 3 \cdot 3 \cdot 3 \cdot 3$; $\frac{1}{2} \cdot \frac{1}{2}$; $ab \cdot ab \cdot ab$; $xy \cdot xy$; $2xy \cdot 2xy \cdot 2xy$

3.

a) $42xy$ b) $\frac{3}{2}abc$ c) $0,12xyz$ d) $60xyz$ e) $24abc$
f) xyz g) $24a^2b$ h) $2xy^2z$ i) $0,3xy^2$

4.

a) $5xy$ $\frac{5}{2}xz^2$
$-7ab^2$ $5x^2z$

b) $4ab(3b + 5) - ab = 12ab^2 + 19ab$ $3x - xy(0,4 + 2,4) = 3x - 2,8xy$
$xyz(3 + 1) = 4xyz$ $2ab(1 + 3a + 10) = 22ab + 6a^2b$
$x^2y(30 - 12) + 3xy = 18x^2y + 3xy$ $2ab(3a - a + 1) = 4a^2b + 2ab$

Anwendungen des Distributivgesetzes

1.

a) $6a^2 - 10ab$
b) $2xy - x^2y$
c) $12x - 8xy$
c) $10xy - x^2$
e) $3y - \frac{1}{2}x$
f) $4x + y$

2.

a) $6x^2 - 9xz + 2xy - 3yz$
b) $12xy + 4bx + 6ay + 2ab$
c) $xy - \frac{3}{2}x - 10y + 15$
d) $6x^2 + 12x - \frac{1}{2}x - 1 = 6x^2 + \frac{23}{2}x - 1$
e) $12ac + 6ad - 8bc - 4bd$
f) $6 + 3b - 2a - ab$

3.

a) $6a^2 + 9ab + 6ab - 2b^2 - 4a^2 - 20ab + 18ab + 24b^2 = 2a^2 + 13ab + 22b^2$
b) $30s^2 - 15st - 10s^2 - 8st + 21t^2 - 7st - 8s^2 - 7st = 12s^2 - 37st + 21t^2$
c) $20ik - 16i^2 + 15ik + 6k^2 - 6ik + 4k^2 - 24i^2 - 12ik = 17ik - 40i^2 + 10k^2$
d) $21x^2 - 14xy + 28xz - 15yz + 6xy + 3y^2 + 18yz - 6xz - 8z^2$
$= 21x^2 - 8xy + 22xz + 3yz + 3y^2 - 8z^2$
e) $8uv + 12uw - 14u^2 + 12uv - 28v^2 + 24vw - 10uw - 25vw + 40w^2$
$= 20uv + 2uw - vw - 14u^2 - 28v^2 + 40w^2$
f) $2511 + 567m + 162n - 287m + 14m^2 - 21mn - 35mn + 155n + 30n^2$
$= 2511 + 280m + 317n + 14m^2 - 56mn + 30n^2$
g) $42a - 35b + 21c - 28d + 30a + 24b - 42c + 18d - 72b + 64a - 24c + 40d$
$= 136a - 83b - 45c + 30d$
h) $24x + 21y - 6z - 15y + 20x - 10z + 56z - 42x - 35y - 18x - 42y + 24z$
$= -16x - 71y + 64z$
i) $6a^2 + 3ab - 4ab - 2b^2 + 20a^2 - 10ab + 4ab - 2b^2 = 26a^2 - 7ab - 4b^2$
k) $2x^2 + 3xy - 2xy - 3y^2 - (6x^2 + 6xy - 2xy - 2y^2) = -4x^2 - 3xy - y^2$
Achtung: Minuszeichen vor dem **zweiten** Produkt: → Klammern setzen!
l) $6m^2 - 3mn + 4mn - 2n^2 + 10m^2 + 5mn + 2mn + n^2 = 16m^2 + 8mn - n^2$
m) $2a^2 - 3ab - 2ab + 3b^2 - (4a^2 + 4ab + 5ab + 5b^2) = -2a^2 - 14ab - 2b^2$
Achtung: Minuszeichen beachten!

Binomische Formeln – Faktorisieren

1.

a) $a^2 + ab + ab + b^2 = a^2 + 2ab + b^2$
$a^2 - ab - ab + b^2 = a^2 - 2ab + b^2$
$a^2 + ab - ab - b^2 = a^2 - b^2$

b) Es handelt sich um die drei binomischen Formeln.

2.

$4a^2 + 16ab + 16b^2$ $\quad$ $16y^2 - 40yz + 25z^2$ $\quad$ $a^2 - 2a + 1$
$\frac{1}{4}x^2 + x + 1$ $\quad$ $16u^2 - 24uv + 9v^2$ $\quad$ $16x^2 - 4x + \frac{1}{4}$
$9a^2 - b^2$ $\quad$ $4x^2 - 1$ $\quad$ $36a^2 - 9b^2$

3.

a) ①, ②, ④

b) ③ $x^4 - 4x^2 + 4$
⑤ $6ax - 3ay - 2bx + by$

4.

a) $2a(2b - 1)$
b) $x(7x - 1)$
c) $y\left(\frac{1}{2} + x\right)$
d) $3x(y + 4) + 2(y + 4) = (y + 4)(3x + 2)$
e) $2a(x - y) + 3x(d + y)$
f) $2a(x + y) - 3b(x + y) = (x + y)(2a - 3b)$
g) $(2x + 5y)^2$
h) $\left(\frac{1}{2}a - 4b\right)^2$

5.

a) $4x(a - b) - 5y(a - b) = (a - b)(4x - 5y)$
b) $3a(4c - 3d) + 2b(4c - 3d) = (4c - 3d)(3a + 2b)$
c) $3x(5y - 6) - 12(5y - 6) = (5y - 6)(3x - 12)$
d) $4a(3a - 2b) - 7(3a - 2b) = (3a - 2b)(4a - 7)$
e) $2x(5 + 3x) - y(5 + 3x) = (5 + 3x)(2x - y)$

6.

a) $xy\left(y + \frac{1}{5}x\right)$
b) $x(b + y) + 4a(x - y)$
c) $\left(3x + \frac{1}{3}y\right)^2$
d) $\left(\frac{1}{4}a - 8b\right)^2$
e) $(a + b)\cdot(2x - 3y)$
f) $(a - 1)\cdot(2a + 6b)$
g) $(x - 2y)\cdot(5x + 3)$
h) $(x - y)\cdot(4a - 4b)$

7.

a) $\frac{1}{9}x^2 - \frac{4}{3}xy + 4y^2$
b) $64u^2 + 128uv + 64v^2$
c) $25a^2 - \frac{1}{25}b^2$
d) $144x^2 + 144xy + 36y^2$
e) $256x^2 - 8xz + \frac{1}{16}z^2$
f) $y^2 - 1$

8.

$3x$	x^3
$4ab$	$(ab)^4$
$3 \cdot (-2)$	$(-2)^3$
$3\,(x-1)$	$(x-1)^3$

9.

a) $81x^4$
b) $\frac{1}{8}a^3b^3$
c) $0{,}25x^2y^2$
d) x^2y^2
e) $-8a^3b^3$
f) $16a^2b^2c^2$

10.

a) $a^3 - 3a^2 + 3a - 1$
b) $16x^4 - 96x^3 + 216x^2 - 216x + 81$
c) $x^3 + 3x^2y + 3xy^2 + y^3$
d) $16a^4 - 32a^3b + 24a^2b^2 - 8ab^3 + b^4$
e) $x^3 - \frac{3}{2}x^2 + \frac{3}{4}x - \frac{1}{8}$
f) $8x^3 + 36x^2y + 54xy^2 + 27y^3$

11.

a) $x^3 - 6x^2 + 12x - 8$
b) richtig
c) $16a^4 - 32a^3 + 24a^2 - 8a + 1$

Vermischte Aufgaben zu Termumformungen

1.

a) $-3x^2 + 17x - 12$
b) $63x^2 + 256x + 251$
c) $-4b^2 + 16b - 4$
d) $4x^2 + 70x + 175$

2.

a) $-10a^2 + 23ab - 4b^2$
b) $7x^2 + 8xy + 4y^2$
c) $-a^2 + 3ab - 2b^2$
d) $-15x^2 + 7xy - 3y^2$

3.

a) $-5ab + 2b^2$
b) $-x^2 + 4xy - y^2$
c) $5x^2 + 2xy - y^2$
d) $2x^2 - 3xy + 6y^2$

4.

a) $8x^3 - 12x^2y + 6xy^2 - y^3$
b) $x^4 + 12x^3y + 54x^2y^2 + 108xy^3 + 81y^4$
c) $x^4 - 8x^3y + 24x^2y^2 - 32xy^3 + 16y^4$
d) $64x^3 + 48x^2y + 12xy^2 + y^3$

5.

a) $x^3 + 2x^2y - x^2 + xy^2 - 2xy - y^2$
b) $4a^2b + 8a^2 - 4ab^2 - 8ab + b^3 + 2b^2$
c) $a^2b - a^2 + 6ab^2 - 6ab + 9b^3 - 9b^2$
d) $-x^3 + 3x^2y - 3xy^2 + y^3$
e) $-x^3 - 2x^2 + 4x + 8$
f) $-y^3 - 2y^2 + 15y + 36$

Bruchterme

1.

a)

	$x = 2$	$x = 1$	$x = \frac{1}{2}$	$x = 0$	$x = -2$
$\frac{3}{2(2x-1)}$	$\frac{1}{2}$	$\frac{3}{2}$	Nenner wird Null	$-\frac{3}{2}$	$-\frac{3}{10}$
$\frac{x}{2-x}$	Nenner wird Null	1	$\frac{1}{3}$	0	$-\frac{1}{2}$
$\frac{2}{(x-1)(x+2)}$	$\frac{1}{2}$	Nenner wird Null	$-\frac{8}{5}$	-1	Nenner wird Null

b) $\frac{3}{2(2x-1)}$: $D = \mathbb{Q}\setminus\left\{\frac{1}{2}\right\}$

$\frac{x}{2-x}$: $D = \mathbb{Q}\setminus\{2\}$

$\frac{2}{(x-1)(x+2)}$: $D = \mathbb{Q}\setminus\{1; -2\}$

2.

$D = \mathbb{Q}\setminus\{3\}$; $D = \mathbb{Q}\setminus\{4\}$; $D = \mathbb{Q}\setminus\{5\}$; $D = \mathbb{Q}\setminus\{-1\}$; $D = \mathbb{Q}\setminus\{2\}$

Achtung: Der **Zähler** darf 0 werden. Setzt man in $\frac{x+3}{5-x}$ für $x = -3$, so erhält man $\frac{0}{8} = 0$.

3.

a) Für $x = 2$ erhält man: $\frac{4}{0 \cdot 5} = \frac{4}{0}$ Für $x = -3$ erhält man: $\frac{-6}{-5 \cdot 0} = \frac{-6}{0}$

b) $D = \mathbb{Q}\setminus\{1; -1\}$; $D = \mathbb{Q}\setminus\left\{-2; \frac{1}{2}\right\}$; $D = \mathbb{Q}\setminus\left\{\frac{1}{2}; -\frac{1}{2}\right\}$

$D = \mathbb{Q}\setminus\{-2; 3\}$; $D = \mathbb{Q}\setminus\left\{\frac{5}{2}\right\}$; $D = \mathbb{Q}\setminus\left\{-\frac{5}{2}; 4\right\}$

c) $D = \mathbb{Q}\setminus\{0; 1\}$; $D = \mathbb{Q}\setminus\{3; -3\}$; $D = \mathbb{Q}\setminus\{2; -2\}$; $D = \mathbb{Q}\setminus\{0; 2\}$

4.

a) $x \neq -2y$ b) $x \neq y$ c) $4x \neq 3y$ d) $x \neq -y$

Kürzen und Erweitern von Bruchtermen

1.

a) $D = \mathbb{Q}\setminus\{5\}$ b) $D = \mathbb{Q}\setminus\{0\}$ c) $D = \mathbb{Q}\setminus\{0\}$

d) $D = \mathbb{Q}\setminus\{0; -5\}$ e) $D = \mathbb{Q}\setminus\{0; 2\}$ f) $D = \mathbb{Q}\setminus\{0\}$

g) $D = \mathbb{Q}\setminus\{1; -2\}$ h) $D = \mathbb{Q}\setminus\left\{\frac{1}{2}; -\frac{1}{3}\right\}$ i) $D = \mathbb{Q}\setminus\{-1; -2\}$

2.

$\frac{2}{x}$: $D = \mathbb{Q}\setminus\{0\}$

a) $\frac{2(x-1)}{x\cdot(x-1)}$: $D = \mathbb{Q}\setminus\{0; 1\}$

b) $\frac{2(2+3x)}{x(2+3x)}$: $D = \mathbb{Q}\setminus\left\{0; -\frac{2}{3}\right\}$

c) $\frac{2x}{x^2}$: $D = \mathbb{Q}\setminus\{0\}$

d) bei Aufgabe c)

3.

a) $\frac{3x}{x(2x+4)}$: $D = \mathbb{Q}\setminus\{0; -2\}$ $\frac{3}{2x+4}$: $D = \mathbb{Q}\setminus\{-2\}$

b) $\frac{2(x-1)}{(3x+1)\cdot(x-1)}$: $D = \mathbb{Q}\setminus\left\{1; -\frac{1}{3}\right\}$ $\frac{2}{3x+1}$: $D = \mathbb{Q}\setminus\left\{-\frac{1}{3}\right\}$

c) $\frac{x(x-5)}{(x-5)\cdot(x+5)}$: $D = \mathbb{Q}\setminus\{5; -5\}$ $\frac{x}{x+5}$: $D = \mathbb{Q}\setminus\{-5\}$

4.

a) $\frac{x-2}{x}$: $D = \mathbb{Q}\setminus\{0\}$ $\frac{(x-2)(2x-1)}{x(2x-1)}$: $D = \mathbb{Q}\setminus\left\{0; \frac{1}{2}\right\}$

$\frac{5}{x+2}$: $D = \mathbb{Q}\setminus\{-2\}$ $\frac{5(2x-1)}{(x+2)(2x-1)}$: $D = \mathbb{Q}\setminus\left\{-2; \frac{1}{2}\right\}$

$\frac{4+x}{2x+1}$: $D = \mathbb{Q}\setminus\left\{-\frac{1}{2}\right\}$ $\frac{(4+x)(2x-1)}{(2x+1)(2x-1)}$: $D = \mathbb{Q}\setminus\left\{-\frac{1}{2}; \frac{1}{2}\right\}$

b) $\frac{x+2x^2}{2x^2} = \frac{x\cdot(1+2x)}{x\cdot 2x}$: $D = \mathbb{Q}\setminus\{0\}$; $\frac{1+2x}{2x}$: $D = \mathbb{Q}\setminus\{0\}$

$\frac{x-7}{(x-7)(x+7)}$: $D = \mathbb{Q}\setminus\{7; -7\}$; $\frac{1}{x+7}$: $D = \mathbb{Q}\setminus\{-7\}$

$\frac{5x-2}{5x+2}$: $D = \mathbb{Q}\setminus\left\{-\frac{2}{5}\right\}$; Kein Kürzen des Terms möglich.

Addieren und Subtrahieren von Bruchtermen

1.

a) $D = \mathbb{Q}\backslash\{0\}$ b) $D = \mathbb{Q}\backslash\{0; 2\}$ c) $D = \mathbb{Q}\backslash\{0; -1\}$

d) $D = \mathbb{Q}\backslash\{1; 5\}$ e) $D = \mathbb{Q}\backslash\{0; -2\}$ f) $D = \mathbb{Q}\backslash\{3; -3\}$

2.

a) $\frac{2\cdot 7}{7x} - \frac{5}{7x} = \frac{14-5}{7x} = \frac{9}{7x}$

b) HN: $x\cdot(2-x)$; $\frac{3x^2-x+2}{x(2-x)}$

c) HN: $2x\cdot(x+1)$; $\frac{6x+4}{2x(x+1)}$

d) HN: $(a-5)\cdot(a-1)$; $\frac{5a-13}{(a-5)(a-1)}$

e) HN: $3x\cdot(2+x)$; $\frac{5x+4}{3x(2+x)}$

f) HN: $(3+z)\cdot(z-3)$; $\frac{-6z}{(3+z)(z-3)}$

3.

a) HN: $x\cdot(x-2)$; $\frac{4x^2+3x-6}{x(x-2)}$ mit $D = \mathbb{Q}\backslash\{0; 2\}$

b) HN: $x\cdot(3-x)$; $\frac{-2x^2+13x-3}{x(3-x)}$ mit $D = \mathbb{Q}\backslash\{0; 3\}$

c) HN: $14a$; $\frac{11}{14a}$ mit $D = \mathbb{Q}\backslash\{0\}$

d) HN: $12\cdot x$; $\frac{9x-4}{12x}$ mit $D = \mathbb{Q}\backslash\{0\}$

e) HN: $3x\cdot(x-1)$; $\frac{10x-7}{3x(x-1)}$ mit $D = \mathbb{Q}\backslash\{0; 1\}$

4.

a) HN: $(x-1)\cdot(2x+1)$; $\frac{-7x^2-9x+1}{(x-1)(2x+1)}$ mit $D = \mathbb{Q}\backslash\left\{1; -\frac{1}{2}\right\}$

b) HN: $a\cdot(a+1)(3-2a)$; mit $D = \mathbb{Q}\backslash\left\{0; -1; \frac{3}{2}\right\}$

$$\frac{4a\cdot a\cdot(a+1)-(3-2a)(a+1)+2a(3-2a)}{a(a+1)(3-2a)} = \frac{4a^3+2a^2+5a-3}{a(a+1)(3-2a)}$$

c) HN: $(b+1)(b-1)$; mit $D = \mathbb{Q}\backslash\{1; -1\}$

$$\frac{17\cdot(b-1)}{(b+1)(b-1)} + \frac{3}{(b+1)(b-1)} = \frac{17b-14}{(b+1)(b-1)} = \frac{17b-14}{b^2-1}$$

d) HN: $x\cdot y\cdot(x-y)$ $\frac{y+x}{xy(x-y)}$ mit $x, y \neq 0$ und $x \neq y$

e) HN: $(a+b)(a-b)$ $\frac{a-b+1}{(a+b)(a-b)} = \frac{a-b+1}{a^2-b^2}$ mit $a \neq b$ und $a \neq -b$

f) HN: $x(x-y)$ $\frac{x-1}{x(x-y)}$ mit $x \neq 0$ und $x \neq y$

5.

a) HN ist d); $\frac{x+2y}{(x+y)(x-y)}$ mit $x \neq y$ und $x \neq -y$

b) HN ist f); $\frac{25x-5}{6(x+1)(x-1)} = \frac{5(5x-1)}{6(x+1)(x-1)}$ mit $D = \mathbb{Q}\backslash\{1; -1\}$

c) HN ist e); $\frac{x}{3(x-3)^2}$ mit $D = \mathbb{Q}\backslash\{3\}$

Multiplizieren und Dividieren von Bruchtermen

1.

a) $D = \mathbb{Q} \setminus \{0; 3\}$; $\frac{6x-2}{x-3}$

b) $D = \mathbb{Q} \setminus \{-1; -2\}$; $(x-2)(x-1)$

c) $D = \mathbb{Q} \setminus \{0; -2\}$; $2x$

d) $D = \mathbb{Q} \setminus \left\{-2; \frac{1}{3}\right\}$; $\frac{20}{x+2}$

e) $D = \mathbb{Q} \setminus \{0; -5\}$; $\frac{20}{a}$

f) $D = \mathbb{Q} \setminus \{0; 6; -6\}$; $\frac{2a(a+6) \cdot a}{a^2(a+6)(a-6)} = \frac{2}{a-6}$

2.

a) $\frac{(2x-1) \cdot x}{3x \cdot (x+1)} = \frac{2x-1}{3(x+1)}$; $D = \mathbb{Q} \setminus \{0; -1\}$

b) $\frac{6-x}{(6+x)(6-x)} = \frac{1}{6+x}$; $D = \mathbb{Q} \setminus \{6; -6\}$

c) $\frac{x+2}{(x+2)(x-2) \cdot (x-2)} = \frac{1}{(x-2)^2}$; $D = \mathbb{Q} \setminus \{2; -2\}$

d) $\frac{8x \cdot 8y}{4y \cdot 4x} = 4$; für $x \neq 0 \wedge y \neq 0$

e) $\frac{x(3x-2) \cdot 2x}{6x^3 \cdot (3x-2)} = \frac{1}{3x}$; $D = \mathbb{Q} \setminus \left\{0; \frac{2}{3}\right\}$

f) $\frac{4x^2 \cdot 2(x+5)}{(x+5) \cdot 2x} = 4x$; $D = \mathbb{Q} \setminus \{-5; 0\}$

3.

a) $\frac{(2a-3b) \cdot (4a-b)}{b(a+b)}$ für $a \neq -b \wedge b \neq 0$

b) $\frac{2a-b}{2(a-b)}$ für $a \neq 0 \wedge a \neq b$

c) $\frac{2y}{9x}$ für $x \neq 0 \wedge x \neq -y$

d) $\frac{2(x-y)}{3(x+y)}$ für $x \neq y$

e) $\frac{2(x-2y) \cdot (3x+y)(3x-y)}{(3x+y) \cdot (x-y)^2} = \frac{2(x-2y)(3x-y)}{(x-y)^2}$ für $x \neq y \wedge x \neq -\frac{1}{3}y$

f) $\frac{x+y}{y}$ für $x \neq 0 \wedge y \neq 0$

g) $\frac{(2x-y) \cdot 9x}{3x \cdot (2y-1)} = \frac{3(2x-y)}{2y-1}$ für $x \neq 0 \wedge y \neq \frac{1}{2}$

h) $\frac{(u+v) \cdot (u+v) \cdot (u-v)}{(u-v) \cdot u} = \frac{(u+v)^2}{u}$ für $u \neq 0 \wedge u \neq v \wedge u \neq -v$

i) $\frac{x(x+y) \cdot y}{y \cdot x^2} = \frac{x+y}{x}$ für $y \neq 0 \wedge x \neq 0$

j) $\frac{7(y-x)}{35(y+x)} = \frac{y-x}{5(y+x)}$ für $x \neq y \wedge x \neq -y$

k) $\frac{(a+7)^2 \cdot a(7a+1)}{7a^2 \cdot (7a+1)} = \frac{(a+7)^2}{7a}$ für $a \neq 0 \wedge a \neq -\frac{1}{7}$

l) $\frac{15y \cdot (x+1)}{(x-1) \cdot 30y^2} = \frac{x+1}{2y(x-1)}$ für $x \neq 1 \wedge x \neq -1 \wedge y \neq 0$

Test

Test 1

a) $4x - 3y + 5$ b) $2a - 4b + 5$

Test 2

$6xyz + 16x^2yz = 2xyz(3 + 8x)$

Test 3

a) $6x^2 + 10xy - 4y^2$ b) $\frac{1}{4}a^2 - 2ab + 4b^2$ c) $9a^2 - 4b^2$
d) $-8x^3y^3$ e) $x^3 - 6x^2 + 12x - 8$

Test 4

a) $(y - z)(3x + 4)$ b) $(2a - 3b)^2$

Test 5

a) $x \neq 1 \quad D = \mathbb{Q}\setminus\{1\}$ b) $a \neq -1 \quad D = \mathbb{Q}\setminus\{-1\}$

Test 6

a) $x \neq 0 \wedge y \neq 0$ b) $2x \neq -4y$

Test 7

a) $x \neq 0 \wedge y \neq 0;\ \frac{x}{xy^2} = \frac{1}{y^2}$

b) $x \neq 0 \wedge y \neq 0;\ \frac{10xy}{12xy^2} = \frac{5}{6y}$

c) $x \neq 0;\ \frac{3x - 11}{6x} = \frac{1}{2} - \frac{11}{6x}$

d) $x \neq 2 \wedge x \neq -5;\ \frac{x^2 + 5x + 42}{2(x - 2)(x + 5)} = \frac{x^2 + 5x + 42}{2x^2 + 6x - 20}$

e) $x \neq 0 \wedge x \neq -1;\ \frac{(3x - 1) \cdot x^2}{2x(x + 1)} = \frac{x(3x - 1)}{2(x + 1)} = \frac{3x^2 - x}{2x + 2}$

f) $x \neq 1 \wedge x \neq \frac{y}{2};\ \frac{xy}{x - 1}$

g) $a \neq 0 \wedge b \neq 0 \wedge a \neq b;\ \frac{(2a - 3b) \cdot 2ab}{4a \cdot (a - b)} = \frac{2ab - 3b^2}{2a - 2b}$

Lineare Gleichungen und Ungleichungen 2

Lösungen – Lösungsmengen

1.

Aussagen	Aussageformen
$3 + 7 = 10$	$9 - x > 2$
$4 + 3 < 10$	$3 + x = 5$
$7 - 2 = 1$	$x + 2 < 5$

2.

a) $0 + 1 < 3$ wahr $\quad 1 + 1 < 3$ wahr
$1 + 2 < 3$ falsch $\quad 1 + 3 < 3$ falsch

b) $0 - 1 > 1$ falsch $\quad 0 + 5 = 6$ falsch
$1 - 1 > 1$ falsch $\quad 1 + 5 = 6$ wahr
$2 - 1 > 1$ falsch $\quad 2 + 5 = 6$ falsch
$3 - 1 > 1$ wahr $\quad 3 + 5 = 6$ falsch

3.

a) $L = \{0; 1; 2; 3\}$ $\quad L = \{4\}$

b) $L = \{8\}$ $\quad L = \{3; 4; 5; 6; 7; 8\}$

c) $L = \{0; 1; 2\}$ $\quad L = \{1\}$

Lösungsmengen von Gleichungen und Ungleichungen

1.

a) $G = \mathbb{N}$; $L = \{7\}$; $G = \mathbb{Q}$: $L = \{7\}$

b) $G = \mathbb{N}$: $L = \{\}$; $G = \mathbb{Q}$: $L = \left\{\frac{5}{2}\right\}$

c) $G = \mathbb{N}$: $L = \{3\}$; $G = \mathbb{Q}$: $L = \{3\}$

d) $G = \mathbb{N}$: $L = \{\}$; $G = \mathbb{Q}$: $L = \{-4\}$

e) $G = \mathbb{N}$: $L = \{3\}$; $G = \mathbb{Q}$: $L = \{3\}$

f) $G = \mathbb{N}$: $L = \{\}$; $G = \mathbb{Q}$: $L = \left\{\frac{8}{3}\right\}$

2.

Lösungen sind:

a) $x = -1$ $\quad$ b) keiner der vorgegebenen x-Werte $\quad$ c) $x = -\frac{1}{2}$

3.

Lösungen sind:

a) $x = -5$; $x = 0$; $x = \frac{1}{2}$; $x = \frac{3}{2}$; $x = 2$

b) $x = 8$

c) $x = \frac{3}{2}$; $x = 2$; $x = 8$

4.

a) $L = \{6; 7; 8; 9; 10; \ldots\}$

b) $L = \{8; 9; 10; 11; 12; \ldots\}$

c) $L = \{4; 5; 6; 7; 8; \ldots\}$

5.

a) $L = \{8; 9; 10; \ldots\}$
$L = \{0; 1; 2; 3; 4; 5\}$

b) $L = \{x \in \mathbb{N} \mid x > 3\}$
$L = \{x \in \mathbb{N} \mid x > 9\}$

Äquivalenzumformungen von Gleichungen und Ungleichungen

1.

a) Ja, es entstehen immer wahre Aussagen.

b) ① $L = \{3\}$

$$\begin{aligned} 3x + 5 &< 14 \\ 3x &< 9 \\ x &< 3 \end{aligned}$$

$L = \{0; 1; 2\}$

Die Lösungsmengen haben sich **nicht** verändert.

② $L = \{0; 1; 2\}$

$$\begin{aligned} 5 &= 14 - 3x \\ -9 &= -3x \\ 3 &= x \end{aligned}$$

$L = \{3\}$

Die Lösungsmengen haben sich **nicht** verändert.

2.

a)

$$\begin{aligned} 3x - 5 &= 5x + 1 && \mid -5x \\ -2x - 5 &= 1 && \mid +5 \\ -2x &= 6 \\ x &= -3 \end{aligned}$$

$L = \{\ \}$, da $G = \mathbb{N}$

Probe:

$$\begin{aligned} 3 \cdot (-3) - 5 &= 5 \cdot (-3) + 1 \\ -9 - 5 &= -15 + 1 \\ -14 &= -14 \end{aligned}$$

b)

$$\begin{aligned} 3x - 5 &> 5x + 1 && \mid -5x \\ -2x - 5 &> 1 && \mid +5 \\ -2x &> 6 && \mid :(-2) \\ x &< -3 \end{aligned}$$

hier muss das >-Zeichen in ein <-Zeichen umgedreht werden!

$L = \{\ \}$, da $G = \mathbb{N}$

3.

a) $L = \{2\}$ b) $L = \left\{x \in \mathbb{Q} \mid x < \frac{7}{3}\right\}$ c) $L = \left\{x \in \mathbb{Q} \mid x < \frac{1}{3}\right\}$

d) $L = \left\{x \in \mathbb{Q} \mid x < -\frac{1}{6}\right\}$ e) $L = \left\{\frac{1}{2}\right\}$ f) $L = \{x \in \mathbb{Q} \mid x > 2\}$

4.

a) $9x - 12 = 10x - 13$; $L = \{1\}$

b) $-6x + 6 < 3x + 3$; $L = \left\{x \in \mathbb{Q} \mid x > \frac{1}{3}\right\}$

c) $-3x - 4 < 6x - 8$; $L = \left\{x \in \mathbb{Q} \mid x > \frac{4}{9}\right\}$

d) $7x - 6 > 4x + 5$; $L = \left\{x \in \mathbb{Q} \mid x > \frac{11}{3}\right\}$

e) $21 - 3x = 8x - 12$; $L = \{3\}$

f) $-2x - 6 < 15 - 6x$; $L = \left\{x \in \mathbb{Q} \mid x < \frac{21}{4}\right\}$

5.

a) $3x - 5 = 5x + 1$; HN 5 $L = \{-3\}$

b) $9x - 24x < 8x + 12$; HN 12 $L = \left\{x \in \mathbb{Q} \mid x > \frac{-12}{23}\right\}$

c) $3x + 6 > 4x - 2$; HN 6 $L = \{x \in \mathbb{Q} \mid x < 8\}$

d) $6x - 7 < 2 - 4x$; HN 4 $L = \left\{x \in \mathbb{Q} \mid x < \frac{9}{10}\right\}$

e) $4x + 8 = 24 - x$; HN 6 $L = \left\{\frac{16}{5}\right\}$

f) $60x - 7 > 10x + 20$; HN 10 $L = \left\{x \in \mathbb{Q} \mid x > \frac{27}{50}\right\}$

6.

a) $L = \left\{\frac{9}{14}\right\}$ b) $L = \left\{x \in \mathbb{Q} \mid x < \frac{1}{2}\right\}$ c) $L = \{1\}$

d) $L = \{x \in \mathbb{Q} \mid x > -12\}$ e) $L = \{x \in \mathbb{Q} \mid x < 3\}$ f) $L = \left\{\frac{2}{3}\right\}$

g) $L = \left\{x \in \mathbb{Q} \mid x > -\frac{48}{5}\right\}$ h) $L = \{x \in \mathbb{Q} \mid x < 2\}$ i) $L = \{x \in \mathbb{Q} \mid x > 4\}$

k) $L = \left\{-\frac{25}{11}\right\}$

Test

Test 1

a) Aussage b) Aussageform c) Aussageform d) Aussage

Test 2

a) $L = \{10\}$ b) $L = \{5; 10\}$

Test 3

a) $G = \mathbb{N}$: $L = \{6\}$; $G = \mathbb{Q}$: $L = \{6\}$

b) $G = \mathbb{N}$: $L = \{\}$; $G = \mathbb{Q}$: $L = \{-1\}$

c) $G = \mathbb{N}$: $L = \{\}$; $G = \mathbb{Q}$: $L = \left\{\frac{5}{3}\right\}$

Test 4

a) $L = \{10; 11; 12; 13; \ldots\}$ b) $L = \{\ldots\ 6; 7; 8\}$ c) $L = \{2\}$

Test 5

a) $2x - 2 = 5x + 3$; $L = \left\{-\frac{5}{3}\right\}$

b) $3x - 12 > 2x + 5$; $L = \{x \in \mathbb{Q} \mid x > 17\}$

c) $10x - 1 < 3x + 2$; $L = \left\{x \in \mathbb{Q} \mid x < \frac{3}{7}\right\}$

d) $9 - 12x > 14$; $L = \left\{x \in \mathbb{Q} \mid x < -\frac{5}{12}\right\}$

Funktionen 3

Zuordnungen

1.

$(P_1; S_1)$, $(P_1; S_2)$, $(P_1; S_3)$, $(P_1; S_4)$
$(P_2; S_1)$, $(P_2; S_2)$, $(P_2; S_3)$, $(P_2; S_4)$
$(P_3; S_1)$, $(P_3; S_2)$, $(P_3; S_3)$, $(P_3; S_4)$

2.

Es sind 8 Kombinationen möglich.

a) 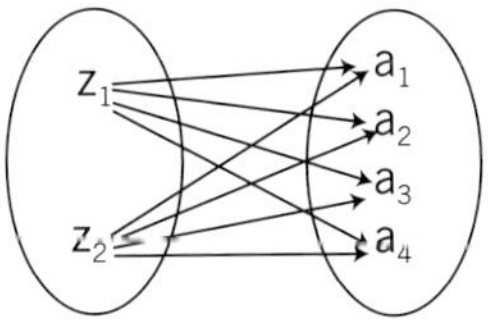

b) $\{(z_1; a_1), (z_1; a_2), (z_1; a_3), (z_1; a_4), (z_2; a_1), (z_2; a_2), (z_2; a_3), (z_2; a_4)\}$

3.

a) Pfeilbild links: (a; 1), (b; 1), (c; 3), (d; 2)
Pfeilbild rechts: (a; 1), (a; 2), (b; 3), (d; 3)

b) a und b c) a

Funktionen

1.

a)

Anzahl der l	1	2	3	$3\frac{1}{2}$	4
Preis in €	1,40	2,80	4,20	4,90	5,60

Gewicht in kg	1	2	$2\frac{1}{2}$	3	4
Preis in €	3,20	6,40	8,00	9,60	12,80

b) Diese Zuordnungen sind Funktionen, weil jedem Element der ersten Menge **genau** ein Element der zweiten zugeordnet ist.

2.

a) a, c, d

Das linke Pfeilbild stellt **keine** Funktion dar, weil von A **drei** Pfeile ausgehen.

b) Das rechte Pfeilbild ist eine Funktion, da von jedem Element der ersten Menge **genau ein** Pfeil ausgeht.

3.

a) ist eine Funktion, weil von jedem Element genau ein Pfeil ausgeht.

b) ist keine Funktion, weil von 1 zwei Pfeile ausgehen.

4.

a) ja b) $f: x \mapsto 3 \cdot x$ c) $3 \cdot x$, $f(x) = 3 \cdot x$ d) $W = \mathbb{Q}$

e)

x	-1	0	$\frac{1}{2}$	2	10
$3 \cdot x$	-3	0	$\frac{3}{2}$	6	30

5.

a) ja b) $f: x \mapsto x^2$ c) x^2, $f(x) = x^2$ d) $W = \mathbb{Q}^+$, da $(-) \cdot (-)$ **plus** ergibt.

e)

x	-2	-1	0	$\frac{1}{2}$	2	10
x^2	4	1	0	$\frac{1}{4}$	4	100

6.

a) ja b) $f: x \mapsto 2x - 5$ c) $2x - 5$, $f(x) = 2x - 5$ d) $W = \mathbb{Q}$

e)

x	-1	0	1	2	3
$2x - 5$	-7	-5	-3	-1	1

7.

a) Dann könnte ein Fahrzeughalter nicht **eindeutig** ermittelt werden.

b) Nein, denn **ein** Fahrzeughalter kann **mehrere** Autos besitzen!

8.

a) $f: x \mapsto 40x$

b)

min	1	$\frac{1}{2}$	2	5	$8\frac{1}{2}$
l	40	20	80	200	340

c)

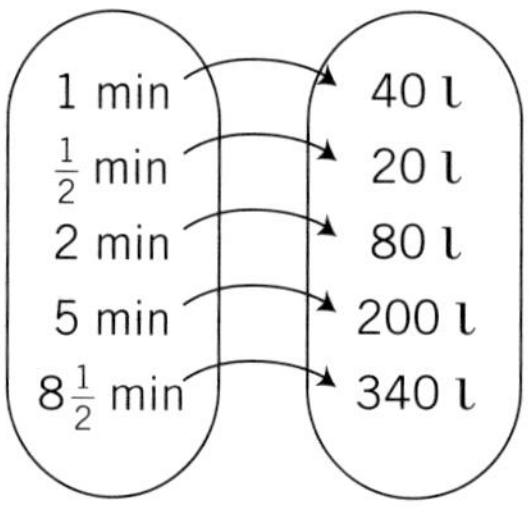

9.

a) f: $x \mapsto 80x$

b)

h	1	4	$4\frac{1}{2}$	5
km	80	320	360	400

c)

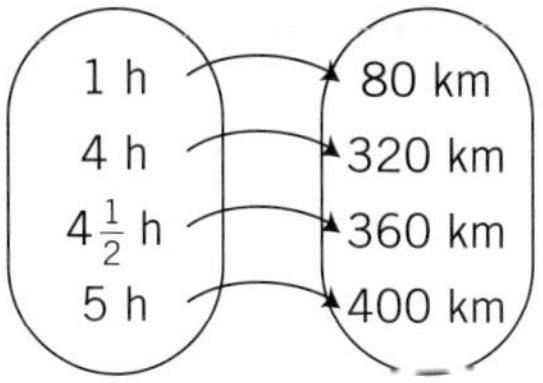

10.

zu a) gehört $x \mapsto 2x$

zu b) gehört $x \mapsto x^2$

zu c) gehört Anzahl der kg ↦ Preis in €

Graphen

1.

a)

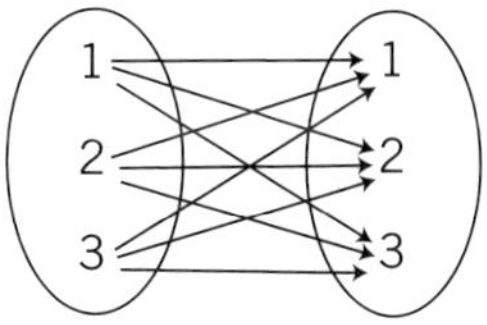

c)

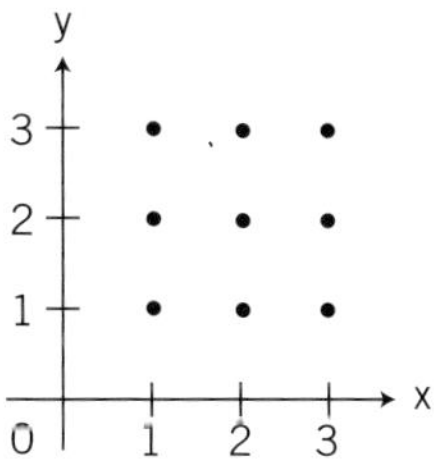

b) (1; 1), (1; 2), (1; 3), (2; 1), (2; 2), (2; 3), (3; 1), (3; 2), (3; 3)

d) Nein, hier liegt keine Funktion vor.

2.

a)

x	−1	$-\frac{1}{2}$	0	$\frac{1}{2}$	1	2
$2 \cdot x$	−2	−1	0	1	2	4

b)

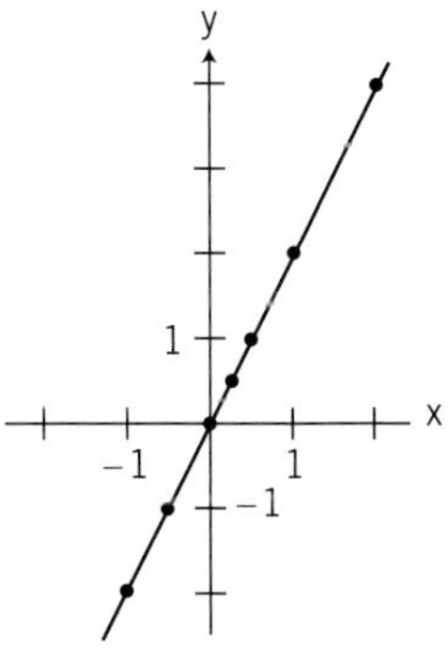

c) Man erhält eine Gerade.

d) $f(\frac{1}{4}) = 2 \cdot \frac{1}{4} = \frac{1}{2}$. Der Punkt $\left(\frac{1}{4} \middle| \frac{1}{2}\right)$ liegt ebenfalls auf der Geraden.

e) Ja.

3.

a)

x	−1	0	$\frac{1}{2}$	1	2
2x − 3	−5	−3	−2	−1	1

b)

x	−1	0	$\frac{1}{2}$	1	2
−2x + 1	3	1	0	−1	−3

c) Es handelt sich jeweils um eine Funktion.

zu a):

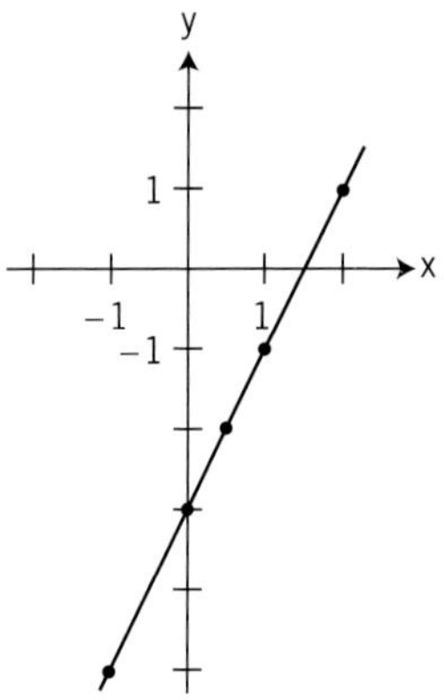

zu b):

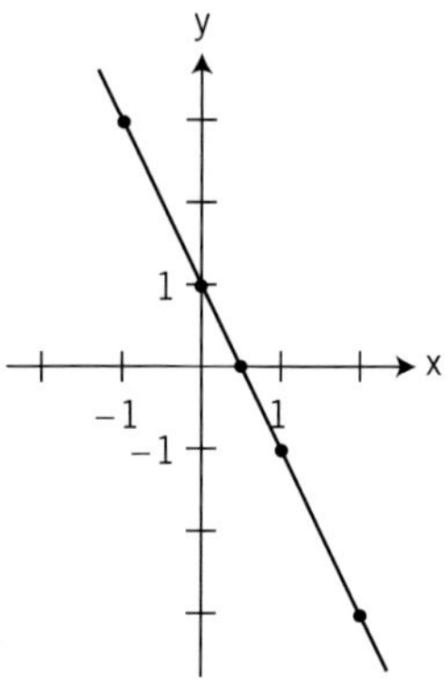

4.

a) 1) P(1|3) 2) P(1|1) 3) P_1(1|1); P_2(1|−1) 4) P(1|−1)

b) 1), 2) und 4) sind Funktionsgraphen, weil jedem x genau ein Wert (hier Punkt) zugeordnet ist. 3) kann dann kein Funktionsgraph sein.

5.

a) ist hier Funktionsgraph.

Test

Test 1

a)

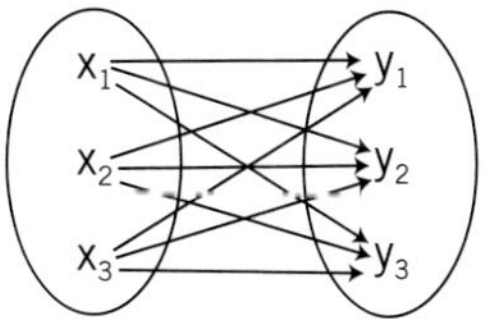

b) $(x_1; y_1)$, $(x_1; y_2)$, $(x_1; y_3)$, $(x_2; y_1)$, $(x_2; y_2)$, $(x_2; y_3)$, $(x_3; y_1)$, $(x_3; y_2)$, $(x_3; y_3)$

Test 2

a) ja b) f: $x \mapsto 2x + 1$ c) $2x + 1$, $f(x) = 2x + 1$

d)

x	−2	−1	0	1	2
2x + 1	−3	−1	1	3	5

e)

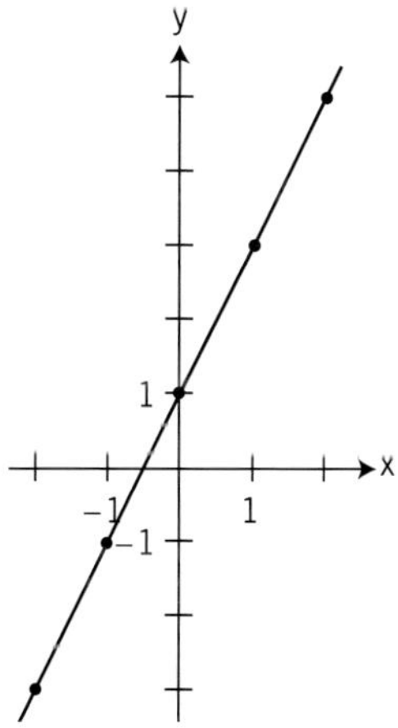

Test 3

a)

x	−2	−1	0	1	2
2x − 3	−7	−5	−3	−1	1

b)

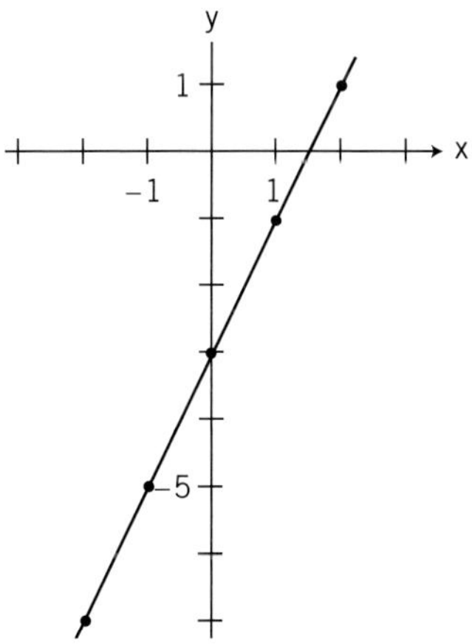

Test 4

①, ② und ③ sind Funktionsgraphen.

4 Lineare Funktionen – lineare Gleichungen

Lineare Funktionen und ihre Graphen

1.

a)

x	0	5	10	15	20
€	25	35	45	55	65

b) $x \mapsto 2 \cdot x + 25$

c)

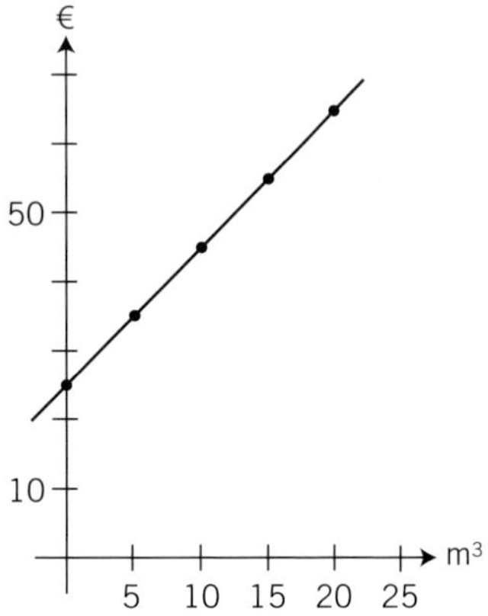

2.

a) Die lineare Funktion lautet $x \mapsto 20 \cdot x + 80$.

b)

Tag	0	1	2	3
Gebühr (€)	80	100	120	140

c)

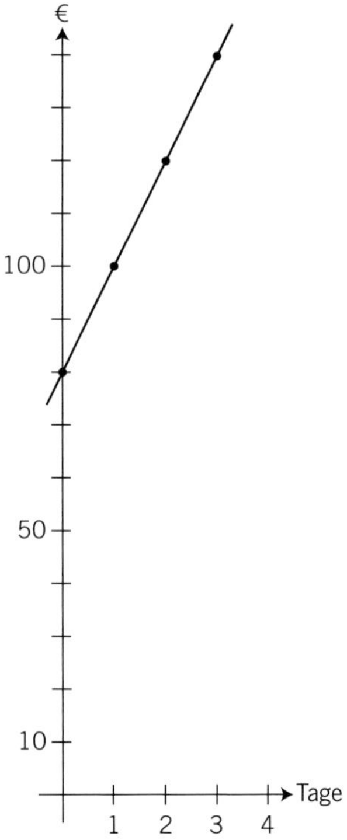

Lösungen linearer Gleichungen

1.

(0; 5), (6; 13), $\left(-1; \frac{11}{3}\right)$ sind Lösungen.

2.

a) (–1; 2) ist **nicht** Lösung von 3y + 5x = 12, denn 6 – 5 ≠ 12.

b) $\left(2; \frac{2}{3}\right)$, (3; –1), (–3; 9), $\left(4; -\frac{8}{3}\right)$

Dies sind nur Beispiele, du kannst auch andere Lösungen gefunden haben.

3.

a) $4y + 3x = 20 \quad | -3x$

$4y = 20 - 3x \quad | :4$

$y = 5 - \frac{3}{4}x$

b)

x	–3	–2	–1	0	$\frac{1}{2}$	1
y	$\frac{29}{4}$	$\frac{13}{2}$	$\frac{23}{4}$	5	$\frac{37}{8}$	$\frac{17}{4}$

c) $L = \left\{(x; y) \middle| y = 5 - \frac{3}{4}x\right\}$

4.

a) $y = 4 + \frac{5}{4}x$

b)

x	–1	$-\frac{1}{2}$	0	1	2	3
y	$\frac{11}{4}$	$\frac{27}{8}$	4	$\frac{21}{4}$	$\frac{13}{2}$	$\frac{31}{4}$

c) $L = \left\{(x; y) \middle| y = 4 + \frac{5}{4}x\right\}$

5.

a) $\frac{1}{4}y = 3 - \frac{1}{8}x \quad | \cdot 4$

$y = 12 - \frac{1}{2}x$

b)

x	–1	$-\frac{1}{2}$	0	1	2	3
y	$\frac{25}{2} = 12\frac{1}{2}$	$\frac{49}{4} = 12\frac{1}{4}$	12	$\frac{23}{2}$	11	$\frac{21}{2}$

c) $L = \left\{(x; y) \middle| y = 12 - \frac{1}{2}x\right\}$

6.

a) $y = 4 - \frac{2}{3}x$

x	−1	$-\frac{1}{2}$	0	1	2	3
y	$\frac{14}{3}$	$\frac{13}{3}$	4	$\frac{10}{3}$	$\frac{8}{3}$	2

Deine Wertetabellen können auch andere Wertepaare enthalten!

$L = \left\{(x; y) \middle| y = 4 - \frac{2}{3}x\right\}$

b) $y = 4 + \frac{3}{2}x$

x	−1	$-\frac{1}{2}$	0	1	2	3
y	$\frac{5}{2}$	$\frac{13}{4}$	4	$\frac{11}{2}$	7	$\frac{17}{2}$

$L = \left\{(x; y) \middle| y = 4 + \frac{3}{2}x\right\}$

c) $y = 12 + 4x$

x	−1	$-\frac{1}{2}$	0	1	2	3
y	8	10	12	16	20	24

$L = \{(x; y) | y = 12 + 4x\}$

Graphen der Lösungsmengen

1.

a) $P_1(3|2)$, $P_2(-3|1)$, $P_3(-4|-2)$, $P_4(2|-4)$

b)

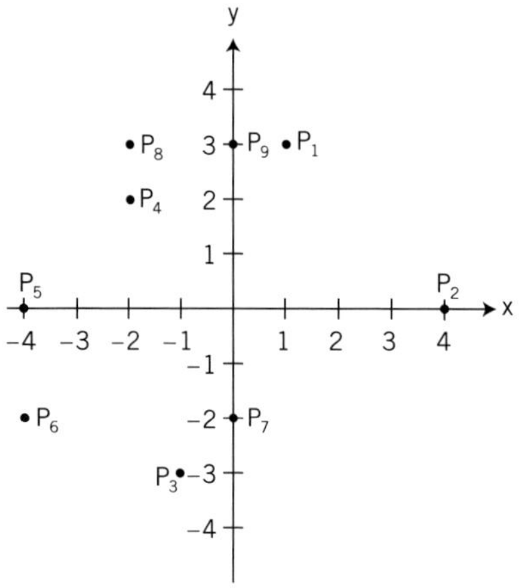

c) P_2 und P_5 liegen auf der x-Achse; P_7 und P_9 liegen auf der y-Achse.

2.

a) $P_1(2|0)$, $P_2(2|2)$, $P_3(2|4)$, $P_4(0|3)$, $P_5(-2|3)$, $P_6(-3|3)$, $P_7(-3|0)$, $P_8(-3|-2)$, $P_9(0|-2)$, $P_{10}(3|-2)$

b)

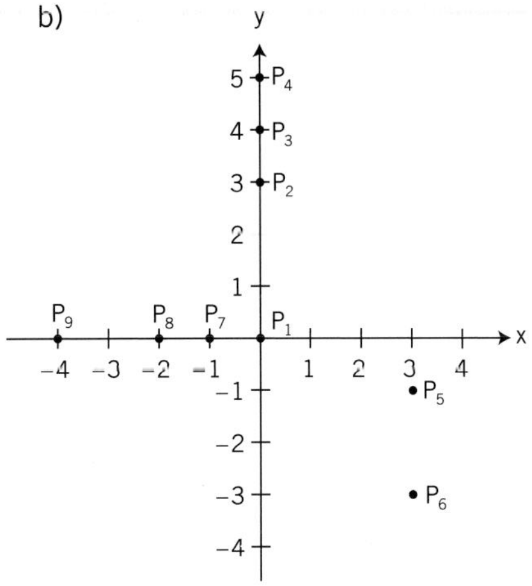

3.

a) $y = 1 + 2x$

b)

x	−2	−1	0	1	2	$-\frac{1}{2}$	$1\frac{1}{2}$	$2\frac{1}{2}$
y	−3	−1	1	3	5	0	4	6

c)

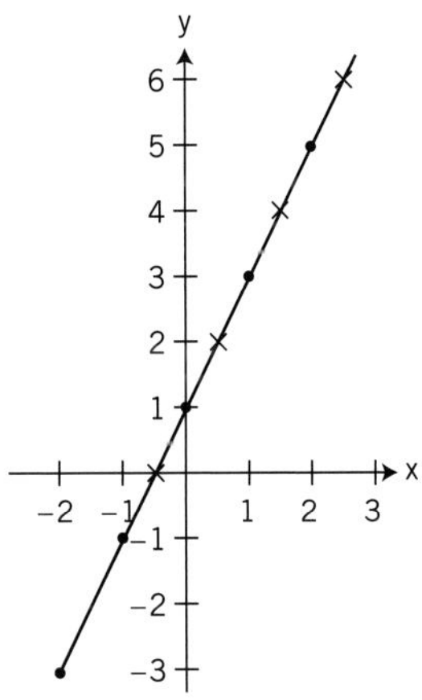

d), e) Ja!

4.

a) $-2y = 1 - 6x \quad | :(-2)$

$y = -\frac{1}{2} + 3x$

b)

x	-1	$-\frac{1}{2}$	0	$\frac{1}{2}$	2
y	$-\frac{7}{2}$	-2	$-\frac{1}{2}$	1	$\frac{11}{2}$

c)

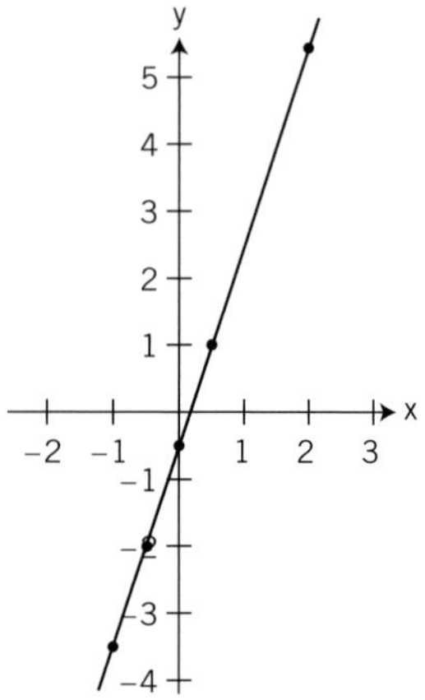

d) Ja!

5.

a) $y = \frac{1}{2}x + \frac{3}{2}$

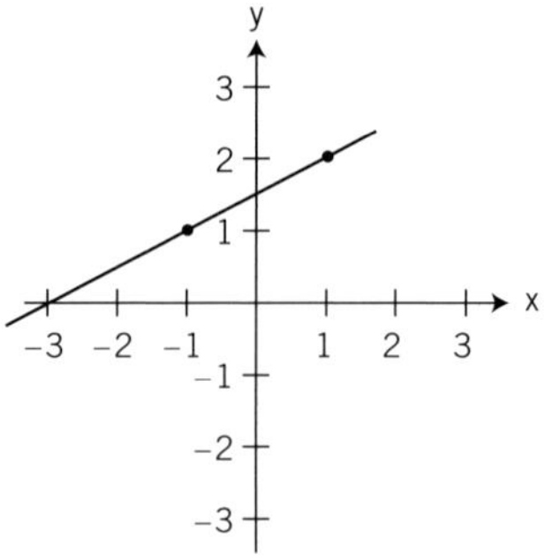

b) $y = -2x + 4$

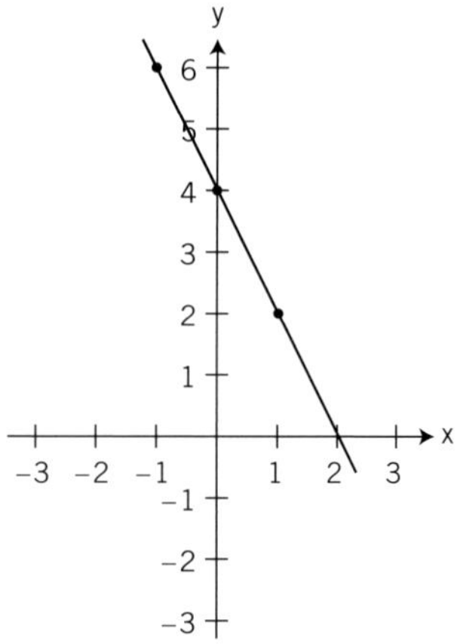

c) $y = 4x - 2$

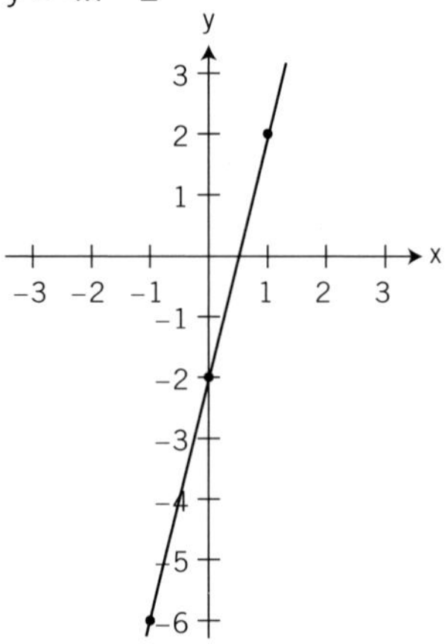

d) $y = -\frac{1}{2}x + 2$

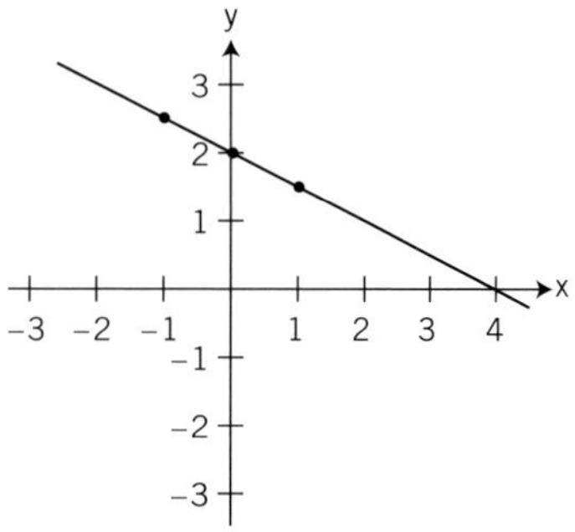

6.

a)

x	−1	0	1
y	−2	0	2

b) $y = 2x$

7.

a) P_1(1| 1), $P_2(1|1)$, $P_3(2|2)$

b) nein

c) ja; z. B. $2 - 2 = 0$

8.

Die Geraden sind hier nicht abgebildet, aber alle verlaufen durch den Nullpunkt.

9.

b) Durch den Nullpunkt (0|0) (auch Ursprung genannt).

Steigung – Steigungsdreieck

1.

b) Durch den Nullpunkt (0|0).

c) $y = \frac{1}{2}x$, $m = \frac{1}{2}$; $y = 3x$, $m = 3$; $y = 5x$, $m = 5$

d) Zu $m = 5$ gehört die steilste Gerade.

2.

Steigende Geraden:	$m = 6$;	$m = 2{,}5$
Fallende Geraden:	$m = -1{,}5$;	$m = -2{,}5$

3.

		$y = 0{,}75x$	$y = -3{,}5x$	$y = 7x$
a)	m	0,75	−3,5	7
b)	x = 1	0,75	−3,5	7

Der y-Wert, der jeweils $x = 1$ zugeordnet ist, stimmt mit der Steigung m der entsprechenden Geraden überein.

4.

Hier sind nur die ersten drei Graphen abgebildet.

a) 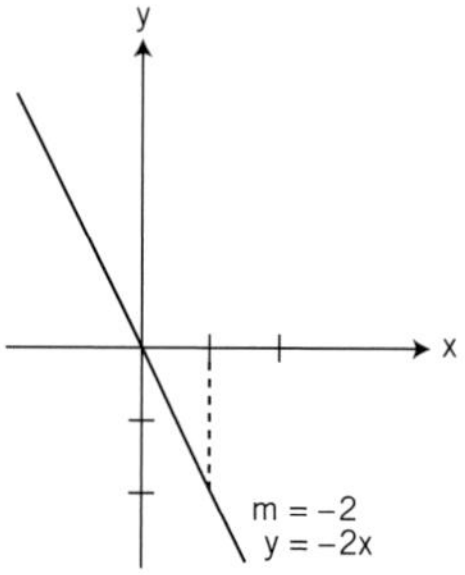

b) 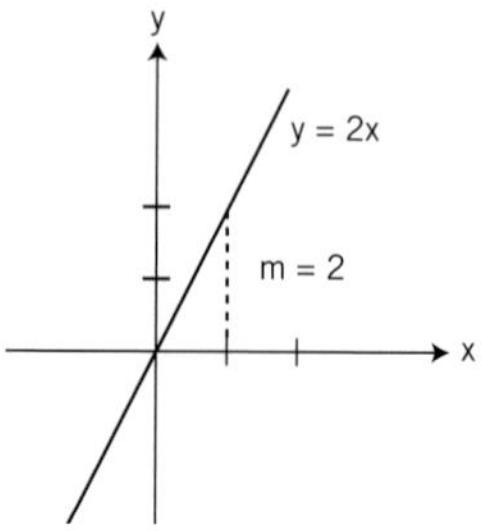

c) 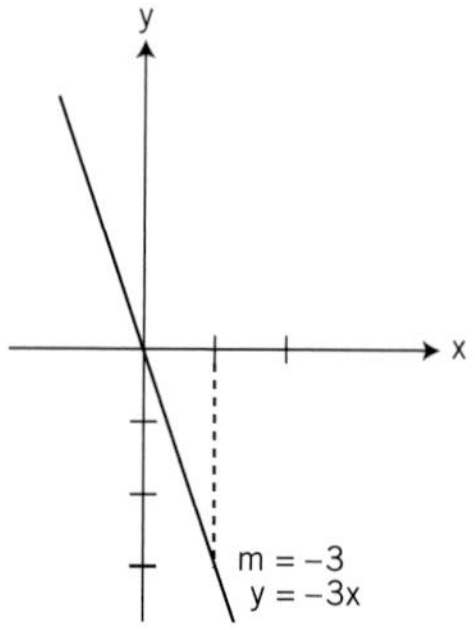

5.

a) 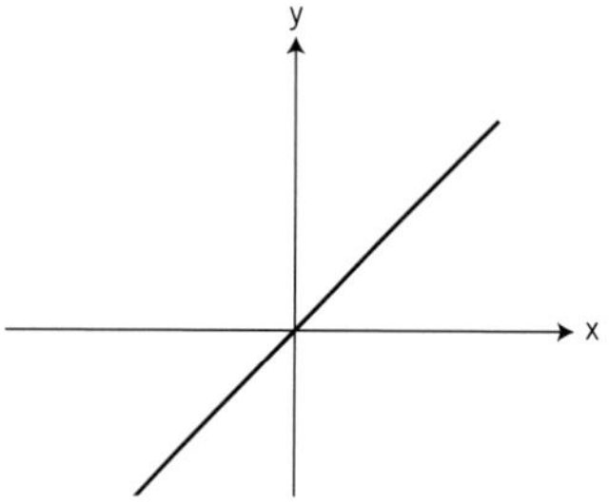

b) 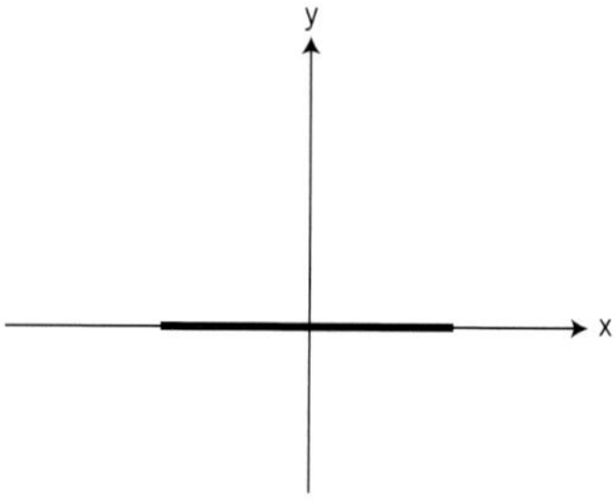

6.

a) Ja.

b) Zur x-Achse gehört y = 0 und zur y-Achse gehört x = 0.

Ursprungsgeraden – allgemeine Geraden

1.

a) 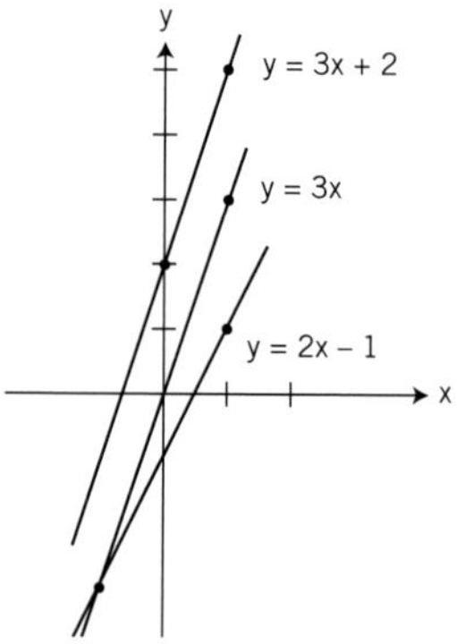

b) y = 3x

c) y = 3x und y = 3x + 2

d)

	y = 3x	y = 3x + 2	y = 2x − 1
m	3	3	2
n	0	2	−1

2.

b) Die Geraden verlaufen parallel zueinander, denn bei allen 3 Geraden beträgt die Steigung m = 2.

c)

	y = 2x − 2	y = 2x + 1	y = 2x + 3
m	2	2	2
n	−2	1	3

3.

b) Die Geraden verlaufen parallel zueinander.

c)

	$y = -3x - 3$	$y = -3x$	$y = -3x + 2$
m	-3	-3	-3
n	-3	0	2

4.

b) Durch den Punkt $(0\|-3)$.

c)

	$y = x - 3$	$y = 2x - 3$	$y = 4x - 3$
m	1	2	4
n	-3	-3	-3

5.

b) $(0\|2)$.

c)

	$y = -x + 2$	$y = \frac{1}{2}x + 2$	$y = 3x + 2$
m	-1	$\frac{1}{2}$	3
n	2	2	2

6.

a)

$y = \frac{1}{2}x + 2$	$y = -\frac{1}{2}x - 1$	$y = \frac{3}{4}x - 1$	$y = 2x + 1$
$y = \frac{1}{2}x + 1$	$y = -\frac{1}{2}x$	$y = \frac{3}{4}x + 4$	$y = 2x + 4$
			$y = 2x$

b)

$(0\|1)$	$y = 2x + 1$	$y = 3x + 1$	$y = \frac{1}{2}x + 1$
$(0\|-1)$	$y = -\frac{1}{2}x - 1$	$y = \frac{3}{4}x - 1$	$y = 4x - 1$
$(0\|2)$	$y = -2x + 2$	$y = \frac{1}{2}x + 2$	
$(0\|4)$	$y = 2x + 4$	$y = \frac{3}{4}x + 4$	
$(0\|0)$	$y = 2x$	$y = -\frac{1}{2}x$	

c) $y = 2x$ $\quad y = -\frac{1}{2}x$

7.

$m = 2;\quad n = 1;\quad y = 2x + 2$

8.

a) $m = 2;\quad n = -2;\quad y = 2x - 2$

b) $m = -\frac{1}{2};\quad n = 0;\quad y = -\frac{1}{2}x$

c) $m = -1;\quad n = 2;\quad y = -x + 2$

9.

a) $y = -x + 1$

b) $y = -2x$

c) $y = 3x - 1$

10.

① $m = 1$, $n = 2$; $y = x + 2$

② $m = 1$, $n = 1$; $y = x + 1$

③ $m = 1$, $n = -1$; $y = x - 1$

④ $m = -\frac{1}{2}$, $n = 1$; $y = -\frac{1}{2}x + 1$

⑤ $m = \frac{1}{2}$, $n = 1$; $y = \frac{1}{2}x + 1$

⑥ $m = -1$, $n = 1$; $y = -x + 1$

11.

Hier sind nur zwei Beispiele abgebildet!

a)

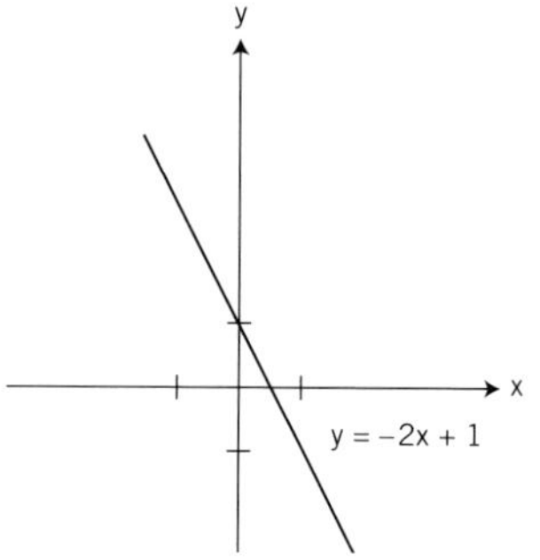

b)

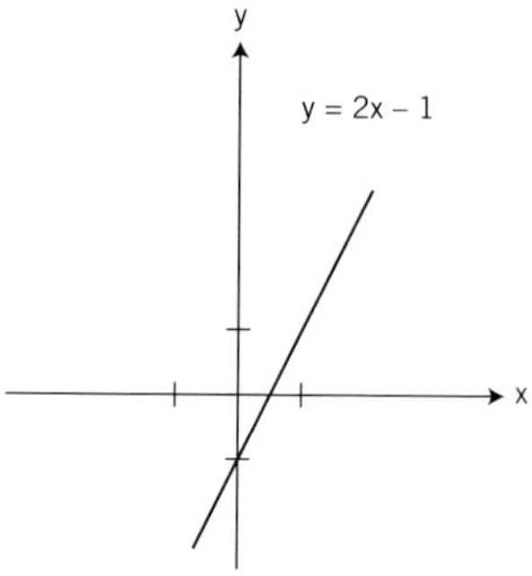

12.

a), c)

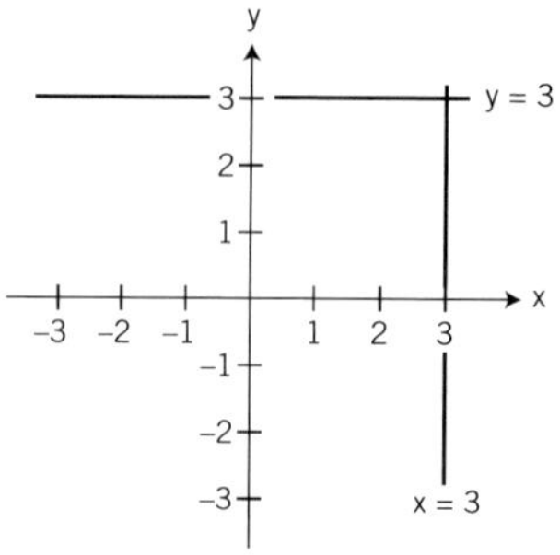

b) Der Graph verläuft parallel zur x-Achse.

d) Der Graph verläuft parallel zur y-Achse.

13.

a)

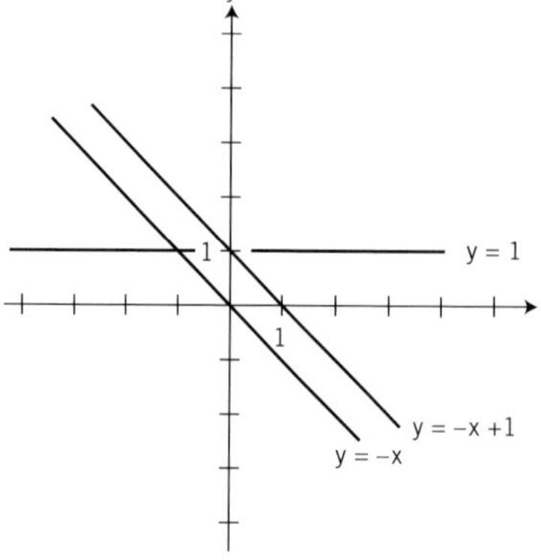

b)

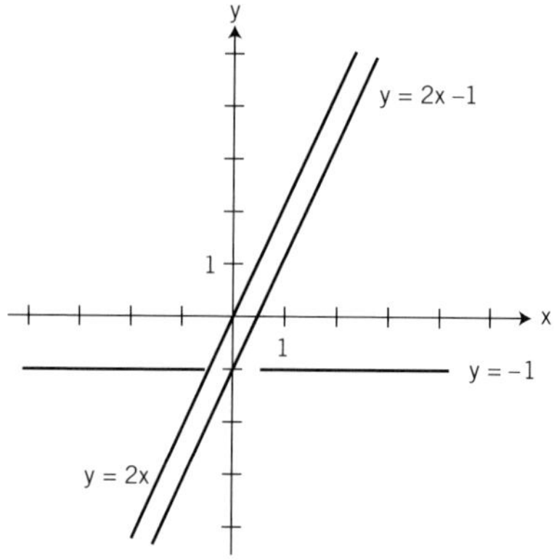

14.

a) ① $x = -3$; ② $x = 2$; ③ $y = -2$

b) Der Graph zu $y = 0$ ist die x-Achse; der Graph zu $x = 0$ ist die y-Achse.

15. Aus Platzgründen sind nicht alle Graphen abgebildet.

① $2x + 4y - 5 = 0$

$y = -\frac{1}{2}x + \frac{5}{4}$

$m = -\frac{1}{2}$; $n = \frac{5}{4}$

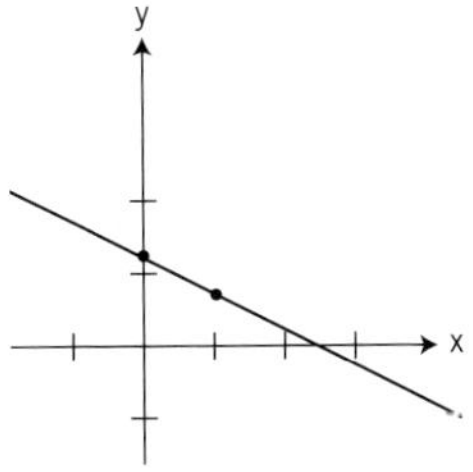

② $4x - 2y + 2 = 0$

$y = 2x + 1$

$m = 2$; $n = 1$

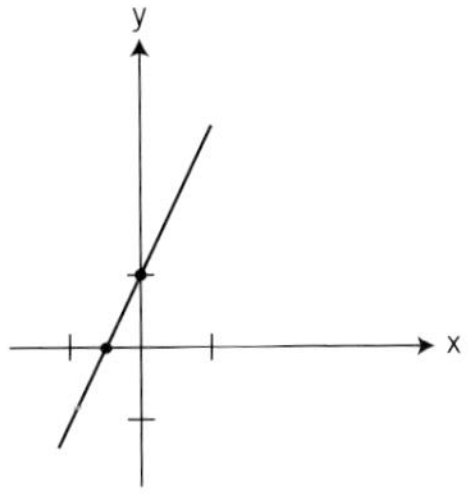

③ $-x + y + 1 = 0$

$y = x - 1$

$m = 1$; $n = -1$

④ $4x - 2y = 0$

$y = 2x$

$m = 2$; $n = 0$

⑤ $3x + 6y = 0$

$y = -\frac{1}{2}x$

$m = -\frac{1}{2}$; $n = 0$

⑥ $-2x + y = 0$

$y = 2x$

$m = 2$; $n = 0$

⑦ $4y - 2 = 0$

$y = \frac{1}{2}$

$m = 0$; $n = \frac{1}{2}$

⑧ $3x + \frac{1}{2}y = 0$

$y = -6x$

$m = 6$; $n = 0$

16.

a), b)

① $y = x - \frac{3}{2}$; $m = 1$, $n = -\frac{3}{2}$

② $y = x + \frac{1}{3}$; $m = 1$, $n = \frac{1}{3}$

③ $y = \frac{3}{5}x + 1$; $m = \frac{3}{5}$, $n = 1$

④ $y = -x - 4$; $m = -1$, $n = -4$

⑤ $y = -\frac{1}{6}x$; $m = -\frac{1}{6}$, $n = 0$

⑥ $y = -\frac{1}{4}x + 2$; $m = -\frac{1}{4}$, $n = 2$

⑦ $y = \frac{5}{4}x$; $m = \frac{5}{4}$, $n = 0$

⑧ $y = \frac{4}{3}$; $m = 0$, $n = \frac{4}{3}$

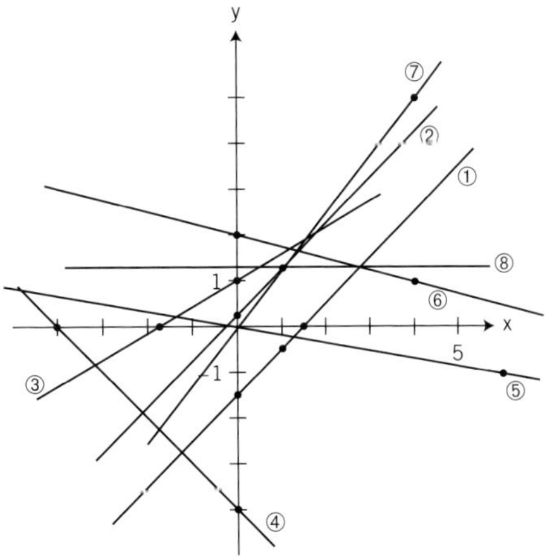

Lineare Ungleichungen

1.

a) $y = 2x + 1$ Lösung: (1; 3)

$y > 2x + 1$ Lösungen: (1; 4), (1; 5)

$y < 2x + 1$ Lösungen: (1; –1), (1; 0), (1; 1), (1; 2)

b) Man kommt zu den gleichen Ergebnissen.

2.

a), c)

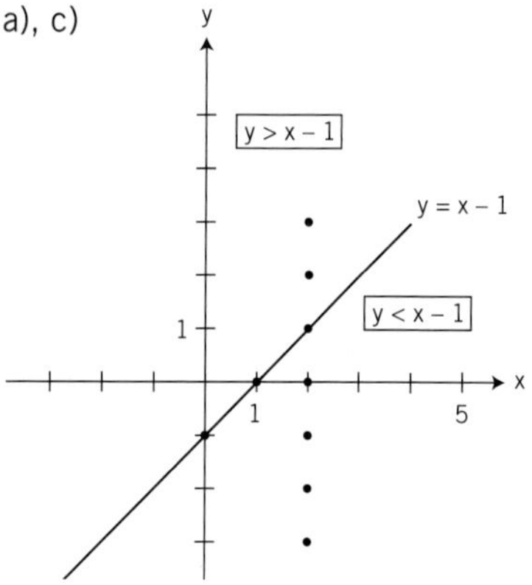

b) obere Halbebene: $y > x - 1$
untere Halbebene: $y < x - 1$

d) (2; 3) und (2; 2) Lösungen von $y > x - 1$
(2; 1) Lösung von $y = x - 1$
(2; 0), (2; –1), (2; –2), (2; –3) Lösungen von $y < x - 1$

3.

a) ① (–1; –1)
② (–1; 0), (–1; 1), (–1; 2), (–1; 3), (–1; 4)
③ (–1; –2), (–1; –3), (–1; –4)

b) ① $y > 2x + 1$
② $y < 2x + 1$

c) $y = 2x + 1$ Lösung ist: (–2; –3)

$y > 2x + 1$ Lösungen sind: (–2; –2), (–2; –1), (–2; 0), (–2; 1), (–2; 2), (–2; 3)

$x < 2x + 1$ Lösungen sind: (–2; –6), (–2; –5), (–2; –4)

d)

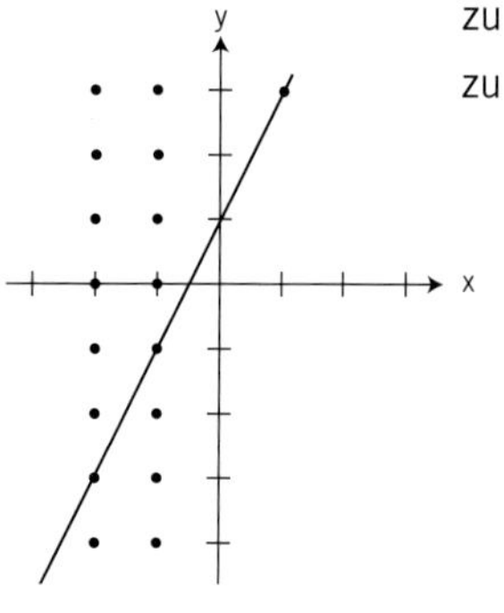

zu 1) $y > 2x + 1$
zu 2) $y < 2x + 1$

4.

a)

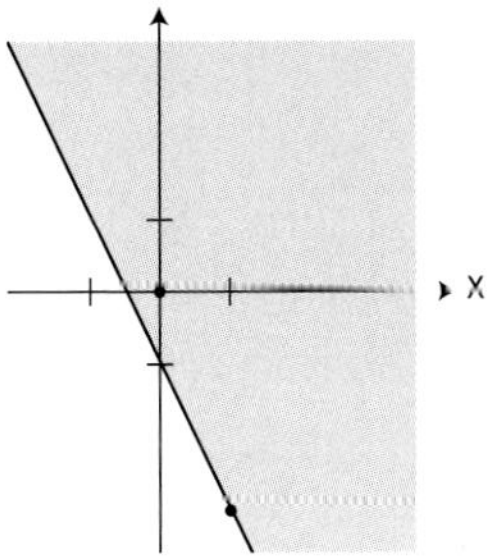

Für (0; 0) gilt:
$0 > -1$

b)

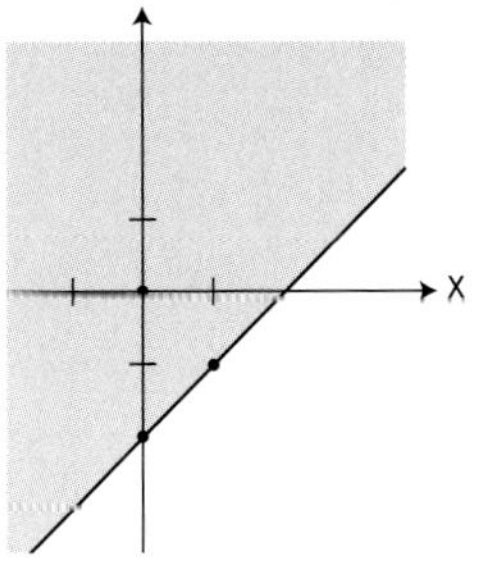

Für (0; 0) gilt:
$0 > -2$

c)

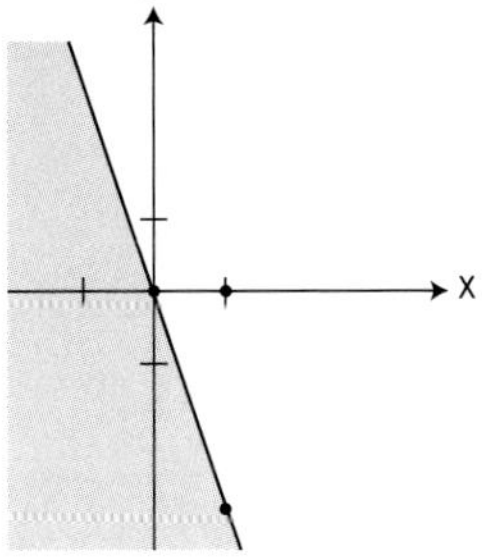

Für (1; 0) gilt:
$0 \nless -3$

d)

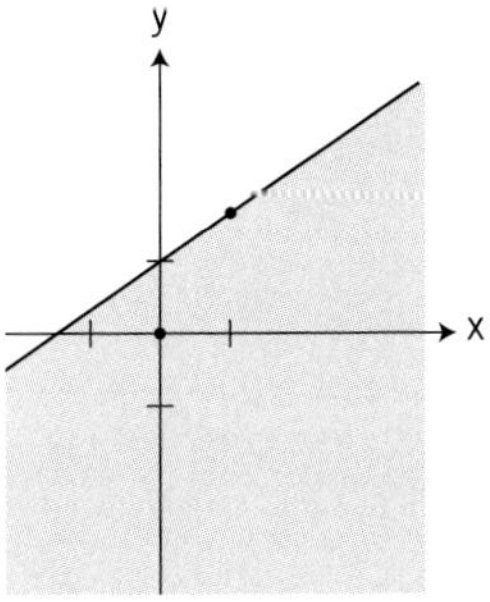

Für (0; 0) gilt:
$0 < 2$

e)

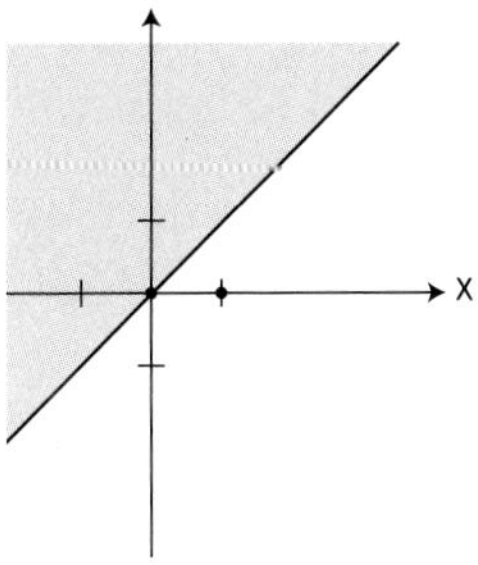

Für (1; 0) gilt:
$0 \ngtr 1$

f)

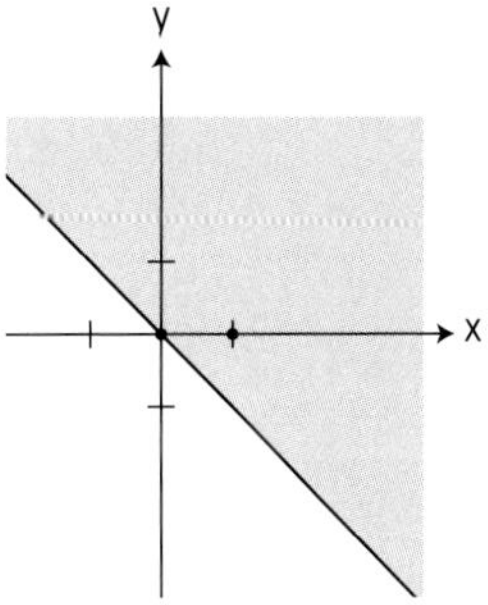

Für (1; 0) gilt:
$0 > -1$

5.

a)

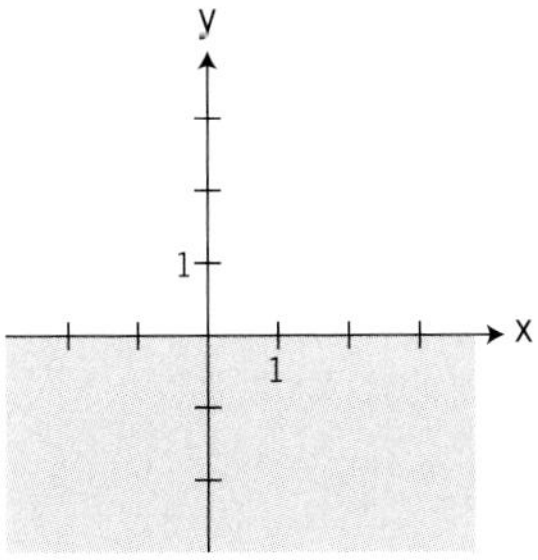

b)

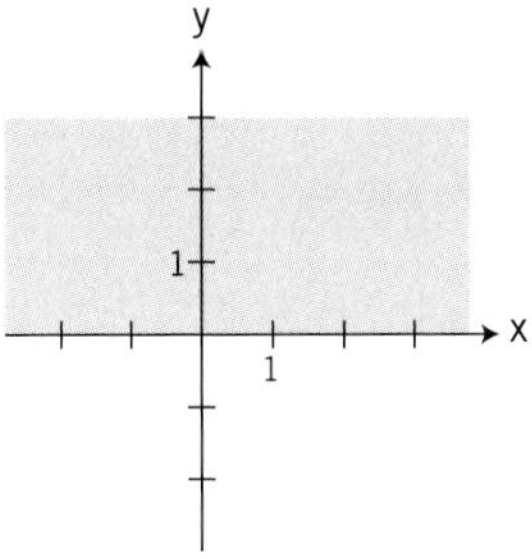

c)

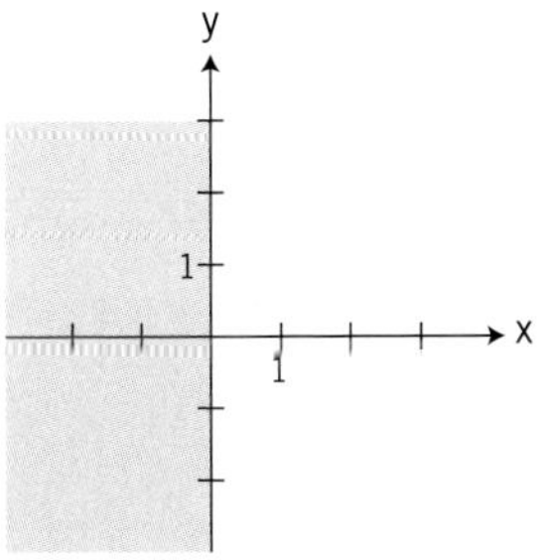

d)

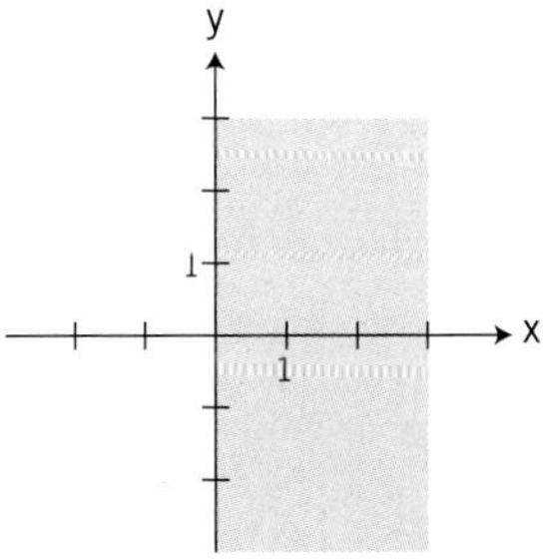

6.

a) $m = 2$, $n = -2$; $y = 2x - 2$; $y < 2x - 2$

b) $m = -\frac{1}{2}$, $n = 0$; $y = -\frac{1}{2}x$; $y < -\frac{1}{2}x$

c) $m = -1$, $n = 2$; $y = -x + 2$; $y < -x + 2$

d) $m = -1$, $n = 1$; $y = -x + 1$; $y > -x + 1$

7.

a) $y = 2$

b) $L = \{(x; y) | y < 2\}$

c) $y < 3$

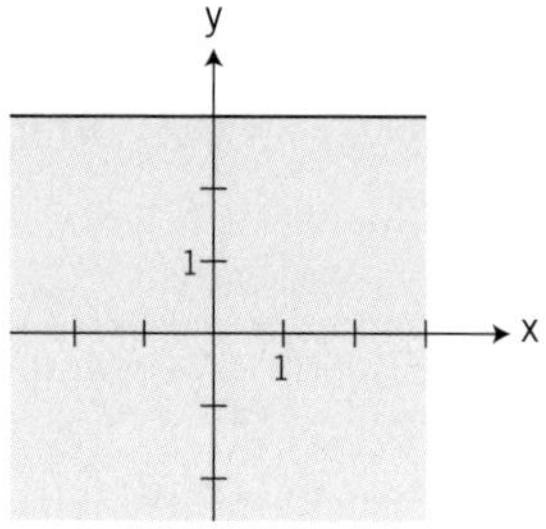

$y > 0$

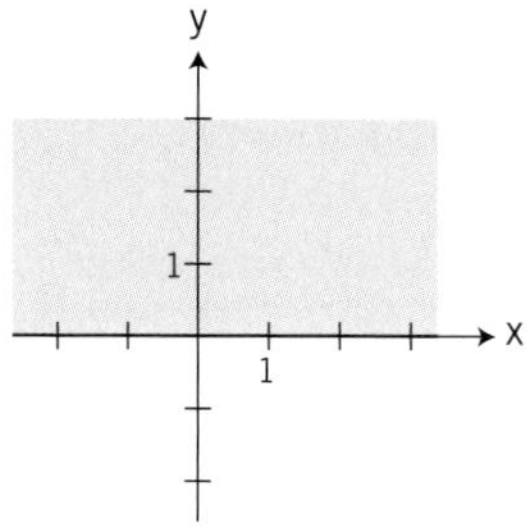

$x < 2$

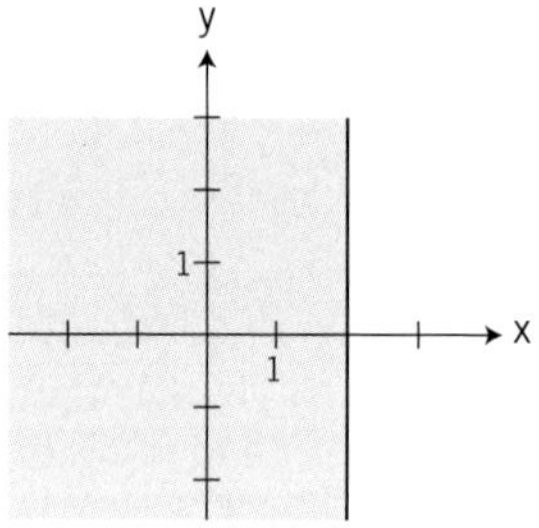

$x < 0$

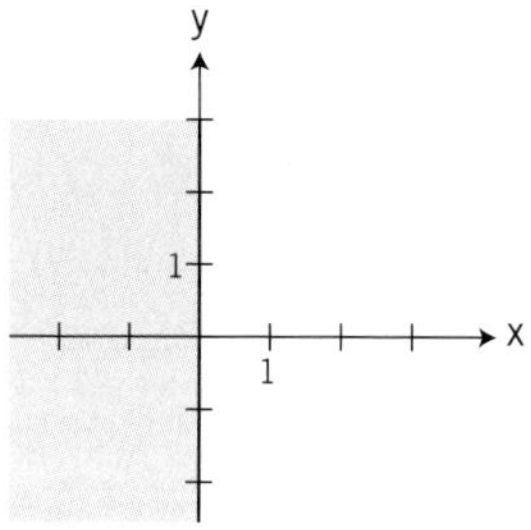

Test

Test 1

a) $x \mapsto 30 \cdot x + 100$

b)

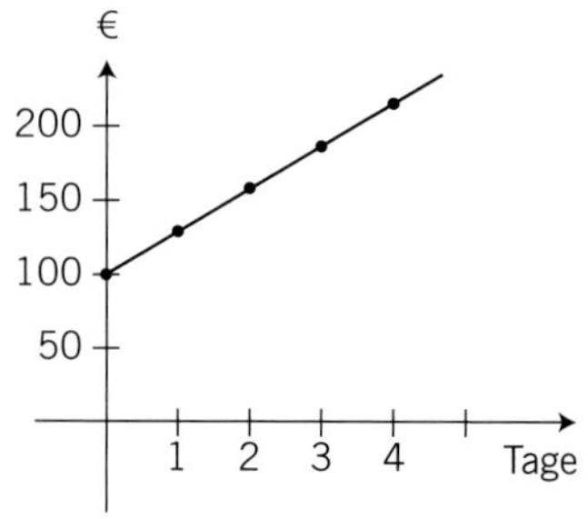

Test 2

a) Lösungen sind: (1; 3), (–1; 7) und (3; –1)

b) Lösungen sind: (0; 3), (1; 1) und (0; 0)

c) $3y = -6x + 15 \quad | :3$

$y = -2x + 5$

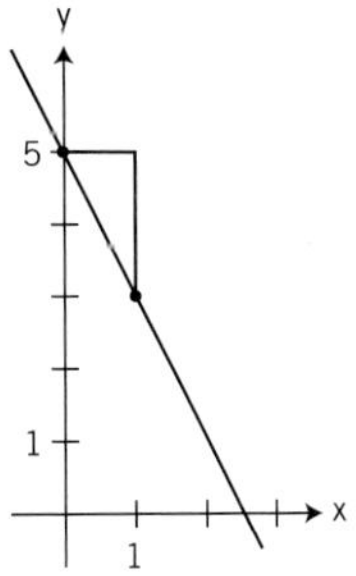

$y < -2x + 5$

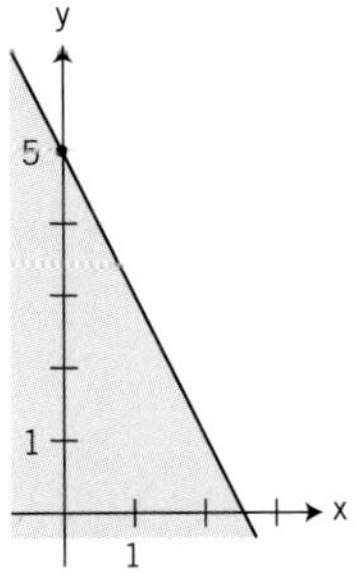

Die Halbebene **unterhalb** der Geraden ist die Lösungsmenge der Ungleichung. Die Gerade selbst gehört **nicht** dazu.

3.

$m = -\frac{1}{2}$; $n = 2$

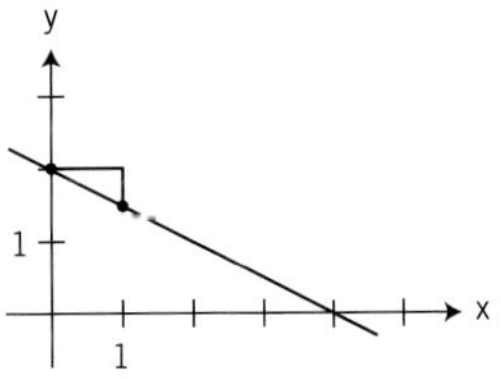

4.

a) $m = -3$; $n = 3$ $\quad y = -3x + 3$

b) $m = 2$; $n = -2$ $\quad y = 2x - 2$, also

$y < 2x - 2$

5.

a)

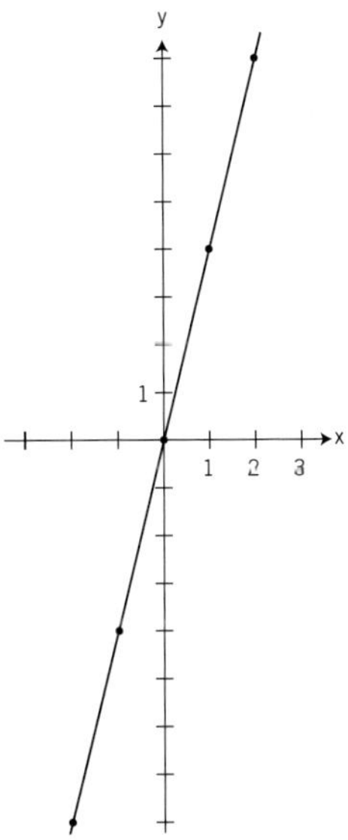

a) durch den Nullpunkt.

b) das ist die x-Achse (ohne Abbildung!)

c) parallel zur x-Achse, durch den Punkt (0|–2)

c)

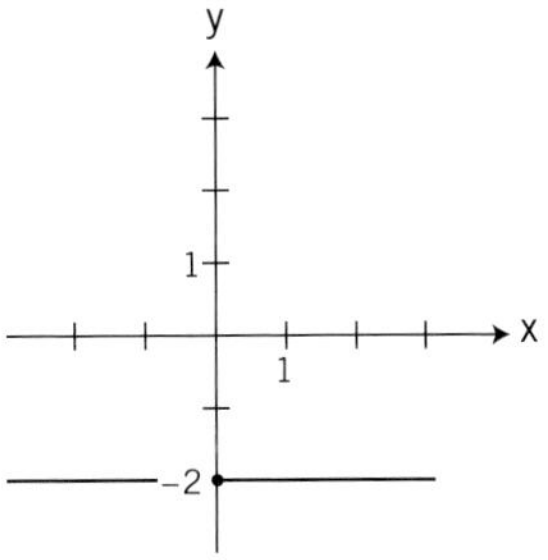

5 Flächeninhalte

Rechteck und Raute

1.

a) Rechteck: $A_{Re} = 70\ cm^2$; Raute: $A_{Ra} = 35\ cm^2$

b) $s = \frac{1}{2} d \approx 6{,}1\ cm$

2.

$O = 2 \cdot (5 \cdot 8 + 5 \cdot 4 + 8 \cdot 4)\ cm^2 = 2 \cdot (40 + 20 + 32)\ cm^2 = 184\ cm^2$

3.

b) $A_{Re} = 6\ cm \cdot 9\ cm = 54\ cm^2$

$A_{Ra} = \frac{1}{2} A_{Re} = \frac{1}{2} \cdot 6\ cm \cdot 9\ cm = 27\ cm^2$

4.

a) $e = 9{,}4\ cm$, $f = 3{,}4\ cm$ $A_{Ra} = \frac{1}{2} \cdot 9{,}4\ cm \cdot 3{,}4\ cm \approx 16\ cm^2$

b) $e = 13{,}2\ cm$, $f = 4{,}8\ cm$ $A_{Ra} = \frac{1}{2} \cdot 13{,}2\ cm \cdot 4{,}8\ cm \approx 31{,}7\ cm^2$

c) $e = 8{,}2\ cm$, $f = 5{,}8\ cm$ $A_{Ra} = \frac{1}{2} \cdot 8{,}2\ cm \cdot 5{,}8\ cm \approx 23{,}78\ cm^2$

d) $e = 11{,}5\ cm$, $f = 8\ cm$ $A_{Ra} = \frac{1}{2} \cdot 11{,}5\ cm \cdot 8\ cm \approx 46\ cm^2$

5.

b) $A_{Ra_1} = \frac{1}{2} \cdot 8\ cm \cdot 6\ cm = 24\ cm^2$

$A_{Re} = 3\ cm \cdot 4\ cm = 12\ cm^2$

$A_{Ra_2} = \frac{1}{2} \cdot 3\ cm \cdot 4\ cm = 6\ cm^2$

Die große Raute ist viermal so groß wie die kleine Raute.

6.

a) $a = 6\ cm$, $b = 4\ cm$

b) $e = 20\ cm$, $f = 14\ cm$

c) Maße der Raute:

$e = 16\ cm$, $f = 10\ cm$, $A_{Ra} = \frac{1}{2} \cdot 16\ cm \cdot 10\ cm = 80\ cm^2$

Parallelogramm und Dreieck

1.

Maße des ersten Rechtecks:	$a = 4\ \text{cm}\ \left(\frac{1}{2}\ g\right)$,	$b = 5\ \text{cm}\ (h)$
Maße des zweiten Rechtecks:	$a = 8\ \text{cm}\ (g)$,	$b = 2{,}5\ \text{cm}\ \left(\frac{1}{2}\ h\right)$

2.

a) $h_c = 5{,}7\ \text{cm}$; $A_\triangle = \frac{1}{2}(7 \cdot 5{,}7)\ \text{cm}^2 \approx 19{,}95\ \text{cm}^2$

b) $h_b = 5\ \text{cm}$; $A_\triangle = \frac{1}{2}(8 \cdot 5)\ \text{cm}^2 \approx 20\ \text{cm}^2$

c) $h_a = 6{,}7\ \text{cm}$; $A_\triangle = \frac{1}{2}(6 \cdot 6{,}7)\ \text{cm}^2 \approx 20{,}1\ \text{cm}^2$

Die unterschiedlichen Werte beruhen auf Messungenauigkeiten bei den Höhen.

3.

a) $h_c = 3{,}3\ \text{cm}$, $h_a = 4\ \text{cm}$, $h_b = 5\ \text{cm}$

b) $A_\triangle = 6\ \text{cm} \cdot 3{,}3\ \text{cm} : 2 \approx 9{,}9\ \text{cm}^2$

$A_\triangle = 5\ \text{cm} \cdot 4\ \text{cm} : 2 \approx 10\ \text{cm}^2$

$A_\triangle = 4\ \text{cm} \cdot 5\ \text{cm} : 2 \approx 10\ \text{cm}^2$

4.

e	f	A_{Ra}
12 cm	2,0 cm	12 cm²
10 cm	2,4 cm	12 cm²
8 cm	3,0 cm	12 cm²
6 cm	4,0 cm	12 cm²
5 cm	4,8 cm	12 cm²

5.

a) Du musst 4 Flächen addieren.

b) $A = (7 \cdot 7) + (2 \cdot 7) + (7 \cdot 2) + (2 \cdot 2) = 49 + 14 + 14 + 4 = 81$

Es gilt aber auch: $A = 9\ \text{cm} \cdot 9\ \text{cm} = 81\ \text{cm}^2$.

6.

a) Die Fläche des gesamten Quadrats ist $8\ \text{cm} \cdot 8\ \text{cm} = 64\ \text{cm}^2$. Das eine Teilquadrat ist $5\ \text{cm} \cdot 5\ \text{cm}$, das andere $3\ \text{cm} \cdot 3\ \text{cm}$, die Rechtecke sind $3\ \text{cm} \cdot 5\ \text{cm}$.

Also gilt: $A = 25\ \text{cm}^2 + 15\ \text{cm}^2 + 15\ \text{cm}^2 + 9\ \text{cm}^2 = 64\ \text{cm}^2$

$A = 8\ \text{cm} \cdot 8\ \text{cm} = 64\ \text{cm}^2$

b) Wenn das kleine Quadrat $9\ \text{cm}^2$ groß ist, so ist die Seitenlänge 3 cm. Es bleiben 7 cm Länge für das große Quadrat. Ein Rechteck ist $3\ \text{cm} \cdot 7\ \text{cm}$, also gilt:

$A = 49\ \text{cm}^2 + 21\ \text{cm}^2 + 21\ \text{cm}^2 + 9\ \text{cm}^2 = 100\ \text{cm}^2$ oder

$A = 10\ \text{cm} \cdot 10\ \text{cm} = 100\ \text{cm}^2$.

7.

b) $A_{Re_1} = 12\text{ cm} \cdot 7\text{ cm} = 84\text{ cm}^2$

$A_{Ra} = \frac{1}{2} \cdot 12\text{ cm} \cdot 7\text{ cm} = 42\text{ cm}^2$

$A_{Re_2} = 6\text{ cm} \cdot 3{,}5\text{ cm} = 21\text{ cm}^2$

Das große Rechteck ist viermal so groß wie das kleine Rechteck.

8.

Es werden 32 Dreiecke benötigt, 25 ganze und 7 Dreiecke, die auf der Linie der Höhe h_c zerschnitten werden.

Test

1.

Rechtecke: $a = 6\text{ cm}$, $b = 8\text{ cm}$

$a = 12\text{ cm}$, $b = 4\text{ cm}$

$A_{Ra} = \frac{1}{2} \cdot e \cdot f = \frac{1}{2} \cdot 12\text{ cm} \cdot 8\text{ cm} = 48\text{ cm}^2$

2.

$f = 4{,}4\text{ cm}$ $A_{Ra} = 16{,}88\text{ cm}^2$

3.

Quadrate: 25 cm^2, 16 cm^2

Rechtecke: 20 cm^2, 20 cm^2

Summe: 81 cm^2

4.

$h_a = 5{,}5\text{ cm}$, $h_\gamma = 6{,}1\text{ cm}$

$a \cdot h_a \approx 55\text{ cm}^2$, $f \cdot h_f = 9\text{ cm} \cdot 6{,}1\text{ cm} = 54{,}9\text{ cm}^2$

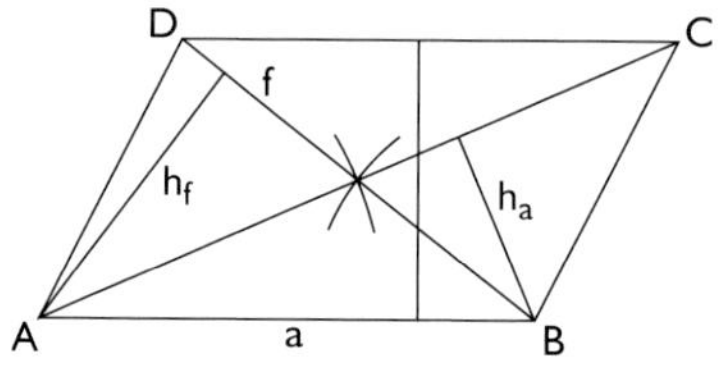

5.

$\frac{1}{2}a \cdot h_a \approx \frac{1}{2} \cdot 6\text{ cm} \cdot 6{,}9\text{ cm} \approx 20{,}7\text{ cm}^2$

$\frac{1}{2}b \cdot h_b \approx \frac{1}{2} \cdot 10\text{ cm} \cdot 4{,}2\text{ cm} \approx 21\text{ cm}^2$

$\frac{1}{2}c \cdot h_c \approx \frac{1}{2} \cdot 7\text{ cm} \cdot 5{,}9\text{ cm} \approx 20{,}7\text{ cm}^2$

6.

$A_{Ra} = \frac{1}{2}e \cdot f = 12\text{ cm}^2$ d.h. $e \cdot f = 24\text{ cm}^2$

e	1	2	3	4
f	24	12	8	6

$e = 3\text{ cm}$, $f = 8\text{ cm} \rightarrow s = 4{,}3\text{ cm}$

$e = 4\text{ cm}$, $f = 6\text{ cm} \rightarrow s = 3{,}6\text{ cm}$

Konstruierbarkeit von Dreiecken 6

Das Dreieck und seine Winkel

1.

a) Die Zeichnung ist nicht möglich, da die Winkelsumme größer als 180° ist.

b) $\gamma = 50°$

2.

$\alpha = \alpha'$, weil α und α' Wechselwinkel sind.

$\beta = \beta'$, weil β und β' Wechselwinkel sind.

$\alpha + \beta + \gamma = \alpha' + \gamma + \beta' = 180°$

3.

a) $\gamma = 30°$ b) $\gamma = 20°$ c) $\gamma = 60°$

d) nicht lösbar e) nicht lösbar f) $\gamma = 100°$

4.

a) $\beta = 20°$; $\gamma = 40°$ b) $\beta = 25°$

5.

a) $\alpha = 40°$; $\beta = 60°$; $\gamma = 80°$ b) $\alpha = 36°$; $\beta = 54°$; $\gamma = 90°$

c) $\alpha = 90°$; $\beta = 30°$; $\gamma = 60°$ d) $\alpha = 30°$; $\beta = 30°$

e) $\alpha = 75°$; $\beta = 75°$ f) $\gamma = 180° : 5 = 36°$; $\alpha = \beta = 72°$

6.

1. Dreieck $\sphericalangle 1 = 60°$; $\sphericalangle 2 = 80°$; $40° + 80° = 120°$
2. Dreieck $\sphericalangle 1 = 120°$; $\sphericalangle 2 = 20°$; $20° + 40° = 60°$
3. Dreieck $\sphericalangle 1 = 90°$; $\sphericalangle 2 = 60°$; $30° + 60° = 90°$

Die Summe von α und γ ist jeweils gleich groß wie der Außenwinkel.

7.

a), b)
1. Dreieck $\sphericalangle 1 = 70°$; $\sphericalangle 2 = 70°$; $\alpha + \beta = 110°$
2. Dreieck $\sphericalangle 1 = 80°$; $\sphericalangle 2 = 40°$; $\alpha + \beta = 100°$
3. Dreieck $\sphericalangle 1 = 25°$; $\sphericalangle 2 = 40°$; $\alpha + \beta = 155°$

8.

1. Dreieck $\sphericalangle 1 = 65°$; $40° + 65° = 105°$
2. Dreieck $\sphericalangle 1 = 85°$; $40° + 55° = 95°$
3. Dreieck $\sphericalangle 1 = 90°$; $40° + 50° = 90°$

9.

a) $\overline{MA} = \overline{MB} = r$; ein Dreieck mit zwei gleich langen Seiten
b) Die Basiswinkel $\sphericalangle 2$ und $\sphericalangle 3$ sind jeweils gleich groß.
c) $\sphericalangle 1 = 130°$; $\sphericalangle 2 = \sphericalangle 3 = 25°$
$\sphericalangle 1 = 150°$; $\sphericalangle 2 = \sphericalangle 3 = 15°$
$\sphericalangle 1 = 40°$; $\sphericalangle 2 = \sphericalangle 3 = 70°$

10.

a) 1. Viereck $\sphericalangle 1 = 50°$; $\sphericalangle 2 = 70°$; Winkelsumme 360°
2. Viereck $\sphericalangle 1 = 70°$; $\sphericalangle 2 = 30°$; Winkelsumme 360°
Fünfeck $\sphericalangle 1 = 30°$; $\sphericalangle 2 = 85°$; $\sphericalangle 3 = 116°$; Winkelsumme 540°
b) Winkelsumme im Viereck (2 Dreiecke) $2 \cdot 180° = 360°$
Winkelsumme im Fünfeck (3 Dreiecke) $3 \cdot 180° = 540°$

Kongruenz

1.

a) sws: $b = 13{,}9$ cm; $\alpha = 30°$; $\gamma = 40°$
b) wsw: $b = 7{,}8$ cm; $c = 7{,}5$ cm; $\alpha = 46°$
c) sss: $\alpha = 37°$; $\beta = 53°$; $\gamma = 90°$
d) sww: $a = 10{,}2$ cm; $b = 5{,}4$ cm; $\alpha = 110°$

2.

a) $\alpha = 76°$; also $b < c < a$ und $\beta < \gamma < \alpha$; $a = 5{,}7$ cm; $b = 4{,}3$ cm
b) $\gamma = 70°$; also $b < c < a$ und $\beta < \gamma < \alpha$; $a = 7{,}2$ cm; $c = 7$ cm
c) $\gamma = 50°$; also $b < c < a$ und $\beta < \gamma < \alpha$; $b = 5$ cm; $c = 6{,}9$ cm
d) $\alpha = 25°$; also $a = c < b$ und $\alpha = \gamma < \beta$; $a = c = 4{,}9$ cm

3.

a) $\alpha = 53°$; $\beta = 15°$; $\gamma = 112°$	stumpfwinklig
b) $\alpha = 23°$; $\beta = 67°$; $\gamma = 90°$	rechtwinklig
c) Nicht lösbar, da $c = a + b$	
d) $\alpha = 39°$; $\beta = 49°$; $\gamma = 92°$	stumpfwinklig

4.

a) $\alpha = \beta = \gamma = 60°$

b) $\gamma < 60°$, und zwar $\gamma = 50°$ und $\alpha = \beta = 65°$

c) c muss 9 cm lang sein

Warum gibt es keinen Kongruenzsatz www?

1.

a) Ja, aber nicht eindeutig.

b) Nein.

2.

a) sww; es ist ein gleichschenkliges Dreieck.

b) Der rechte Winkel liegt gegenüber der längsten Seite; also $\gamma = 90°$; Ssw.

c) sww; es ist ein gleichschenkliges Dreieck.

Rechtwinklige Dreiecke

1.

a) Gegenüber der größten Seite c liegt der große Winkel γ.
$\gamma = 90°$; $\alpha = 37°$; $\beta = 53°$

b) An den Winkeln ändert sich nichts. Es handelt sich um ähnliche Dreiecke.

c) a = 4,5 cm; b = 6 cm

d) a = 9 cm; b = 12 cm; c = 15 cm. Die Winkel sind gleich.

2.

a) Die kleinen Dreiecke müssen umgeklappt werden, damit sie gleichsinnig kongruent sind.

b) Die Tripel lauten: $3 \cdot 1{,}2$ cm; $4 \cdot 1{,}2$ cm; $5 \cdot 1{,}2$ cm
$3 \cdot 1{,}6$ cm; $4 \cdot 1{,}6$ cm; $5 \cdot 1{,}6$ cm

3.

a) Die Seite c wird größer, also muss $\gamma > 90°$ werden: $\gamma = 117°$.

b) Die Seite c ist kürzer als im rechtwinkligen Dreieck, also muss γ spitz werden:
$\gamma = 78°$; $\alpha = 41°$; $\beta = 61°$

Vermischte Aufgaben zur Kongruenz

1.

a) sws b) $\beta < \gamma$; der längeren Seite liegt der größere Winkel gegenüber.

c) $a = 5{,}5$ cm; $\beta = 35°$; $\gamma = 93°$

2.

a) $\gamma = 180° - (35° + 45°) = 100°$; c ist also die längste Seite, da γ der größte Winkel ist. Also gilt: $c > b > a$

b) $b = 5$ cm; $a = 4$ cm; $\gamma = 100°$

3.

a) sws: $a > c > b$; a ist die größte Seite, da kein weiterer Winkel größer als $\alpha = 90°$ sein kann. $a = 13$ cm; $\beta = 25°$; $\gamma = 65°$

b) wsw: $a = b > c$; $a = b = 7{,}3$ cm; $\gamma = 40°$

c) sws: $\alpha = 45°$; $\beta = 95°$; $c = 4{,}5$ cm

d) wsw: $c > a > b$; $a = 11{,}6$ cm; $\beta = 25°$; $c = 13{,}9$ cm

e) wsw: $a = b = c = 8$ cm; $\gamma = 60°$

f) sws: $b > c > a$; $\alpha = 18°$; $b = 7{,}3$ cm; $\gamma = 32°$

4.

$\alpha = 60°$; $a = 6{,}9$ cm; $b = 4$ cm

5.

a) Ssw b) a, b, α; a, b, β; a, c, α; a, c, γ; b, c, β; b, c, γ

6.

1. Dreieck:	$a = 9{,}2$ cm;	$\alpha = 81°$;	$\gamma = 59°$
2. Dreieck:	$a = 3$ cm;	$\alpha = 19°$;	$\gamma = 121°$

7.

a) Nicht eindeutig, da β der kleineren Seite gegenüberliegt.

1. Dreieck:	$a = 2{,}6$ cm;	$\alpha = 19°$;	$\gamma = 116°$
2. Dreieck:	$a = 7{,}4$ cm;	$\alpha = 71°$;	$\gamma = 64°$

b) Eindeutig; $a = 6{,}2$ cm; $\alpha = 58°$; $\beta = 49°$

c) Eindeutig; $c = 4{,}5$ cm; $\alpha = 38°$; $\gamma = 32°$

d) Nicht eindeutig, da γ der kleineren Seite gegenüberliegt.

1. Dreieck:	$a = 6{,}3$ cm;	$\alpha = 62°$;	$\beta = 78°$
2. Dreieck:	$a = 4{,}4$ cm;	$\alpha = 38°$;	$\beta = 102°$

8.

a) $\sphericalangle$ (a, e) = 34°; $\overline{BC}$ = 3,3 cm; (Ssw) b) f = 6 cm; (sss)

c) e = 5,2 cm; f = 9,5 cm; (sws)

d) f = 5,4 cm; b = 2,5 cm; (Ssw) Berechne zunächst β!

Test

Test 1

Eigentlich sww. Der größte Winkel ist α = 70°, da für β nur 60° übrig bleiben. Dem größten Winkel α liegt die größte Seite a gegenüber. a = 7,4 cm.

Test 2

Die Konstruktion ist nach ssw nicht eindeutig, da der Gegenwinkel der kleineren Seite gegeben ist. b = 3,2 cm (oder 7,5 cm)

Test 3

sws. Der Umlaufsinn bleibt erhalten. $\overline{AC'}$ = 17 cm

Test 4

Durch die Winkelhalbierende ergibt sich für γ die doppelte der angegebenen Größe: γ = 80°. In jedem der beiden Teildreiecke muss die Winkelsumme 180° betragen. Daher gilt:

im linken Teildreieck 180° – 40° – 70° (als Ergänzung der angegebenen 110°) → α = 70°,

im rechten Teildreieck 180° – 40° – 110° → β = 30°.

Test 5

$\gamma = 180° : 7 \approx 25{,}7°$; $\beta \approx 51{,}4°$; $\alpha \approx 102{,}9°$

Test 6

a) α = 56°; β = 83°; γ = 41°

b) a = 5,3 cm; b = 6,5 cm; γ = 60°

c) Nicht lösbar, weil mit α, c, β die Seite b bereits festgelegt ist.

d) Nicht lösbar, weil zwei Angaben zur Konstruktion nicht ausreichen.

e) Nicht eindeutig lösbar; es können nur ähnliche Dreiecke gezeichnet werden.

f) Nicht lösbar, weil a + b < c.

7 Besondere Punkte und Linien im Dreieck

Besondere Linien im Dreieck

1.

$s_c = \overline{CR} = 10{,}7$ cm; $\overline{RS} = 3{,}6$ cm; $\overline{SC} \approx 7{,}2$ cm

$s_a = \overline{AP} = 8{,}7$ cm; $\overline{PS} = 2{,}9$ cm; $\overline{SA} = 5{,}8$ cm

$s_b = \overline{BQ} = 9{,}6$ cm; $\overline{QS} = 3{,}2$ cm; $\overline{SB} = 6{,}4$ cm

Es fällt auf: Verhältnis 2 : 1.

2.

$\overline{AM} = r = 6{,}5$ cm

3.

$a \cdot h_a = 12{,}3\text{ cm} \cdot 8{,}7\text{ cm} = 107\text{ cm}^2$

$b \cdot h_b = 11{,}3\text{ cm} \cdot 9{,}4\text{ cm} = 106\text{ cm}^2$

$c \cdot h_c = 10\text{ cm} \cdot 10{,}6\text{ cm} = 106\text{ cm}^2$

Das Rechteck ist doppelt so groß wie das Dreieck.

4.

$\alpha = 70°$; $\beta = 60°$; $\gamma = 50°$; $\overline{AM} = \rho = 3{,}2$ cm

Schwerelinien im Dreieck

1.

a) $\overline{PS} = 2$ cm, $\overline{SB} = 4$ cm, $\overline{SB}$ ist doppelt so lang wie $\overline{PS}$.
   $\overline{OS} = 1{,}7$ cm, $\overline{SA} = 3{,}4$ cm, $\overline{SA}$ ist doppelt so lang wie $\overline{OS}$.

b) $\overline{PO} = 3$ cm, $\overline{QR} = 3$ cm, beide Strecken sind halb so lang wie $\overline{AB} = 6$ cm.

c) $\overline{QR}$ ist Mittellinie im $\triangle ABS$ und deshalb halb so lang wie die Grundseite $\overline{AB}$.

d) Das Viereck OPQR ist ein Parallelogramm.

e) S halbiert die Strecke $\overline{QO}$, weil sich in einem Parallelogramm die Diagonalen in der Mitte schneiden.
   Q halbiert die Strecke $\overline{AS}$, weil wir das so konstruiert haben.

2.

Hilfen zu Aufgabe 2: Bei

a) Zeichne einen Streifen mit h_c = 5 cm, lege C fest. Mit dem Kreisbogen um C mit s_c findest du die Mitte Q von c auf der anderen Parallelen. Es gibt zwei Lösungen, zeichne zweimal und vergleiche.

b) Zeichne das Teildreieck QBC aus $\frac{c}{2}$, a und s_c.

c) Zeichne zunächst nur ein ähnliches Dreieck mit beliebiger Seite c′ mit Hilfe von α und β. Halbiere die Seite c′ und verlängere (oder kürze) s_c' so, dass s_c = 7 cm gilt.

d) Zeichne zunächst das Teildreieck ABS aus c, $\frac{2}{3}s_a$ und $\frac{2}{3}s_b$ und dann s_a und s_b.

Messergebnisse s. u.

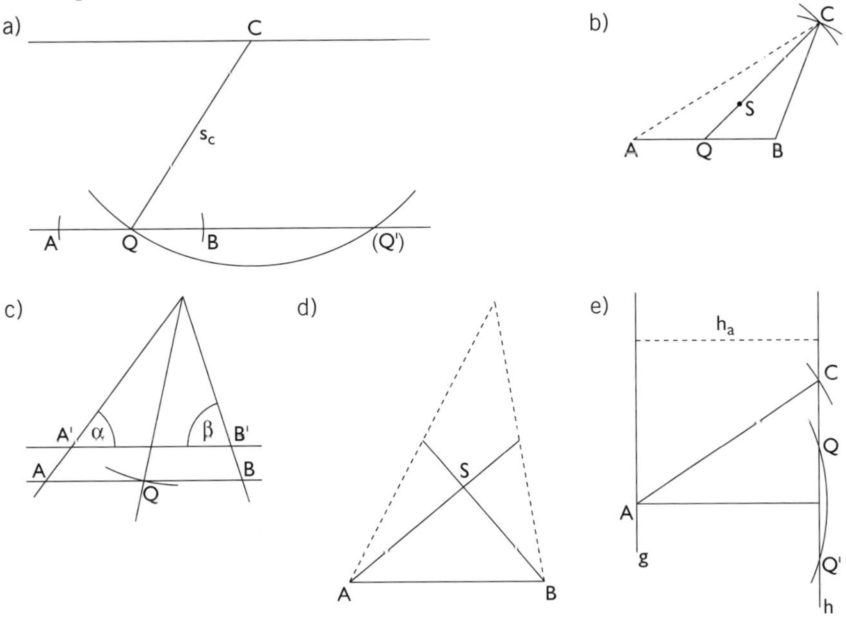

Beachte die Messungenauigkeit. Eigentlich müsste der erste Abschnitt immer doppelt so lang sein wie der zweite.

a) $\overline{CS}$ = 4 cm; $\overline{SQ}$ = 2 cm

b) $\overline{CS}$ = 5,3 cm; $\overline{SQ}$ = 2,6 cm

c) $\overline{CS}$ = 4,7 cm; $\overline{SQ}$ = 2,3 cm

d) $\overline{CS}$ = 7,6 cm; $\overline{SQ}$ = 3,8 cm

e) Zeichne den Streifen g, h der Breite h_a und lege auf der linken Geraden g den Punkt A fest. Kreis um A mit b ergibt auf h den Punkt C (nur der obere ist möglich). Kreis um A mit s_a ergibt P bzw. P′ (zwei Lösungen). Verdoppele $\overline{CQ}$ über Q hinaus und du erhältst B (bzw. mit $\overline{CP'}$ den Punkt B′).
$\overline{CS}$ = 2,6 cm; $\overline{SQ}$ = 1,3 cm oder $\overline{CS}$ = 4,2 cm; $\overline{SQ'}$ = 2,1 cm.

f) Zeichne a = $\overline{BC}$, halbiere a in M. Schlage um M einen Kreis mit s_a und um B einen Kreis mit c. Ein Schnittpunkt ist der gesuchte Punkt A (Anmerkung: der zweite ergibt ein Dreieck mit negativem Umlaufsinn). $\overline{CS}$ = 2,4 cm; $\overline{SQ}$ = 1,2 cm.

3.

$s_a = s_b = 5{,}7$ cm

4.

a) 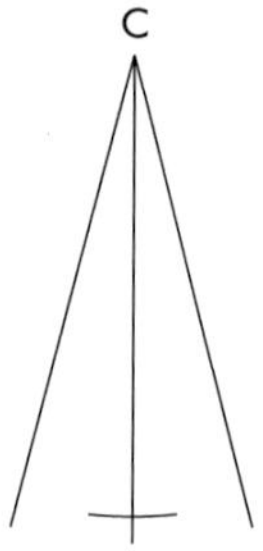

b) 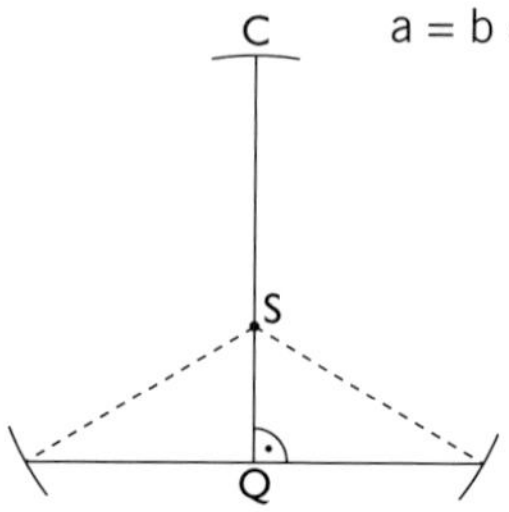

a = b = c = 10,4 cm

Mittellinien und Mittenviereck

1.

a) $h_c = 4$ cm; $A_\triangle = \frac{1}{2} \cdot 10 \cdot 4\ \text{cm}^2 = 20\ \text{cm}^2$

b) Die vier Flächen des Rechtecks: $14\ \text{cm}^2 + 14\ \text{cm}^2 + 6\ \text{cm}^2 + 6\ \text{cm}^2$.

2.

$h_1 = 3$ cm; $A_{\square 1} = 7 \cdot 3\ \text{cm}^2 = 21\ \text{cm}^2$,

$h_2 = 4$ cm; $A_{\square 2} = 7 \cdot 4\ \text{cm}^2 = 28\ \text{cm}^2$,

$h_3 = 5$ cm; $A_{\square 3} = 7 \cdot 5\ \text{cm}^2 = 35\ \text{cm}^2$.

3.

a) $a = 3{,}6$ cm, $A_P = 3{,}6\ \text{cm} \cdot 4\ \text{cm} = 14{,}4\ \text{cm}^2$

b) $h = 4{,}7$ cm, $A_P = 6\ \text{cm} \cdot 4{,}7\ \text{cm} = 28{,}2\ \text{cm}^2$

c) $h = 4{,}2$ cm, $A_P = 8\ \text{cm} \cdot 4{,}1\ \text{cm} = 33{,}6\ \text{cm}^2$

d) $h = 4{,}6$ cm, $A_P = 9\ \text{cm} \cdot 4{,}6\ \text{cm} = 41{,}4\ \text{cm}^2$

4.

b) Es müssen 3 Rauten zerschnitten werden, 2 Rauten in Hälften und eine Raute in Viertel. Insgesamt werden 8 Rauten benötigt.

c) $A_{Re} = 30\ \text{cm}^2$

5.

b) Diese Linien sind Mittellinien. Sie sind genau halb so groß wie $e = \overline{AC} = 8$ cm.

6.

b) Das Mittenviereck ist ein Rechteck.

b) Das Mittenviereck ist eine Raute.

c) Das Mittenviereck ist ein Quadrat.

Test

Test 1

$s_c = 9$ cm; $\overline{CS} = 6$ cm; $\overline{SM} = 3$ cm

(Ssw)

Test 2

$\overline{AS} = 4{,}4$ cm; $\overline{SM_a} = 2{,}2$ cm; $s_a = 6{,}6$ cm.

Test 3

$s_c = \frac{1}{2}c$; $s_a = 5{,}3$ cm; $s_b = 7{,}2$ cm

Test 4

Man zeichnet $\triangle AM_cS$ mit $\frac{1}{2}c$, $\frac{1}{3}s_c$ und $\frac{2}{3}s_a$

$s_b = 5{,}4$ cm.

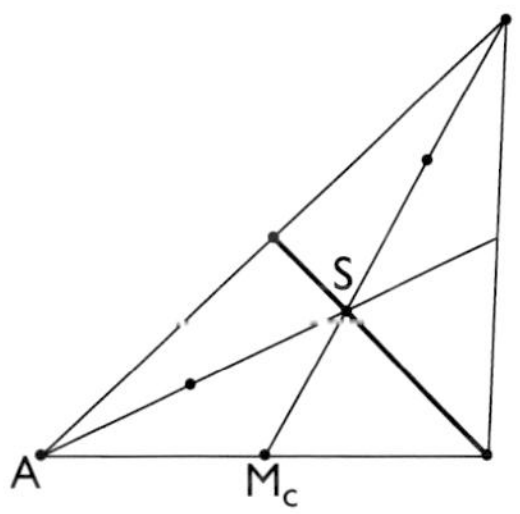

Test 5

Man erhält ein Trapez mit den Seitenlängen c, $\frac{1}{2}a$, $\frac{1}{2}c$ und $\frac{1}{2}b$.

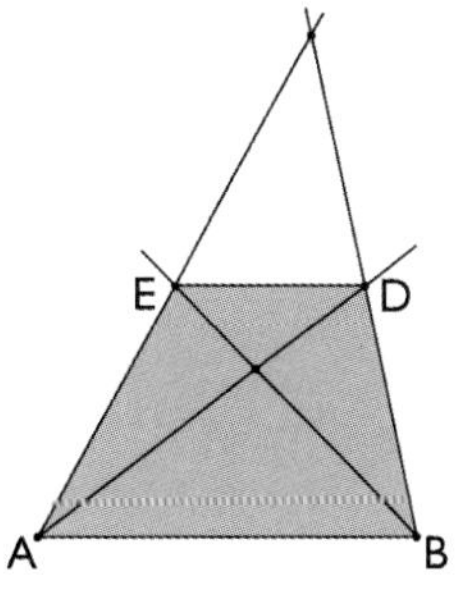

Test 6

Die Seiten des Mittenparallelogramms sind jeweils halb so lang wie die Diagonalen, also 4,5 cm und 4 cm.

9 Dreieck und Umkreis

Der Satz des Thales

1.

Die drei Radien sind s_c und zweimal $\frac{c}{2}$ (Strecke $\overline{AM}$ und $\overline{BM}$).

2.

a) $\overline{AC_1} = 11{,}8$ cm

b) $\overline{AC_2} = 11{,}3$ cm

c) $\overline{AC_3} = 10{,}4$ cm $\overline{AC_4} = 8{,}9$ cm

3.

a) $\triangle ABC_1$: $\alpha = 59°$; $\beta = 31°$; $\triangle ABC_2$: $\alpha = 31°$; $\beta = 59°$. Die Dreiecke sind spiegelbildlich zueinander.

b) Zeichne einen Streifen g, h der Breite $h_a = 4$ cm. Lege auf der rechten Geraden h die Strecke $\overline{BC} = a = 9$ cm fest. Halbiere a in M und schlage den Thaleskreis mit $\frac{a}{2}$ um M. Die zwei Lösungen sind spiegelbildlich zueinander.
$\triangle A_1BC$: $\beta = 31°$; $\gamma = 59°$. Im anderen Dreieck sind die Größen von β und γ vertauscht.

Die Mittelpunktsdreiecke des Dreiecks

1.

$\sphericalangle 1 = 15°$; $\sphericalangle 2 = 150°$; $\sphericalangle 3 = 50°$; $\sphericalangle 4 = 50°$; $\sphericalangle 5 = 130°$; $\sphericalangle 6 = 25°$; $\sphericalangle 7 = 25°$

2.

$\sphericalangle 1 = 30°$; $\sphericalangle 2 = 120°$; $\sphericalangle 3 = 20°$; $\sphericalangle 4 = 140°$; $\sphericalangle 5 = 100°$; $\sphericalangle 6 = 40°$; $\sphericalangle 7 = 40°$

Der Umkreis

1.

b) Der Mittelpunkt liegt auf dem Schnittpunkt der beiden Mittelsenkrechten, $r = 9{,}5$ cm.

2.

Abstand M von a: 6 cm; M von b: 1 cm; M von c: 2,5 cm.

3.

a) m_a ist Mitttelsenkrechte von $\overline{BC}$.
b) Weil M auf m_a liegt, ist $\overline{MB} = \overline{MC}$.
c) Also gilt $\overline{MA} = \overline{MB} = \overline{MC}$.
d) Umgekehrt gilt: Weil $\overline{MA} = \overline{MC}$, liegt M auch auf der Mittelsenkrechten von $\overline{AC}$.

4.

$r = 4{,}7$ cm

5.

a) $b = 7{,}4$ cm; $\alpha = 22°$; $\beta = 68°$
b) s_c ist Radius des Thaleskreises, d. h. $c = 2 \cdot s_c = 10$ cm.
$a = 3{,}4$ cm; $b = 9{,}4$ cm; $\alpha = 20°$; $\beta = 70°$.
c) Es gibt zwei symmetrische Lösungen (a und b vertauschen):
$a = 3{,}2$ cm; $b = 8{,}4$ cm; $\alpha = 21°$; $\beta = 69°$.
d) $c = 2 \cdot s_c = 14$ cm; $a = 12{,}9$ cm; $b = 5{,}4$ cm; $\alpha = 67°$; $\beta = 23°$.

6.

1. Kreis: $\gamma = 70°$; spitzer Winkel; der Mittelpunkt des Umkreises liegt innerhalb des Dreiecks.
2. Kreis: $\gamma = 90°$; rechter Winkel; der Mittelpunkt des Umkreises liegt auf einer Dreiecksseite.
3. Kreis: $\gamma = 110°$; stumpfer Winkel; der Mittelpunkt des Umkreises liegt außerhalb des Dreiecks.

7.

a) M innerhalb des Dreiecks: spitzwinklig
b) M auf einer Dreiecksseite: rechtwinklig
c) M außerhalb des Dreiecks: stumpfwinklig

8.

a) Rechtwinklig, also M auf c.

b) a und b werden größer als in a), γ somit spitzer, also M innerhalb des Dreiecks.

c) c wird länger als in a), γ somit stumpf, M liegt außerhalb.

d) Rechtwinklig (Faktor 1,5), also M auf c.

e) a wird kürzer als in d), somit γ stumpfer, M außerhalb.

f) a wird länger als in d), somit γ spitzer, M innerhalb.

9.

a) M liegt auf c.

b) a wird länger als in a), somit γ spitzer, M innerhalb.

c) c wird länger als in a), somit γ stumpfer, M außerhalb.

d) c wird kürzer als in a), somit γ spitzer, M innerhalb.

10.

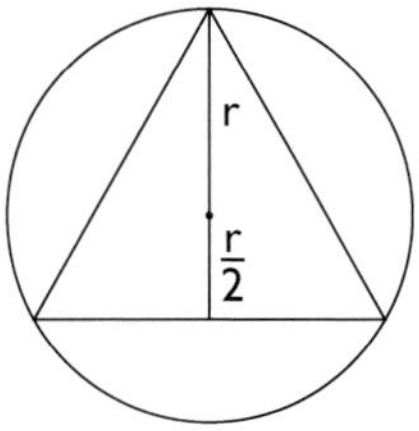

a) Teile die lotrechte Höhe $h_c = 9$ cm in 3 Teile. S ist der untere Teilpunkt. Schlage um S mit $\frac{2}{3}$h einen Kreis und errichte im unteren Fußpunkt die Senkrechte zu h_c.

b) Die Höhe wird ermittelt: $h = r + \frac{1}{2}r$.
5 cm + 2,5 cm = 7,5 cm = h. Zeichne den Kreis, vom oberen Kreispunkt einen lotrechten Radius, verlängere diesen über M hinaus um $\frac{1}{2}$r. Die Senkrechte im Endpunkt ergibt 2 Schnittpunkte mit dem Umkreis.

11.

a) r = 5,8 cm

b)

Seitenlänge a	10	1	2	5	7
Radius r	5,8	0,58	1,16	2,9	4,06

12.

a) $d \approx 14{,}1$ cm; ist a die Seitenlänge des Quadrates, so ergibt $a \cdot 1{,}4$ etwa die Länge der Diagonale des Quadrates.

b) $5 \cdot 1{,}4 = 7$ cm ist etwa die Länge der Basis.

c) Hier musst du umgekehrt die Länge der Basis durch 1,4 cm dividieren. 4,2 cm : 1,4 = 3 cm ist etwa die Schenkellänge.

13.

a) Ein rechtwinklig-gleichschenkliges Dreieck mit den Schenkeln a = 5 cm und b = 5 cm hat etwa die Basis c = 5 · 1,4 cm = 7 cm. Ein (5; 5; 7)-Dreieck ist fast rechtwinklig. Ein (5; 5; 8)-Dreieck ist also stumpfwinklig. M liegt außerhalb; r = 4,1 cm.

b) $7 \cdot 1{,}4 \approx 10$; ein (7; 7; 10)-Dreieck wäre etwa rechtwinklig. Also ist ein (7; 7; 8)-Dreieck spitzwinklig. M liegt innerhalb; r = 4,2 cm. Entsprechend ist ein (7; 7; 9)-Dreieck auch noch spitzwinklig. M liegt innerhalb; r = 4,5 cm. Ein (7; 7; 11)-Dreieck ist stumpfer als das fast rechtwinklige (7; 7; 10)-Dreieck; also liegt M außerhalb; r = 5,7 cm. Ein (4; 4; c)-Dreieck ist etwa rechtwinklig, wenn c = 4 · 1,4 cm = 5,6 cm ist. Also ist ein (4; 4; 7)-Dreieck stumpfwinklig. M außerhalb; r = 4,1 cm. Ein (6; 6; c)-Dreieck ist etwa rechtwinklig mit c = 6 · 1,4 cm = 8,4 cm. Also ist ein (6; 6; 9)-Dreieck stumpfwinklig; M liegt außerhalb; r = 4,6 cm.

Der Höhenschnittpunkt

1.

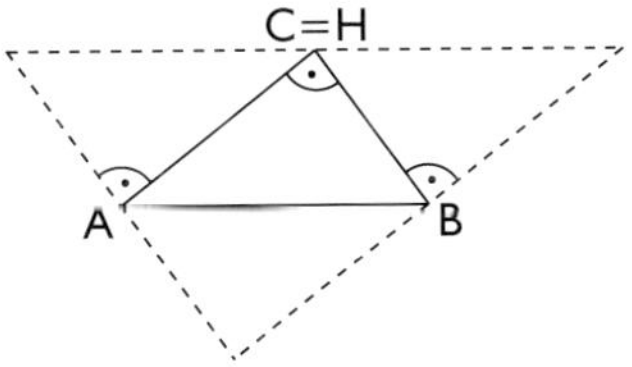

a) $h_a = 7{,}6$ cm; $h_b = 6{,}7$ cm; $h_c = 5{,}9$ cm

$A = \frac{1}{2} \cdot 7{,}6 \text{ cm} \cdot 7 \text{ cm} \approx 26{,}6 \text{ cm}^2$

$A = \frac{1}{2} \cdot 6{,}7 \text{ cm} \cdot 8 \text{ cm} \approx 26{,}8 \text{ cm}^2$

$A = \frac{1}{2} \cdot 5{,}9 \text{ cm} \cdot 9 \text{ cm} \approx 26{,}6 \text{ cm}^2$

b) r = 9,4 cm

2.

a) $h_c = 3{,}6$ cm. Die Höhen h_a und h_b sind bereits durch die Seiten a und b gegeben.

b) $h_a = b$ und $h_b = a$

c) Der Schnittpunkt der 3 Höhen ist der Punkt C.

d) $A_\triangle = \frac{1}{2} \cdot 4{,}5 \text{ cm} \cdot 6 \text{ cm} = 13{,}5 \text{ cm}^2$

$A_\triangle = \frac{1}{2} \cdot 7{,}5 \text{ cm} \cdot 3{,}6 \text{ cm} = 13{,}5 \text{ cm}^2$

$A_\triangle = \frac{1}{2} \cdot 6 \text{ cm} \cdot 4{,}5 \text{ cm} = 13{,}5 \text{ cm}^2$

Eigentlich nur zwei Wege:

1. Weg entspricht dem 3. Weg, da $h_a = b$ und $h_b = a$.

e) r = 7,5 cm

3.

a) $h_c = 1{,}8$ cm

$A_\triangle = \frac{1}{2} \cdot 1{,}8 \text{ cm} \cdot 6 \text{ cm} = 5{,}4 \text{ cm}^2$

b) $h_a = 3{,}6$ cm

$A_\triangle = \frac{1}{2} \cdot 3{,}6 \text{ cm} \cdot 3 \text{ cm} = 5{,}4 \text{ cm}^2$

c) $h_b = 2{,}7$ cm

$A_\triangle = \frac{1}{2} \cdot 2{,}7 \text{ cm} \cdot 4 \text{ cm} = 5{,}4 \text{ cm}^2$

d) außerhalb des Dreiecks

e) $r = 6{,}7$ cm

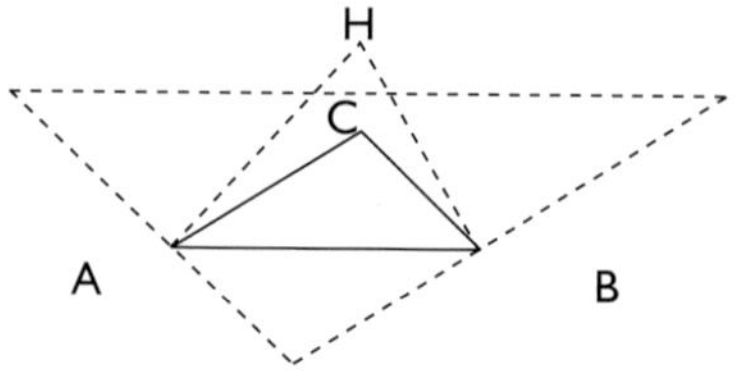

4.

zu a)

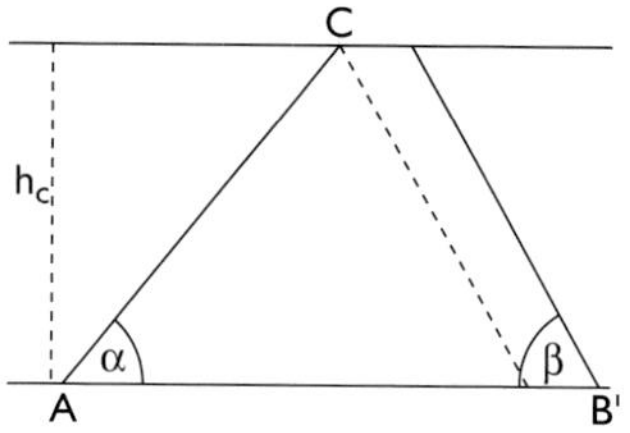

zu b)

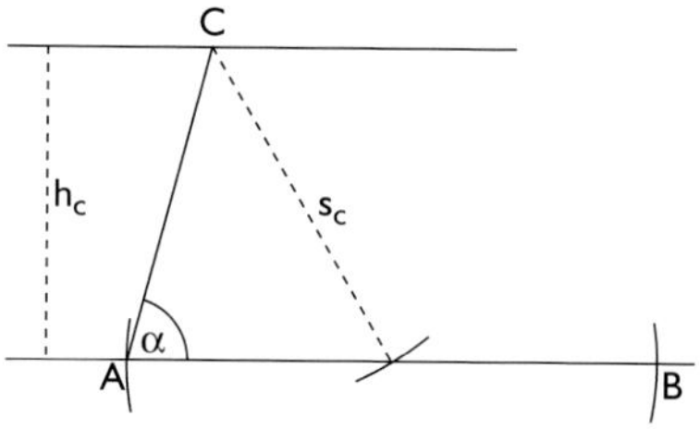

zu c)

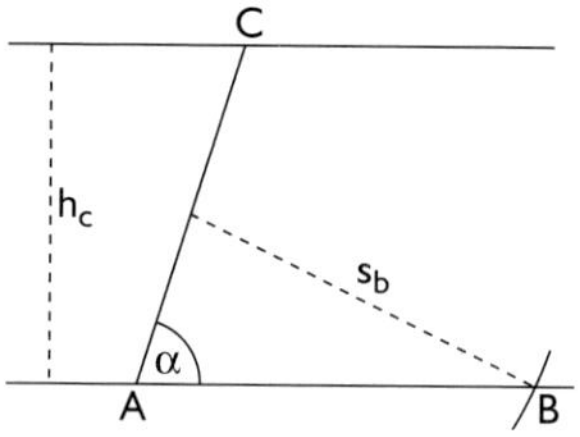

zu d)

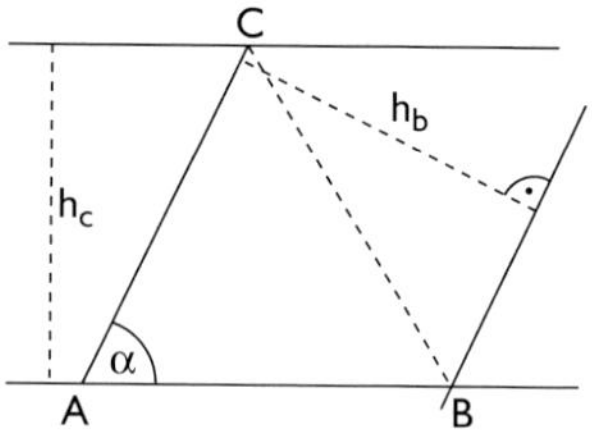

a) $h_a = 7{,}3$ cm; $h_b = 6{,}5$ cm

b) $h_a = 5{,}8$ cm; $h_b = 10$ cm

c) $h_a = 5{,}4$ cm; $h_b = 6{,}9$ cm

d) $h_a = 5{,}7$ cm

Test

Test 1

$\sphericalangle 1 = 20°$; $\sphericalangle 2 = 140°$ $\sphericalangle 3 = \sphericalangle 4 = 55°$; $\sphericalangle 5 = 150°$;

$\sphericalangle 6 = \sphericalangle 7 = 15°$; $a = 5{,}8$ cm; $b = 9{,}4$ cm; $c = 9{,}7$ cm;

Test 2

Die Mittelpunktswinkel müssen doppelt so groß sein wie die Dreieckswinkel. Beachte: Es gibt leicht Messungenauigkeiten!

$\alpha \approx 60°$; $\delta_1 \approx 120°$; $\beta \approx 38°$; $\delta_2 \approx 76°$; $\gamma \approx 82°$; $\delta_3 \approx 164°$

Test 3

Das Umdreieck hat die Seitenlängen 10 cm, 12 cm, 8 cm.

Test 4

Beachte die Messungenauigkeiten.

$\frac{1}{2}c \cdot h_c \approx \frac{1}{2} \cdot 10\text{ cm} \cdot 2{,}6\text{ cm} = 13\text{ cm}^2$

$\frac{1}{2}b \cdot h_b \approx \frac{1}{2} \cdot 4\text{ cm} \cdot 6{,}4\text{ cm} = 12{,}8\text{ cm}^2$

$\frac{1}{2}a \cdot h_a \approx \frac{1}{2} \cdot 7{,}4\text{ cm} \cdot 3{,}5\text{ cm} = 12{,}9\text{ cm}^2$

9 Sehnenvierecke

Umfangswinkel und das Sehnenviereck

1.

a) $\gamma = 80°$;	$\delta = 110°$;	$100° + 80° = 180°$;	$70° + 110° = 180°$
b) $\gamma = 50°$;	$\delta = 70°$;	$130° + 50° = 180°$;	$110° + 70° = 180°$
c) $\gamma = 105°$;	$\delta = 115°$;	$75° + 105° = 180°$;	$65° + 115° = 180°$

2.

zu a)

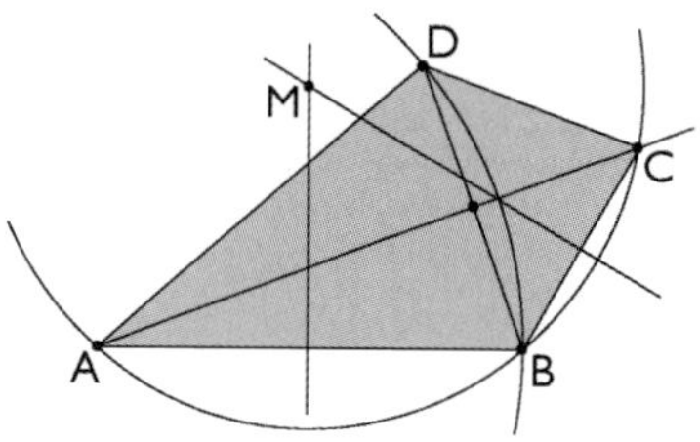

zu b)

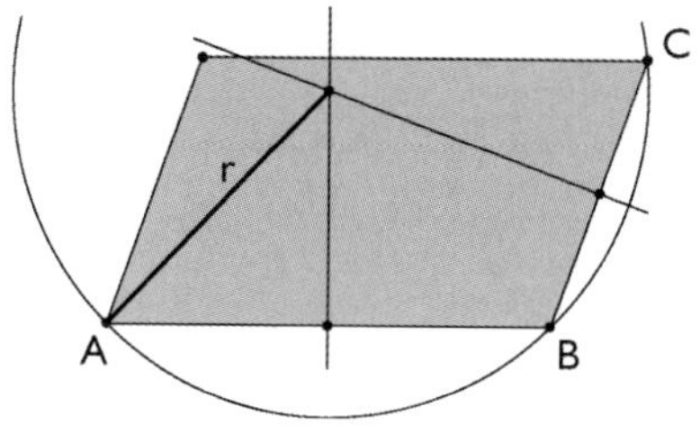

a) r = 5,4 cm. Das Viereck hat keinen Umkreis.

b) r = 5,7 cm. Das Viereck hat keinen Umkreis.

c) Mit Umkreis: r = 5 cm

3.

Die Mittelsenkrechten der parallelen Seiten laufen parallel. Es gibt keinen Schnittpunkt. Ein Parallelogramm hat nur dann einen Umkreis, wenn es ein Rechteck ist.

4.

a) $\sphericalangle 1 = 105°$, $\sphericalangle 2 = 50°$, $\sphericalangle 3 = 65°$

b) $\sphericalangle 1 = 55°$, $\sphericalangle 2 = 80°$, $\sphericalangle 3 = 20°$

c) $\sphericalangle 1 = 90°$, $\sphericalangle 2 = 40°$, $\sphericalangle 3 = 130°$, $\sphericalangle 4 = 20°$ (den Beweis, dass $\sphericalangle 1$ ein rechter Winkel ist, liefert der Satz des Thales)

d) $\sphericalangle 1 = 110°$, $\sphericalangle 2 = 60°$

5.

a) $\gamma = 110°$; $\delta = 80°$

b) c = 5,7 cm; d = 9,3 cm

c) r = 5,1 cm

d) c = 7,6 cm; d = 10,3 cm; r = 5,9 cm

6.

a)	$\sphericalangle\ ? = 100°$, kein Sehnenviereck	$110° + 80° = 190°$
		$100° + 70° = 170°$
b)	$\sphericalangle\ ? = 130°$, kein Sehnenviereck	$130° + 70° = 200°$
		$130° + 30° = 160°$
c)	$\sphericalangle\ ? = 70°$, kein Sehnenviereck	$110° + 80° = 190°$
		$100° + 70° = 170°$
d)	$\sphericalangle\ ? = 100°$, Sehnenviereck	$90° + 90° = 180°$
		$100° + 80° = 180°$
e)	$\sphericalangle\ ? = 80°$, Sehnenviereck	$100° + 80° = 180°$
		$100° + 80° = 180°$
f)	$\sphericalangle\ ? = 70°$, kein Sehnenviereck	$110° + 90° = 200°$
		$90° + 70° = 160°$

g) Das Viereck aus d) hat einen Umkreis mit $r = 3{,}5$ cm.

7.

a) $\sphericalangle 1 = 125°$, $\sphericalangle 2 = 125°$

b) $\sphericalangle 1 = 90°$, $\sphericalangle 2 = 30°$, $\sphericalangle 3 = 60°$, $\sphericalangle 4 = 90°$

c) $\sphericalangle 1 = 90°$, $\sphericalangle 2 = 110°$, $\sphericalangle 3 = 90°$

d) $\sphericalangle 1 = 70°$, $\sphericalangle 2 = 110°$

8.

a) $\sphericalangle 1 = 90°$, $\sphericalangle 2 = 65°$, $\sphericalangle 3 = 25°$, $\sphericalangle 4 = 40°$

b) $\sphericalangle 1 = 90°$, $\sphericalangle 2 = 120°$, $\sphericalangle 3 = 90°$

c) $\sphericalangle 1 = 55°$, $\sphericalangle 2 = 35°$, $\sphericalangle 3 = 55°$, $\sphericalangle 4 = 55°$, $\sphericalangle 5 = 35°$ $\sphericalangle 6 = 55°$, $\sphericalangle 7 = 35°$

d) $\sphericalangle 1 = 90°$, $\sphericalangle 2 = 50°$, $\sphericalangle 3 = 90°$, $\sphericalangle 4 = 60°$

9.

a) $\sphericalangle 1 = 50°$, $\sphericalangle 2 = 65°$, $\sphericalangle 3 = 65°$, $\sphericalangle 4 = 50°$, $\sphericalangle 5 = 130°$, $\sphericalangle 6 = 25°$, $\sphericalangle 7 = 25°$

b) $\sphericalangle 1 = 100°$, $\sphericalangle 2 = 50°$, $\sphericalangle 3 = 50°$, $\sphericalangle 4 = 40°$, $\sphericalangle 5 = 40°$

c) $\sphericalangle 1 = 40°$, $\sphericalangle 2 = 70°$, $\sphericalangle 3 = 70°$, $\sphericalangle 4 = 20°$, $\sphericalangle 5 = 20°$

Umfangs- und Mittelpunktswinkel

1.

$\sphericalangle 1 = 140°$, $\sphericalangle 2 = 20°$, $\sphericalangle 3 = 20°$, $\sphericalangle 4 = 120°$, $\sphericalangle 5 = 30°$, $\sphericalangle 6 = 30°$

$20° + 20° = 40°$ $\quad\quad$ $\sphericalangle 3 = \frac{1}{2} \cdot 40°$

$30° + 30° = 60°$ $\quad\quad$ $\sphericalangle 5 = \frac{1}{2} \cdot 60°$

$\sphericalangle 3 + \sphericalangle 5 = \frac{1}{2} \cdot (40° + 60°) = 20° + 30° = \frac{1}{2} \cdot 100°$

Im Kreis ist ein Umfangswinkel halb so groß wie der zugehörige Mittelpunktswinkel.

2.

Zum Umfangswinkel 1 über der Sehne $\overline{AQ}$ gehört der Mittelpunktswinkel 2.

Zum Umfangswinkel 3 über der Sehne $\overline{QB}$ gehört der Mittelpunktswinkel 4.

Zum Umfangswinkel (1 + 3) über der Sehne $\overline{AB}$ gehört der Mittelpunktswinkel (2 + 4).

3.

a) $\sphericalangle 1 = 10°$, $\sphericalangle 2 = 160°$, $\sphericalangle 3 = 80°$

b) $\sphericalangle 1 = 140°$. $\sphericalangle 2 = 220°$, $\sphericalangle 3 = 110°$

c) $\sphericalangle 1 = 50°$, $\sphericalangle 2 = 260°$, $\sphericalangle 3 = 130°$

Zu Viereck b):

$\sphericalangle 1 + \sphericalangle 2 = 140° + 220° = 360°$

$\sphericalangle 3 + 70° = 110° + 70° = 180°$

$\sphericalangle 2 + 100° = 260° + 100° = 360°$

$\sphericalangle 1 + \sphericalangle 3 = 50° + 120° = 180°$

4.

Es gibt meist zwei symmetrische Lösungen.

a) r = 4,3 cm

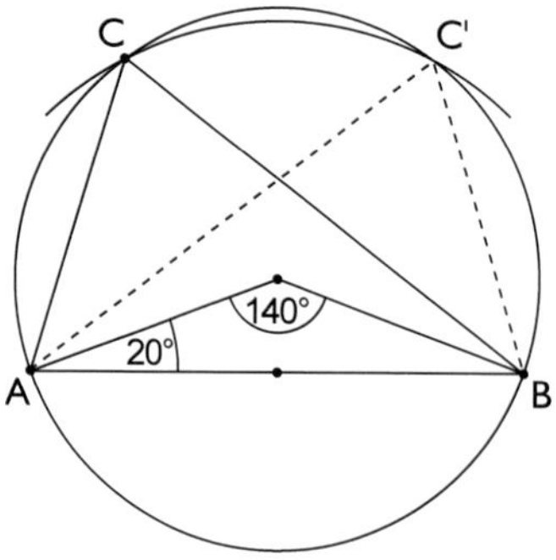

b) r = 5 cm

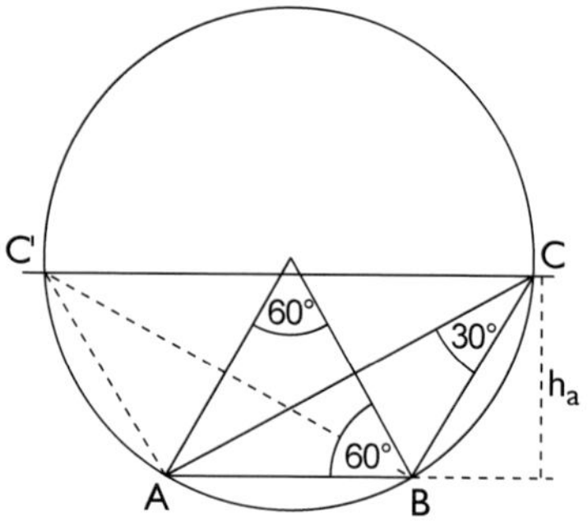

c) r = 3,6 cm
d) r = 4,7 cm

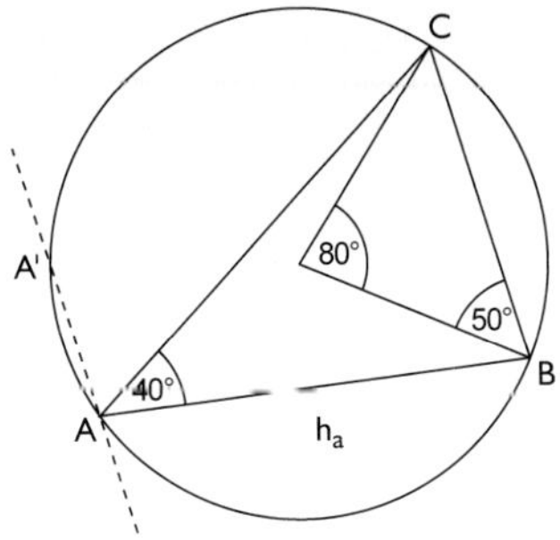

Test

Test 1

Einen Umkreis besitzen die Figuren c), d) und f).
c) r = 5 cm; d) r = 4,1 cm; f) r = 3,9 cm

Test 2

∢ 1 = 160°, ∢ 2 = 50°, ∢ 3 = 10°, ∢ 4 = 100°, ∢ 5 = 50°

Test 3

r = 4,8 cm, a = 4,8 cm, b = 9,5 cm

Test 4

r = 4 cm

Test 5

$\beta = 75°$, $\delta = 105°$, c = 4,9 cm, r = 3,5 cm

10 Trapez und Drachen

Das Trapez

1.

$44° + 136° = 180°$

$80° + 100° = 180°$

2.

$b' = d = 3{,}9$ cm

$64° + 116° = 180°$

3.

a) $\alpha = \beta$ b) $\alpha + \delta = 180°$ c) $\alpha + \gamma = 180°$ d) a parallel c e) b = d f) e = f

4.

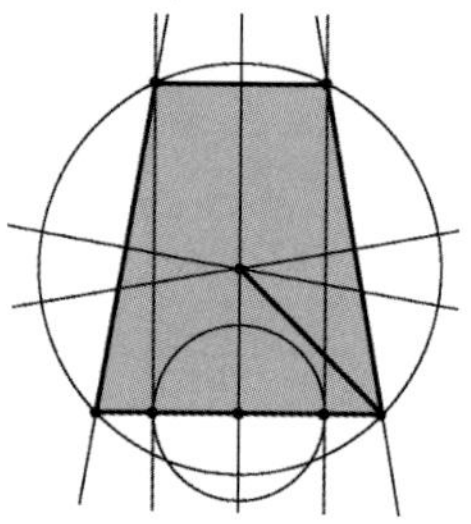

a) $\alpha = \beta = 75°$; $\gamma = \delta = 105°$; $r = 4{,}1$ cm

b) $\alpha = \beta = 80°$; $\gamma = \delta = 100°$; $r = 3{,}5$ cm
(Zeichne c mittig auf a und verschiebe nach oben.)

c) $\alpha = \beta = 94°$; $\gamma = \delta = 86°$; $r = 6$ cm

5.

a) $b = 3{,}5$ cm; $d = 3{,}8$ cm; $\beta = 61°$;
$\gamma = 119°$; $\delta = 128°$

b) Die Mittelsenkrechten haben keinen Schnittpunkt, demnach gibt es auch keinen Umkreis für dieses Trapez.

c) $\alpha + \delta = 180°$; $\beta + \gamma = 180°$

6.

a) $\sphericalangle 1 = 50°$, $\sphericalangle 2 = 100°$

b) $\sphericalangle 1 = 130°$, $\sphericalangle 2 = 25°$, $\sphericalangle 3 = 50°$, $\sphericalangle 4 = 100°$, $\sphericalangle 5 = 50°$, $\sphericalangle 6 = 30°$,
$\sphericalangle 7 = 25°$, $\sphericalangle 8 = 25°$

c) $\sphericalangle 1 = 40°$, $\sphericalangle 2 = 50°$, $\sphericalangle 3 = 90°$, $\sphericalangle 4 = 70°$

d) $\sphericalangle 1 = 50°$, $\sphericalangle 2 = 40°$, $\sphericalangle 3 = 90°$, $\sphericalangle 4 = 90°$

e) $\sphericalangle 1 = 50°$, $\sphericalangle 2 = 50°$, $\sphericalangle 3 = 30°$, $\sphericalangle 4 = 100°$

f) $\sphericalangle 1 = 70°$, $\sphericalangle 2 = 110°$, $\sphericalangle 3 = 35°$, $\sphericalangle 4 = 35°$, $\sphericalangle 5 = 70°$, $\sphericalangle 6 = 40°$,
$\sphericalangle 7 = 110°$, $\sphericalangle 8 = 35°$

7.

a) $\overline{1} = 8$ cm, $\overline{2} = 6$ cm, $\overline{3} = 8$ cm

b) $\overline{1} = 3$ cm, $\overline{2} = 7$ cm, $\overline{3} = 13$ cm

c) $\overline{1} = 1$ cm, $\overline{2} = 5$ cm, $\overline{3} = 6$ cm

d) $\overline{1} = 5$ cm, $\overline{2} = 12$ cm, $\overline{3} = 9{,}5$ cm

e) $\overline{1} = 7$ cm, $\overline{2} = 6$ cm, $\overline{3} = 13$ cm

f) $\overline{1} = 2{,}5$ cm, $\overline{2} = 6{,}5$ cm, $\overline{3} = 9$ cm

8.

Länge der Schwerelinie: 6,6 cm.

9.

a) $A_T = A_\triangle + A_\square$

$A_T = \frac{1}{2}(4\text{ cm} \cdot 4\text{ cm}) + (3\text{ cm} \cdot 4\text{ cm})$

$A_T = 8\text{ cm}^2 + 12\text{ cm}^2 = 20\text{ cm}^2$

b) $A_T = 5\text{ cm} \cdot 4\text{ cm} = 20\text{ cm}^2$

10.

a) $h = 2$ cm

$A_T = \frac{1}{2}(6{,}2\text{ cm} + 3{,}7\text{ cm}) \cdot 2\text{ cm} = 9{,}9\text{ cm}^2$

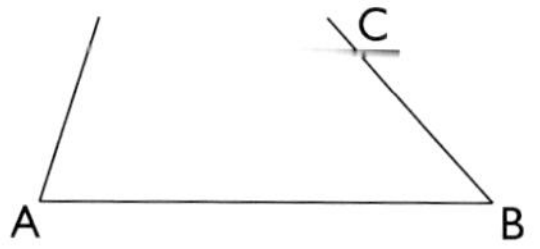

b) $\delta = 98°$, $\gamma = 142°$, $h = 2{,}6$ cm, $a = 6{,}8$ cm

$A_T = \frac{1}{2}(3{,}1\text{ cm} + 6{,}8\text{ cm}) \cdot 2{,}6\text{ cm} = 12{,}87\text{ cm}^2$

c) $a = 8{,}45$ cm

$c = 4{,}15$ cm

$A_T = 6{,}3\text{ cm} \cdot 5\text{ cm} = 31{,}5\text{ cm}^2$

d) $h_c = 3{,}7$ cm

$A_T = 5{,}2\text{ cm} \cdot 3{,}7\text{ cm} = 19{,}2\text{ cm}^2$

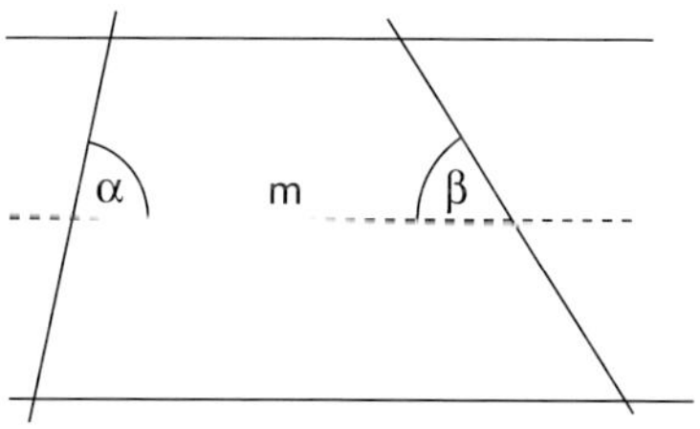

Der Drachen

1.

a) $\sphericalangle 1 = 40°$, $\sphericalangle 2 = 40°$, $\sphericalangle 3 = 15°$, $\sphericalangle 4 = 15°$, $f = 3{,}6$ cm, $e = 8{,}9$ cm

b) $\sphericalangle 1 = 40°$, $\sphericalangle 2 = 50°$, $\sphericalangle 3 = 40°$, $\sphericalangle 4 = 40°$, $\sphericalangle 5 = 40°$, $\sphericalangle 6 = 50°$,
$f = 6{,}1$ cm, $e = 6{,}2$ cm

c) $\sphericalangle 1 = 24°$, $\sphericalangle 2 = 24°$, $\sphericalangle 3 = 66°$, $\sphericalangle 4 = 44°$, $\sphericalangle 5 = 46°$, $\sphericalangle 6 = 46°$,
$f = 6{,}3$ cm, $e = 10$ cm

d) $\sphericalangle 1 = 55°$, $\sphericalangle 2 = 65°$, $\sphericalangle 3 = 25°$, $\sphericalangle 4 = 65°$, $\sphericalangle 5 = 55°$, $\sphericalangle 6 = 35°$,
$f = 6$ cm, $e = 10{,}7$ cm

2.

a) e = 9,1 cm; f = 4,1 cm
b) e = 6,8 cm
c) a = 6,5 cm; b = 2,9 cm; f = 4,5 cm
d) a = 7,7 cm; b = 2,6 cm

3.

a) Es gibt sechs Schnittpunkte (von je drei Mittelsenkrechten). Somit hat dieser Drachen keinen Umkreis. Die 4 Mittelsenkrechten schneiden sich nicht in einem Punkt. Es gibt 4 Umkreise für jeweils 3 Punkte.
b) r = 3,1 cm

4.

b) β und δ sind immer 90°, da e der Durchmesser im Kreis ist und β und δ somit die dazugehörigen Umfangswinkel bilden. (Thalessatz: Über dem Durchmesser eines Kreises sind alle Umfangswinkel rechte Winkel.)

5.

a) ∢ 1 = 65°, ∢ 2 = 65°, ∢ 3 = 25°, ∢ 4 = 65°, ∢ 5 = 25°, ∢ 6 = 25°, ∢ 7 = 65°
b) ∢ 1 = 70°, ∢ 2 = 20°, ∢ 3 = 70°, ∢ 4 = 70°, ∢ 5 = 20°, ∢ 6 = 70°
c) ∢ 1 = 40°, ∢ 2 = 50°, ∢ 3 = 40°, ∢ 4 = 50°, ∢ 5 = 50°, ∢ 6 = 40°, ∢ 7 = 50°
d) ∢ 1 = 130°, ∢ 2 = ∢ 3 = 90°

6.

a) a = 7,3 cm, b = 3,3 cm
b) a = 7,1 cm, b = 3,7 cm, f = 6,6 cm
c) b = 3,1 cm, e = 7,0 cm, f = 5,5 cm
d) a = 7,3 cm, b = 4,8 cm, e = 8,7 cm
e) a = 7,7 cm, e = 9,3 cm
f) e = 8 cm, f = 6,9 cm

7.

a)

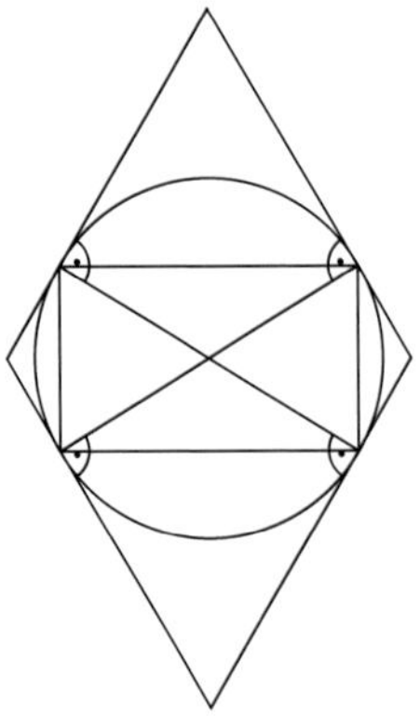

b) Es entsteht eine Raute, a = 6,6 cm.
c) Die Höhen.

8.

b)

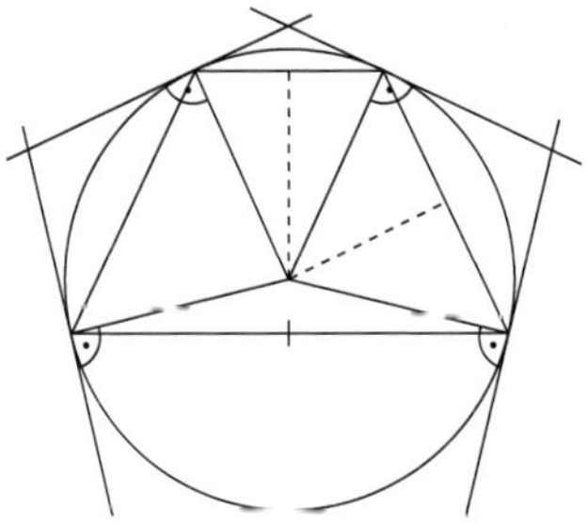

9.

a) $\overline{OB} = 2{,}5$ cm; $\overline{MO} = 3{,}3$ cm

b) $\overline{OB} = 4{,}6$ cm; $\overline{MO} = 4{,}8$ cm

$\overline{OB} = 5{,}2$ cm; $\overline{MO} = 4{,}5$ cm

Beginne mit $\overline{BC} = f = 7$ cm; Mittelsenkrechte,

Parallelen durch B und C, Kreis mit $\overline{AB}$ um B …

$\overline{OB}$ ergibt sich als r = 4 cm.

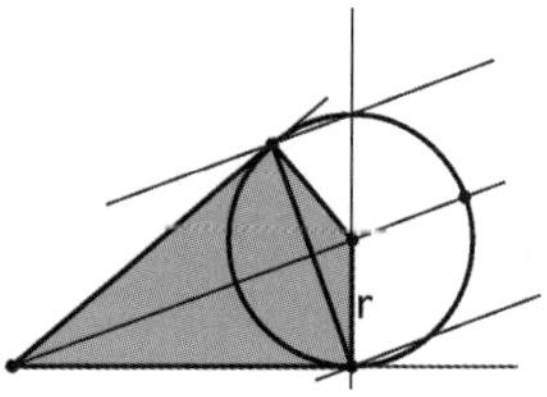

10.

a) $A_{Re} = 6\text{ cm} \cdot 9\text{ cm} = 54\text{ cm}^2$

11.

b) $A_{Dr_1} = \frac{1}{2} \cdot 12\text{ cm} \cdot 12\text{ cm} = 72\text{ cm}^2$

$A_{Dr_2} = \frac{1}{2} \cdot 11{,}3\text{ cm} \cdot 12\text{ cm} = 67{,}8\text{ cm}^2$

$A_{Dr_3} = \frac{1}{2} \cdot 8{,}9\text{ cm} \cdot 12\text{ cm} = 53{,}3\text{ cm}^2$

c) Der Drachen (AB_1DC_1) (das Quadrat) ist der größte, da seine Diagonalen die längsten sind.

12.

a) $A_{Dr} = \frac{1}{2} \cdot 8\text{ cm} \cdot 5{,}8\text{ cm} = 23{,}2\text{ cm}^2$

b) $A_{Ra} = \frac{1}{2} \cdot 8\text{ cm} \cdot 8{,}9\text{ cm} = 35{,}6\text{ cm}^2$

c) $A_Q = 5{,}66\text{ cm} \cdot 5{,}66\text{ cm} \approx 32{,}1\text{ cm}^2$

d) $A_Q = e^2 : 2$

Test

Test 1

a) $\alpha = \beta = 65$; $\gamma = \delta = 115°$; $\alpha + \gamma = 180°$; $\beta + \delta = 180°$

b) Die Mittelsenkrechten schneiden sich auf der Spiegelachse; $r = 3{,}2$ cm

Test 2

a) Es sind vier Größen gegeben.
$A_T = \frac{1}{2}(a + c) \cdot h = \frac{1}{2}(5{,}3 + 1{,}4) \cdot 2{,}3\ \text{cm}^2 = 7{,}705\ \text{cm}^2$

b) Es sind drei Größen gegeben.
$A_T = \frac{1}{2}(a + c) \cdot h = \frac{1}{2}(5{,}3 + 1{,}5) \cdot 2{,}4\ \text{cm}^2 = 8{,}16\ \text{cm}^2$

c) Es sind zwei Größen gegeben. Das Trapez ist ein Rechteck.
$A_T = \frac{1}{2}(a + c) \cdot h = \frac{1}{2}(5{,}2 + 5{,}2) \cdot 3{,}1\ \text{cm}^2 = 16{,}12\ \text{cm}^2$

Test 3

b) $A_T = \frac{1}{2}(8\ \text{cm} + 5\ \text{cm}) \cdot 3\ \text{cm} = 19{,}5\ \text{cm}^2$

Test 4

Es gilt: $g_1 + g_2 = 2$ m; also $9\ \text{cm} + g_2 = 14\ \text{cm} \rightarrow g_2 = 5$ cm.
$A_T = m \cdot h = 7\ \text{cm} \cdot 4\ \text{cm} = 28\ \text{cm}^2$

Test 5

Das Trapez muss gleichschenklig sein; $b = d$ und $\alpha = \beta$.
$A_T = \frac{1}{2}(8\ \text{cm} + 4{,}7\ \text{cm}) \cdot 4{,}7\ \text{cm} = 29{,}85\ \text{cm}^2$

Test 6

$A_{Dr} = \frac{1}{2} \cdot 8\ \text{cm} \cdot 7{,}8\ \text{cm} = 31{,}2\ \text{cm}^2$

Test 7

Der Flächeninhalt beträgt $\frac{1}{2} e \cdot f = 20\ \text{cm}^2$. Mit $a = 7{,}6$ cm und $b = 2{,}6$ cm ergibt sich
$A_{Dr} = 7{,}6\ \text{cm} \cdot 2{,}6\ \text{cm} \approx 20\ \text{cm}^2$

Test 8

$b = 2{,}8$ cm

Test 9

$A_{Dr} = \frac{1}{2}(2r \cdot f) = 30\ \text{cm}^2$
$A_{Dr} = a \cdot b = 9{,}4\ \text{cm} \cdot 3{,}2\ \text{cm} \approx 30\ \text{cm}^2$

Test 10

a) $\overline{BO} = 6$ cm; $\overline{MO} = 5$ cm

Inkreis und Tangenten 11

Der Inkreis des Dreiecks

1.

a) Der zweite Tangentenabschnitt $\overline{AC}$ ist gleich $\overline{AB}$.

b) $\overline{BB'}$ ist eine Diagonale im Tangentendrachen.

c) Kreis mit $\overline{AB}$ um A; die Tangentenabschnitte sind gleich lang.

2.

b) $\overline{AF'} = 7$ cm, $\overline{BF''} = 8$ cm

c) $\overline{CF'} = 2{,}8$ cm, $\overline{CF''} = 2{,}8$ cm

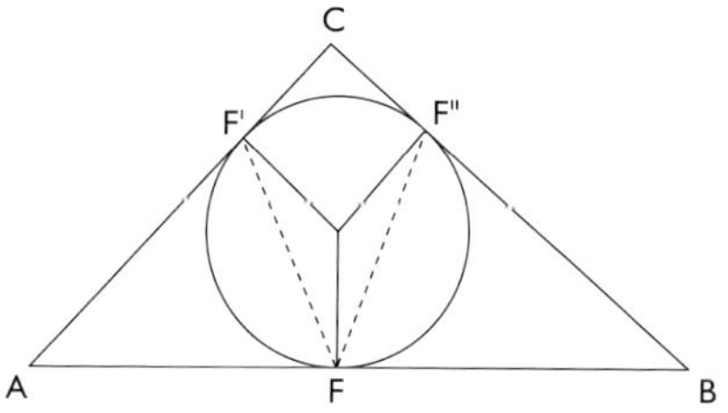

3.

Die Lote auf die Seiten haben die Länge r = 3,4 cm. Die Umkreise der Tangentendrachen schneiden sich in O und den drei Lotfußpunkten.

4.

a) w_α ist Winkelhalbierende von α; w_β ist Winkelhalbierende von β.

b) Weil O auf w_α liegt ist $\rho_c = \rho_b$; weil O auf w_β liegt ist $\rho_c = \rho_a$.

c) Also gilt $\rho_a = \rho_b$.

d) Umgekehrt gilt: Weil $\rho_a = \rho_b$ ist, liegt O auch auf der Winkelhalbierenden von γ.

5.

a) Sie sind Diagonalen, die senkrecht auf dem Durchmesser stehen.

b) Radius um M_1: 3,7 cm, Radius um M_2: 2,3 cm, Radius um M_3: 2 cm

6.

a) $\overline{1} = 4$ cm, $\overline{2} = 2{,}1$ cm, $\overline{3} = 5$ cm

b) $\overline{1} = 2$ cm, $\overline{2} = 3{,}4$ cm, $\overline{3} = 5$ cm

c) $\overline{1} = 2{,}4$ cm, $\overline{2} = 12$ cm, $\overline{3} = 3$ cm

7.

b) Länge der Tangentenabschnitte: 7,4 cm.

8.

b) a = 10,6 cm, b = 7,1 cm

c) Es entsteht ein Drachen.

9.

a) $\overline{T_1T_2} = 11{,}8$ cm; $\overline{OP}$ ist Hypotenuse in einem rechtwinkligen Dreieck, in dem die Tangente an den Kreis um P Kathete ist. Die Hypotenuse ist immer die längste Seite im rechtwinkligen Dreieck. $\overline{T_1T_2}$ ist so lang wie der Kathetenabschnitt von O an den verkleinerten Kreis.

b) $\overline{T_1T_2} = 9$ cm

Das Tangentenviereck

1.

a) $\sphericalangle 1 = 128°$, $\sphericalangle 2 = 118°$, $\sphericalangle 3 = 66°$, $\sphericalangle 4 = 114°$

b) a = 12,9 cm, b = 14,6 cm, c = 14,8 cm

2.

$\overline{AQ} = \overline{AP} = 1{,}8$ cm; $\overline{BQ} = \overline{BR} = 8{,}7$ cm; $\overline{CR} = \overline{CS} = 3{,}5$ cm; $\overline{DS} = \overline{DP} = 10{,}7$ cm

$\overline{AB} + \overline{CD} = 1{,}8$ cm + 8,7 cm + 3,5 cm + 10,7 cm = 24,7 cm

$\overline{BC} + \overline{DA} = 8{,}7$ cm + 3,5 cm + 10,7 cm + 1,8 cm = 24,7 cm

3.

7 + 7 = 14; 10 + c = 14; c = 4 cm; r = 5,2 cm; $\rho = 3{,}2$ cm

4.

Zeichne α, die Winkelhalbierende und zwei Parallelen im Abstand $\frac{1}{2}$f.

$\rho = 2{,}6$ cm

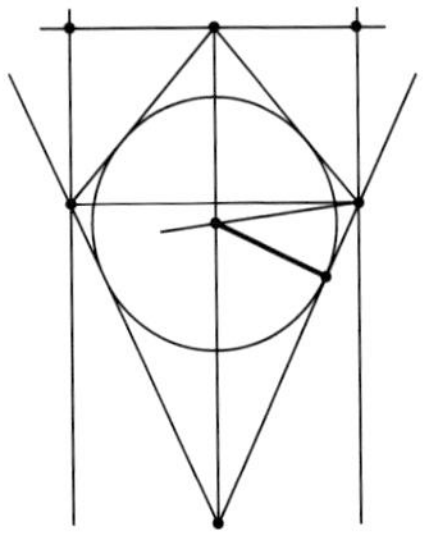

5.

Zeichne e und die Parallelen im Abstand $\frac{1}{2}$f. Halbiere e. Schlage den Thaleskreis mit $r = \frac{1}{2}e = 5$ cm. $\rho = 2{,}4$ cm.

Test

Test 1

$e = 15{,}4\text{ cm}$, $f = 7{,}3\text{ cm}$, $A_{Dr} = 56{,}21\text{ cm}^2$

Es ist ein Drachen.

Test 2

Es entsteht ein Drachen mit $e = 10\text{ cm}$, $f = 5{,}8\text{ cm}$, $A_{Dr} = 29\text{ cm}^2$

Test 3

Die Strecken $\overline{AB}$ und $\overline{AD}$ sind Tangentenabschnitte, die Geraden selbst Tangenten an den Kreis um C mit $r = b = 3{,}7\text{ cm}$.

Test 4

$c = 4\text{ cm}$; $\rho = 3{,}2\text{ cm}$

Klett. Ich weiß.

Training
Deutsch Aufsatz
Appellieren,
Beschreiben,
Berichten
5./6. Schuljahr
ISBN 3-12-927011-6

Training
Deutsch Grammatik
Nebensätze und
indirekte Rede
7./8. Schuljahr
ISBN 3-12-927028-0

Training
Deutsch Rechtschreibung
9./10. Schuljahr
ISBN 3-12-927021-3

Training
Deutsch
Für den Abschluss
10. Schuljahr
ISBN 3-12-927006-X

Training
Deutsch Neue Diktate
5.–10. Schuljahr
ISBN 3-12-927020-5

Training
Mathematik
Termumformungen,
Lineare Funktionen
und Gleichungen,
Dreiecke, Flächeninhalte
8. Schuljahr
ISBN 3-12-927029-9

Training
Mathematik
Bruchrechnung,
Prozentrechnung,
Zinsrechnung
6./7. Schuljahr
ISBN 3-12-927023-X

Training
Englisch Grammatik
7./8. Schuljahr
ISBN 3-12-927001-9

Training
Englisch Grammatik
9./10. Schuljahr
ISBN 3-12-927002-7

Erhältlich im Buchhandel.

Weitere Informationen finden Sie unter **www.klett-verlag.de** oder in unserem Gesamtverzeichnis, das Sie unter der Bestellnummer P 640027 kostenlos anfordern können.

Ernst Klett Verlag, Postfach 10 60 16, 70049 Stuttgart
Telefon 07 11 · 66 72-13 33, Telefax 07 11 · 66 72-20 80

Z927029

Klett